SL
Buch

GINA BUCHER
Ich trug ein grünes Kleid,
der Rest war Schicksal

GINA BUCHER

Ich trug ein grünes Kleid, der Rest war Schicksal

Geschichten von der Liebe

PIPER
München Berlin Zürich

Mehr über unsere Autoren und Bücher:
www.piper.de

MIX
Papier aus verantwor-
tungsvollen Quellen
FSC® C083411

ISBN 978-3-492-05762-2
2. Auflage 2016
© Piper Verlag GmbH, München/Berlin 2016
Gesetzt aus der Minion Pro
Satz: Uhl + Massopust, Aalen
Druck und Bindung: CPI books GmbH, Leck
Printed in Germany

Gewidmet
der Liebe meiner Eltern,
ohne die mein Herz nicht schlagen würde.

Inhaltsverzeichnis

Die Fragilität des Glücks: verliebt, verlobt, verheiratet

Was nach dem Abschied bleibt: trennen, scheitern, loslassen

Liebe ist alles

Was bleibt am Ende von der Liebe übrig? Dann, wenn man zurückblickt und Bilanzen zieht. Wenn man sein Herz befragt, ob das Leben gut war, wie es war. Wie denkt man über das Leben, wenn es nichts war mit der Liebe oder kompliziert? Und wie hält man die Liebe fest, wenn man sie einmal gefunden hat? Wie lässt man sie los, wenn sich der Gefährte, wenn sich die Geliebte verabschiedet, um nicht wiederzukommen?

Liebe ist alles. Das glauben die Jungen, und das bestätigen uns die Alten. Sucht man sie, meinen manche, das Glück hänge allein an der Liebe. Hat man sie gefunden, stellen viele fest: Es dreht sich tatsächlich alles um die Liebe. Beim Wort Liebe fällt mir der junge Mann ein, den ich an einem Sonntag dabei beobachte, wie er ungeschickt den Arm um die Taille seiner Freundin legt. Sein Versuch, sie festzuhalten, gerät derart steif, dass sie spazieren, als würden sie auf rohen Eiern laufen und nicht auf einem asphaltierten Bürgersteig. Was wird wohl aus der Liebe der beiden werden? Mir fällt das Liebespaar ein, dem ich zufällig eines Montagmorgens im Zug begegne. 89 Jahre alt sind sie, halten sich an den Händen und küssen sich, als ob sie sich nie mehr wiedersehen würden. Beim Anblick beider Paare verglüht mir fast das Herz. Mir fällt aber auch die ältere Frau ein, die mir an einer Bushaltestelle ungefragt mitteilt, dass niemand auf sie warte und dass das auch gut so sei. Denn von der anderen Straßenseite her lacht uns von einer Plakatwand ein übergroßer, penetrant lächelnder, ergrauter Parship-Mann an, der uns beiden verspricht: »Jemand wartet auf dich.« Doch diese sichtlich zufriedene, ebenfalls grauhaarige Frau neben mir überführt die Werbeabteilung von Parship der Unwahrheit: Alleine durchs Leben zu gehen muss nicht schwerer sein als zu zweit. Letztendlich geht es ums Teilen und darum, dass man jemanden hat, der einen ständig auch ein bisschen verändert. Doch das können genauso gut Freunde sein.

Diese Beobachtungen waren Grund genug nachzufragen: Wie stellte man sich die Liebe mit zwanzig vor, und was ist später tatsächlich passiert? Gefragt habe ich keine Soziologinnen, Psychologen oder Liebesforschende, sondern Experten und Expertinnen, die aus ihrem Alltag erzählen. Gefunden habe ich sie über Inserate in unterschiedlichsten Zeitungen, über Bekannte oder über Gesprächskreise. Manchen begegnete ich, weil ihre Enkel, ihre Töchter oder Söhne neugierig auf die Geschichte ihrer Eltern und Großeltern waren. Und manche traf ich im Zug, in der Straßenbahn oder auf der Straße. Dass mehr Frauen das Bedürfnis hatten, ihre Geschichte zu erzählen, ist kein Zufall: Bei vielen Frauen ist der Mann bereits gestorben, und es ist einfacher, darüber zu reden, wenn er nicht mehr da ist. Abgesehen davon, dass Männer wohl tatsächlich weniger gern über Gefühle sprechen als Frauen. Auch dass die meisten Gesprächspartner Mütter und Väter sind, ist kein Zufall: In den älteren Generationen war es viel selbstverständlicher als heute, Kinder zu haben. Die Namen der Gesprächspartner und ihrer Angehörigen sind oft nicht dieselben wie jene Namen, die auf den jeweiligen Klingelschildern stehen. Denn manches Gegenüber wollte zwar gerne seine Geschichte erzählen, jedoch nicht die Gefühle seiner Kinder oder seiner Exgeliebten verletzen. Viele der Namen sind deshalb geändert. Und manche Passagen wollten einige Protagonisten dann doch nicht im Buch lesen: die Erkenntnis, dass der andere Aids in die Beziehung gebracht hat; der Seitensprung, von dem man dem Partner nie erzählt hatte; das Kind, das auch ein Kuckuckskind sein könnte. Gründe, die die Erzähler Lügen straften, die anfänglich behaupteten, sie hätten wahrhaft nichts Interessantes zu erzählen.

Auch wenn es ganze Bücherregale zum Thema Liebe gibt, tun sich die meisten Menschen schwer, über die selbst erlebte Liebe viel zu sagen: Ist sie glücklich, ist sie ein Aggregatzustand, der schwer zu beschreiben ist. Die naivste Frage, die man Verliebten stellen kann, ist denn auch, warum sie sich in ihr Gegenüber verliebt haben. Mag der entscheidende Blick noch so fern erinnert sein, die Antwort lautet stets ähnlich ratlos: »Warum? Keine Ahnung, darum.« Trotz solcher Antworten habe ich diese Frage gerne gestellt, immer wieder. Denn Liebesgeschichten sind immer auch Projektionen: Es gibt tausend Varianten von Liebe, und jeder und jede hat dazu seine eigene Definition. Die einzelnen Aggregatzustände des Verliebtseins, des Geliebtwerdens und Loslassens sind rückblickend einfacher zu beschreiben, als wenn man mittendrin steckt. Doch Erinnerung ist meistens unzuverlässig. Erinnert sie sich an den Heiratsantrag in Würzburg, erinnert er sich an denselben Antrag in Paris. Andererseits: Spielt es eine Rolle, dass Erinnerung tatsächlich Erlebtes vergrößert, beschönigt oder auch verschlimmert? Am Ende bleiben für die Gegenwart die subjektiven Erfahrungen der Vergangenheit, von denen man bestenfalls zehren kann.

Überhaupt, was, wenn die große Liebe nur ein Konstrukt ist? Ein Antrieb, um lebenslang auf der Suche zu sein nach »jemandem, der auf dich wartet«? Um dabei vielleicht auch etwas ganz anderes zu finden? Sodass man am Ende wenigstens sagen kann: Ich habe danach gesucht. Auf die großen Fragen wird auch dieses Buch keine großen Antworten geben, sondern allerhöchstens viele kleine Erfahrungen auslegen. Erfahrungen, die sich übrigens von heutigen Liebessorgen und Ängsten gar nicht so groß unterscheiden, auch wenn sich die Umstände seit den Sechzigerjahren mit der Antibabypille und der *BRAVO*, mit der Aufhebung des Konkubinatsverbots, dem *Gender Trouble* und der gleichgeschlechtlichen Ehe grundlegend verändert haben: Die Nervosität vor dem ersten Mal, das Ausloten von Freiheit in der Zweisamkeit und die Angst vor der Einsamkeit, das alles kommt heute genauso vor. Nur dass die Achtzigjährigen noch viel weniger

Worte für ihre Erfahrungen kennen als die Siebzigjährigen, die die sexuelle Revolution und Emanzipationsbewegung der 68er aktiver miterlebt haben. Dass gerade die Frauen – anders als heute – vieles mit sich selbst ausgemacht haben, ohne groß mit anderen darüber zu reden. Und dass Hollywood unser Bild von der Liebe wesentlich kitschiger gefärbt hat: Die Liebe, da würde mir meine Großmutter bestimmt zustimmen, wurde romantischer, seit sie weniger von ökonomischen Zwängen abhängig ist. Wobei sie wahrscheinlich ergänzen würde: Es sind vor allem die Ansprüche an die Liebe, die bei den jungen Leuten größer geworden sind. Schließlich kann ich heute alles auch alleine – weil die Frauen emanzipierter geworden sind und selbst arbeiten, weil die Männer emanzipierter sind und auch Kinder erziehen können. Übrig bleibt oft die pure Romantik: »Ich will dich, weil *du* es bist.« Was die Liebesbeziehungen nicht einfacher macht.

Spricht man mit den Jungen über die Liebe, bleibt der Eindruck, dass die Liebe ein schwer erklärbares, undefinierbares Wunder ist. Während die Alten oft nur verlegen die Achseln zucken und Banales hervorstreichen – »Tja, ich war halt fünfzig Jahre verheiratet. Keine Ahnung, wie das mit der Liebe ist« – oder schlicht Kleinigkeiten ihres Alltags erwähnen. Ernüchternd ist das nicht, sondern vielmehr beruhigend, weil sie eine Liebesgeschichte greifbarer machen. Es braucht kein Wunder zu geschehen – unter Umständen kann ein Glas Orangensaft als Auslöser genügen, um die große Liebe zu finden. Denn von den erzählten Geschichten bleiben am Ende viele Stichworte, die zum Anfangs-, Wende- oder Endpunkt einer Liebe führten: diverse Parkbänke, Orangensaft, ein Aftershave von Cacharel, eine Kuschelparty, ein Münztelefon, Grießbrei oder eben ein grünes Kleid. Und Stichworte, die das Glück entscheidend mitprägten, denn Geschichten über die Liebe sind immer auch Geschichten über das Leben: ein Grundstück, der Kirschbaum, aber auch Lohnkonten oder die Zahnpastatube.

Teil 1

Die Sehnsucht nach Nähe

suchen, finden, frei bleiben

Was ist denn eigentlich Liebe?

Cornelia Feller, 82 Jahre

Ich war immer gerne für mich alleine. Erst jetzt mit 82 Jahren vermisse ich jemanden. Ich wünsche mir eine Freundin, noch lieber einen Freund, den ich morgens unkompliziert anrufen könnte, um zu fragen: »Was machst du heute – essen wir zusammen?« Nicht einer, der ständig anrufen oder vor der Türe stehen, sondern jemand, den ich regelmäßig treffen würde. Keine Ahnung, wo man solche Männer trifft. Computer und Internet habe ich nicht, aber so würde ich sowieso niemanden kennenlernen wollen. Eher stelle ich mir vor, dass wir uns zufällig begegnen würden. Wahrscheinlich bin ich eine Romantikerin.

Zweimal war ich verheiratet. Heute frage ich mich, ob ich tatsächlich je geliebt habe. Die, in die ich mich verliebt hatte, wollten mich nicht. Und die, die mich unbedingt haben wollten, in die war ich womöglich gar nicht richtig verliebt. Ich habe mir nie Liebesfilme angesehen, die haben mich gelangweilt. Erst in letzter Zeit habe ich mir ein paar angeschaut, und sie haben mich sehr berührt. Haben mich aber auch traurig und wehmütig gemacht. Selbst wenn es in diesen Filmen oft nur darum geht, wie sich zwei Menschen begegnen. Und selten darum, was danach passiert – wenn zum Beispiel einer der beiden besitzergreifend wird. Seither frage ich mich: Was ist denn eigentlich Liebe?

Meinen ersten Mann habe ich beim Jazz kennengelernt. Ich lebte da schon länger nicht mehr zu Hause, sondern wohnte mit einer Freundin zusammen. Wann immer möglich, gingen wir tanzen. Jeans und Pulli zogen wir erst im Klub an, denn Anfang der Fünfzigerjahre trugen Frauen noch keine Hosen, sondern Rock oder Jupe. Einmal auf einem Jazzball, ich tanzte gerade zu Bebop, kam ein Mann herein. Verkleidet als Neandertaler, ein Fell über die Schultern geworfen, blieb er an der Türe zum Saal stehen und starrte mich einfach an. Ich spürte seine Blicke. Sah ihn aber kaum, weil ich nie gerne meine Brille trug. Noch am selben Abend auf der Tanzfläche sagte er mir, dass er mich liebe. Das war verrückt! Er fragte, ob wir uns wiedersehen könnten. Auf einen festen Freund hatte ich nicht so richtig Lust. Ganz im Gegenteil: Ich habe nie explizit nach einem Mann gesucht. Das Leben, das ich hatte, gefiel mir ganz gut. Ich tanzte mit verschiedenen Männern und wohnte mit einer Freundin zusammen. Gerne wäre ich Schauspielerin geworden und nach Paris gegangen, doch das traute ich mich nicht.

Dass mich einer so sehr wollte, das beeindruckte mich. Ich war gerade erst zwanzig Jahre alt, er fünf Jahre älter – er hatte aber ein Leben hinter sich, das ihn zwanzig Jahre älter machte. Er war unehelich aufgewachsen, in einem kleinen Dorf, war mit 16 Jahren von zu Hause weggegangen, landete schließlich in der Psychiatrie und bekam einen Vormund. Während unserer Ehe wurde er ein angesehener linker Schriftsteller, in meiner Generation ist er sehr bekannt. Als wir zusammenkamen, hatte er kaum Geld, nur wenig Kleider und hauste in einem winzigen Zimmer, in dem es sogar fast ein wenig stank. Er faszinierte mich. Also blieb ich. Am Anfang hatten wir lediglich, was ich verdiente. Er schrieb und begann sofort, mit einflussreichen Leuten Kontakt aufzunehmen. Dass sich unser Leben anders entwickelte, als ich mir das ursprünglich vorstellte, realisierte ich erst nach ein paar Jahren. Ich hatte mir mein Leben mit ihm anders, freiheitlicher vorgestellt: Schreiben kann er überall, also würden wir herumreisen, er würde schreiben und ich in einem Büro arbeiten, wenn wir Geld brauchten. Seine Manuskripte tippte ich ja ohnehin ab. Er aber bestimmte, und ich machte mit. Er wollte möglichst schnell Karriere machen, dafür brauchte er eine Familie. Und er wollte nicht, dass ich Schauspielerin wurde.

Wir heirateten, und bald darauf kam unser Sohn zur Welt. Damals sind Kinder häufig einfach passiert, ich wusste ja nicht einmal richtig, wie man verhütet. Obwohl ich da bereits eine Abtreibung hinter mir hatte: Als ich mit 18 von meinem damaligen Freund das erste Mal schwanger wurde, war ich furchtbar verzweifelt. Sie sollten mich nicht suchen, schrieb ich meinen Eltern in einem Abschiedsbrief. Denn ich dachte, in meiner Situation gebe es keine andere Lösung, als von einer Brücke zu springen. Meine Mutter fand mich, und zusammen gingen wir zu einem Spezialisten. Berührt hatte mich das nicht so sehr, auch Gewissensbisse hatte ich keine. Eher habe ich mich geschämt. Und gesprochen wurde darüber nicht. Auch meinem Mann erzählte ich später nie davon.

Über die Geburt unseres Sohnes freute er sich sehr. Ich selbst wusste zuerst gar nichts anzufangen mit dem Kind. Es war eigenartig. Ich kann nicht sagen, ich hätte dieses Kind gewollt. Früher wusste ich: Ich will nie ein Kind, nie! Schlicht, weil ich selbst die Welt sehr negativ erlebt hatte. Und weil ich nicht wollte, dass ein Kind ähnliche Erfahrungen wie ich machen musste. Doch als ich meinen Sohn zum ersten Mal in den Armen hielt, fühlte sich das großartig an. Hilflos auch, weil ich ja keine Ahnung hatte, wie man mit Kindern umgeht. Ich spürte, dass ich ab da eine ganz besondere Verantwortung trug. So sehr, dass ich seit jenem Moment auch keine Selbstmordgedanken mehr hatte.

Zwei, drei Jahre bestimmt waren wir sehr glücklich. Die ersten Jahre blieb ich zu Hause, Kinderhorte gab es noch keine. Mein Mann arbeitete tagsüber beim Radio, um etwas Geld zu verdienen. Abends saß er bis 22 Uhr an seiner Schreibmaschine. Das weiß ich deshalb so genau, weil ab 22 Uhr die Nachtruhe galt und die alten Schreibmaschinen unheimlich laut waren. Er fing ja ganz unten an, mit einer Bürostelle, und machte innerhalb kurzer Zeit Karriere als

Schriftsteller. Heute denke ich, dass ich sehr viel dazu beigetragen habe, dass er überhaupt schreiben konnte. Denn ich ließ ihn einfach. Konflikten aber ging er aus dem Weg. Wollte ich mit ihm über unsere Beziehung reden, sagte er nur: »Ich liebe dich, ich sorge für dich. Was willst du denn mehr?« Das reichte mir aber nicht. Denn seine Liebe spürte ich nicht, und er ging ja überhaupt nicht auf mich ein. Er bestimmte, wie ich zu fühlen hatte. Ich weiß nicht, ob er mich tatsächlich so sehr liebte, wie er das immer behauptete. Mittlerweile weiß ich, dass er vor allem nicht alleine sein konnte.

Wir waren 16 Jahre verheiratet. Treu waren wir beide nicht. Ich wusste von ihm, dass er ein Verhältnis mit einem Abteilungsleiter im Radio hatte, obwohl er keineswegs schwul war. Als ich ihn darauf ansprach, stritt er es ab. Heute würde ich mich wehren! Damals aber war ich schüchtern und verklemmt und nahm das einfach so hin. Heute bin ich ein ganz anderer Mensch. Eifersüchtig war ich nicht, aber es ärgerte mich. Erst viel später erfuhr ich, dass er auch andere Freundinnen hatte, und sogar mit einer Frau ein Kind. Davon hatte ich nichts gemerkt. Oder vielleicht war es mir auch egal. Es gibt viele Nebengeschichten, die ich nicht alle erzählen kann. Eine Liebesbeziehung hatte ich mit seinem Halbbruder. Ihn habe ich tatsächlich geliebt – und er mich. Er bewunderte mich als Frau seines großen Bruders. Er war ganz anders, wahnsinnig herzlich. Wir standen uns sehr nahe, mit ihm konnte ich träumen und Pläne schmieden. Nur zusammen sein konnten wir nicht, schließlich war er ja mein Schwager. Wir fürchteten, mein Mann, sein Bruder, könnte uns alle beide umbringen. Ich habe meinem Mann nie davon erzählt, aber er hatte es gemerkt, das weiß ich. Die Geschichte endete tragisch, als sein Bruder sich das Leben nahm.

Zweimal trennte ich mich von meinem Mann und kehrte beide Male wieder zurück. Hauptsächlich wegen meines Sohnes. Ich vermisste ihn, liebte ihn so sehr, dass ich es einfach nicht ertrug. Später bekamen wir noch eine Tochter. Erst die dritte Trennung war definitiv, weil da der Mann eine Rolle spielte, den ich später heiratete. Begegnet sind wir uns in den Ferien, die ich mit meinem ersten Mann verbrachte. Auch andere Künstler und Freunde waren da. Auch dieser zweite Mann sah mich und wusste sofort: »Du gefällst mir. Du bist die erste Frau, die ich liebe.« Eine Nacht lang wägte ich ab, überlegte hin und her – und entschied mich schließlich für ihn, verließ meinen ersten Mann noch während der Ferien. Wahrscheinlich wusste ich, dass ich es nicht alleine schaffen würde, von meinem ersten Mann wegzukommen. Doch die Trennung war happig. Mein erster Mann plagte mich, schrieb uns fürchterliche Schandbriefe, ich sei die letzte Hure und was weiß ich was alles. Später heiratete er noch zweimal. Die Erste sei mir ähnlich gewesen, sagte man. Sie trug wohl das Haar kurz, war auch groß und schlank – das war aber auch alles. Und doch: Er suchte mich offenbar wieder. Vielleicht war ich doch seine große Liebe?

Auch beim zweiten Mann würde ich heute sagen: Richtig in ihn verliebt war ich nicht, nein. Er war Fotograf, einer, der viel arbeitete. Ich mochte ihn. Er spielte den Clown, der er aber gar nicht war, wenn man ihn besser kannte. Er wolle mir ein Haus bauen, sagte er. Ich wollte aber gar kein Haus. Noch immer wäre ich lieber nach Paris gegangen. Warum ich wieder den Vorstellungen eines Mannes folgte, statt meine eigenen Pläne zu verwirklichen, weiß ich nicht. Heute glaube ich, dass ich vor allem auf der Suche nach jemandem war, der mich gerne mochte, der mich liebte. Denn ich bin ohne viel Liebe aufgewachsen.

Mein zweiter Mann hatte ein gut gehendes Fotoatelier in einer anderen Stadt, also zog ich zu ihm. Wir heirateten, weil ein befreundeter Anwalt mir das nahegelegt hatte. Er kannte meine finanziellen Verhältnisse. Er wusste, dass ich nichts besaß, dass ich bei meinem ersten Mann auf alles verzichtet hatte. Geld war mir zwar nicht so wichtig, aber die Argumente sah ich ein. Auch mein zweiter Mann freute sich über die Gelegenheit, ein großes Fest zu machen, und so heirateten wir. Nicht in der Kirche, sondern in unserem neuen Haus mit einem richtig großen Künstlerfest. Für meine Kinder war jene Zeit schwierig, sie mochten diesen zweiten Mann nicht. Nach sieben Jahren Ehe trennten wir uns schließlich. Er hatte irgendwann eine Freundin, eine ganz junge. Wirklich wehgetan hat mir das nicht, nein. Es kam sehr überraschend, und ich hatte kein Geld. Ich suchte mir eine Stelle und zog weg. Auch wenn es keine lustige Zeit war, wirklich Angst hatte ich nie. Ich war nie verzweifelt. Ich merkte immer, dass das Leben weitergehen wird. Und das tut es faszinierenderweise auch immer!

Mein wirkliches Leben begann für mich erst nach der zweiten Scheidung. Da musste ich mein Leben wieder selbst in die Hand nehmen. Ich erinnere mich noch gut, wie ich nach dem ersten Schock am Küchentisch in meiner neuen Wohnung saß und dachte: Jetzt bin ich wirklich alleine, und alles, was ich tue, liegt in meiner Verantwortung. Das war ein wunderbarer Moment. Seither habe ich mich sehr verändert. In eine Richtung, die ich mir eigentlich schon vor dreißig Jahren gewünscht hätte. Und doch: Mein Leben war gut so, wie es war. Nur so konnte ich an den heutigen Punkt gelangen.

Auch wenn ich selbst die Liebe eher als Abhängigkeit erlebt habe: Ich glaube nach wie vor an sie. An die Liebe, die beide frei sein lässt und wo zwei sich gegenseitig helfen. Ich weiß, dass es sie gibt, ich kenne solche Ehen. Mir ist es noch nie so gut gegangen wie jetzt. Nur das Alleinsein bereitet mir plötzlich Mühe. Mir fehlt der Garten, den ich vor drei Jahren aufgeben musste, als ich gestürzt bin, die Kinder, die unterdessen erwachsen, und die Enkel, die auch schon groß sind. Mir fehlt jemand, besonders morgens, wenn der Tag beginnt.

Einmal war ich mit einem Architekten befreundet. Von Anfang an stellte ich klar, dass ich gerne mit ihm zusammen sei, Ausflüge machte oder Ausstellungen besuchte: »Aber mehr ist nicht.« Er akzeptierte das und wusste: »Wenn eine Frau nicht will, dann ist nichts zu wollen.« Mit ihm entwickelte sich eine tolle Freundschaft. Wir wohnten nicht zusammen, aber unternahmen viel. Unterdessen ist er gestorben. So einen wie ihn vermisse ich. Es ist eine Binsenwahrheit, aber sie stimmt: Die guten Männer sind immer besetzt. Einem gestand ich einmal, dass ich mich in ihn verliebt hätte. Von nichts kommt ja schließlich nichts. Also fragte ich ihn, ob wir uns wieder einmal treffen würden. Er freue sich sehr, sagte er mir, aber er sei in festen Händen. Andere klopfen anzügliche Sprüche und Witze. Solche alten Glüschtler* gibt es viele. Von denen habe ich schon einige kennengelernt. Das finde ich ekelhaft.

Wäre ich nicht an meinen ersten Mann geraten, ich hätte vielleicht nie geheiratet. Es gefiel mir alleine. Es gefiel mir, zu arbeiten, mit einer Freundin zu wohnen. Ich hätte mir durchaus auch vorstellen können, ledig zu bleiben. Vielleicht hätte ich dann irgendwann den Mut gehabt, endlich wegzugehen. Am liebsten nach Paris. Dorthin wollte ich schon immer, geschafft habe ich es nie. Nach meiner Trennung hätte ich gehen können. Aber auch da traute ich mich einfach nicht. Ich hatte immer Sehnsucht nach der Freiheit, wusste aber eigentlich nie, was das überhaupt bedeutete.

Cornelia Feller freut sich sichtlich auf unser Gespräch. Denn, das hatte sie mir bereits am Telefon erklärt, sie denke in letzter Zeit öfter über die Liebe nach. Ihr Leben beschreibt sie als turbulent genug: »Ich bin froh, dass ich so alt geworden bin, damit ich alles Erlebte überdenken kann.« Wir treffen uns in einem Tearoom in ihrer Nachbarschaft, den sie vorher nicht kannte: Sie verkehrte ihr Leben lang in Bars, die in meiner Generation längst zu Legenden geworden sind. Die Kaffeemaschine steht etwas zu nah bei uns, und das Café ist besser besucht, als ich es angenommen hatte, gewisse Fragen stelle ich mehrmals. Erst mit der Zeit merke ich, dass sie ein Hörgerät trägt.

Den schwarzen Rollkragenpullover, sagt sie schüchtern, trage sie heute zum ersten Mal seit Langem wieder. Früher habe sie

---

* Lustmolche

sich ausschließlich schwarz oder violett gekleidet: »Da hatte ich auch noch längere Haare, wie Juliette Gréco. Sagt Ihnen dieser Name etwas?« Unterdessen trägt sie ihr Haar kurz mit einem Seitenscheitel. Cornelia Feller ist groß und schlank. Sie wirkt mit ihren grazilen Bewegungen um einiges jünger, als sie ist, auch wenn ihre rechte Gesichtshälfte manchmal zuckt und sie das Hörgerät je nach Geräuschlage neu einstellen muss. Dass sie mit ihrer entrückten Erscheinung für die Männer eine Muse gewesen ist, kann man sich leicht vorstellen.

Viele Passagen ihres Lebens, die sie mir an diesem schummrigen Winternachmittag erzählt, kommentiert Cornelia Feller mit einem hilflosen Achselzucken, mit einer seltsamen Distanz und einer Lakonie in der Stimme, als ob es nicht ihr Leben gewesen wäre: Sagt, dass sie sich an gewisse Situationen nicht mehr erinnere. Dass sie selbst nicht verstehe, warum sie so oder so gehandelt habe. Vieles bleibt vage. Und viele meiner Fragen erübrigen sich, weil sie sich diese genauso selbst stellt. Ihr Staunen über sich und die Welt ist entwaffnend, weil sie Fragen in den Raum stellt und keinen Hehl aus ihrer Melancholie macht, die sie schon immer begleitet habe. Selbstmordgedanken, sagt sie, seien ihr schon seit eh und je sehr vertraut: »Ich dachte immer schon: Wenn ich es einmal nicht mehr aushalte im Leben, dann springe ich einfach von einer Brücke.«

Stellenweise zögert sie, mir alles zu erzählen. Sie will, schweigt dann aber doch. Ich frage sie, ob es ihr zu persönlich sei. Sie verneint. Sagt, dass sie viele Therapiegespräche, einzeln und in Gruppen, gebraucht habe, um offener, zufriedener, ja dankbarer für ihr Leben zu werden. Auch spirituelle Erfahrungen waren wichtig, sich selbst näherzukommen. Sprechen wir über die Gegenwart, blüht sie auf. Unterdessen flirte sie wieder mit jungen Männern, sie lächelt und streicht sich zufrieden die Armstulpen mit Leopardenmuster zurück: »Was Männer immer tun, gilt bei Frauen ja als peinlich. Aber als ältere Frau kann ich das jetzt.« Natürlich würde sie mit dem heutigen Wissen die Welt erobern, wäre sie nochmals zwanzig Jahre alt. Aber: »Es ist wichtig, das alles erlebt zu haben, um überhaupt an einen gewissen Punkt zu kommen, um etwas über das Leben zu erkennen.« Dadurch etwa, dass sie immer mehr Verantwortung für ihr Tun übernommen habe, sei sie auch ihrem Traum von Freiheit näher gekommen.

Seit der Pensionierung tanzt sie regelmäßig in einem Tanztheater. In der letzten Saison zusammen mit acht Frauen im Stück »Rendez-vous«, in dem es darum ging, wie sich mehrere Frauen auf die Kontaktanzeige eines Mannes melden. In dieser Saison pausiert sie, denn es gehe um die Beatles, doch mit dieser Musik werde sie einfach nicht warm, schließlich hätten ihre Kinder die Beatles gehört und nicht ihre Generation, lacht sie.

Als wir uns Monate später wiedersehen, strahlt Cornelia Feller. Sie habe sich kurz nach unserem ersten Gespräch verliebt, und warnt im gleichen Atemzug, es sei allerdings kompliziert. Denn der Mann, den sie über ein Theaterprojekt kennengelernt habe, habe seit Jahren eine Lebenspartnerin. Trotzdem verabredet er sich mit Cornelia Feller und macht ihr Komplimente, zum Beispiel zu ihrem Haar, das sich wie Seide anfühle. Wir sprechen jetzt plötzlich über Schmetterlinge im Bauch und über die Aufregung, sich im Badeanzug mit einem neu kennengelernten Mann im Thermalbad zu treffen. Cornelia Feller freut das zuerst einmal, auch wenn sie skeptisch bleibt: »Es ist ein großes Geschenk, dass es einen Mann gibt, dem ich gefalle.« Überrascht, dass sie plötzlich wieder flirtet, ist sie nicht. Auch wenn andere Frauen in ihrem Alter mit diesem Thema längst abgeschlossen hätten: »Ich denke nie, dass es vorbei ist. Warum auch?«

Ich möchte sie gern
wieder einmal umarmen

Helmut Becher, 68 Jahre

Wir treffen uns an einem Freitagnachmittag in einem sehr belebten Tearoom in der Innenstadt. Links und rechts von uns setzen sich zwei Damen, die sich etwas zu essen bestellen und Zeitung lesen – und uns vermutlich vor allem zuhören. Ich fürchte um die Ehrlichkeit meines Gegenübers: Doch der 68-Jährige mit feinen Fältchen und kurzem Haar lässt sich nicht aus der Ruhe bringen.

Viele Männer haben ein Bild von ihrer Idealfrau. Das hatte ich eindeutig auch. Als ich einmal als Student aushilfsweise Mathematik unterrichtete, saß eine Schülerin in der Klasse, von der ich wusste: Sie entspricht exakt dem Typ Frau, von dem ich träume. Ich vergaß sie danach nie mehr. Ein paar Jahre später traf ich sie im Zug. Wir erkannten uns sofort wieder. Kitschig, ja doch, so muss man das wohl nennen: Das war Liebe auf den ersten Blick – wenigstens meinerseits. Unterdessen sind wir seit 36 Jahren verheiratet. Ich heiratete relativ spät, mit 32 Jahren – sie ist acht Jahre jünger, war da also 24 Jahre alt. Viele heirateten, um von zu Hause wegzukommen. Bei uns aber war es Liebe.

Liebschaften gab es schon vorher, mehrere – eine Frau war für mich besonders wichtig: denn sie hatte mich verführt. Sie war das Dienstmädchen meines Onkels, war elf Jahre älter und hatte ein Kind. Das war eine sehr schöne Liebe. Auch, weil wir uns im Geheimen treffen mussten. Wir wohnten am

Stadtrand. Also erzählte ich zu Hause, ich würde statt sonntags elf Uhr in die Kirche am Abend in der Stadt in die Kathedrale gehen. Dort trafen wir uns zwar, gingen aber von dort weiter hinauf zu den Drei Weihern. Die Aufklärung war in meiner Zeit katastrophal. Obwohl meine beiden Eltern Ärzte waren: Aufgeklärt wurde ich nie. Nicht einmal medizinisch. Und meine Mutter hielt sogar Aufklärungsvorträge an Mädchenschulen! Meine Schwestern nahm sie jeweils mit, aber ich passte wohl nicht ins Schema. Also erfuhr ich alles auf der Straße.

Die Idee zu heiraten kam, soweit ich mich erinnere, von meiner Frau. Heute diskutiert man darüber, ob man überhaupt heiraten soll. Früher war das umgekehrt: Da sagte man bewusst, ich will nicht heiraten. Sonst war eh klar, dass man heiratete. Lange Zeit, ein paar Jahre bestimmt, war unsere Ehe sehr schön. Wir hatten zwar beide eine schwierige Vergangenheit und hätten wahrscheinlich beide Hilfe gebraucht, um diese zu bewältigen. Sie hatte ein sehr schwieriges Verhältnis zu ihrer Familie, war depressiv und suizidgefährdet. Und mein Vater war Alkoholiker. Was ich aber wirklich verdamme, ist der Alltag, dieser unheimlich tödliche Alltag. Bestimmt macht er ganz viele Ehen kaputt. Nicht, dass er die unsere kaputt gemacht hätte. Aber auch in unserer Ehe wurde es plötzlich ruhig. Wir waren müde, haben nichts mehr miteinander unternommen. Klar, es waren dann die Kinder da. Zwei Kinder, die drei und fünf Jahre nach der Heirat zur Welt kamen – und uns von Anfang an ungeheuer wichtig waren.

Meine Frau kam mit ihrer Energie sehr an ihre Grenzen, während ich gleichzeitig beim Aufbau einer Firma mitarbeitete. Ich bin Mathematiker, wir programmierten Software für Banken. Ich war nie ein Karrieremensch, aber es gab immer zu viel zu tun. Das war eine sehr anstrengende Zeit für uns beide. Nach etwa zehn Jahren Ehe begann meine Frau eine Beziehung zu einer anderen Frau. Und wie das so ist: Am Anfang verspricht man sich alles, sagt sich: »Wenn etwas ist, dann sagst du es mir, ja?« So aber war es natürlich nicht.

Ich musste es selbst herausfinden. Das hat mein Urvertrauen sehr erschüttert. Meine Frau betonte zwar immer wieder, sie fühle sich überhaupt nicht als eine Lesbe. Trotzdem tat mir diese Untreue unheimlich weh. Jene Geliebte ging offenbar viel mehr auf meine Frau ein, als ich es tat. Als ich herausfand, dass meine Frau eine Affäre hat, bin ich fast verzweifelt. Es war schrecklich. Immerhin war ihre Affäre eine Frau, kein Mann, der mir noch viel mehr Konkurrent hätte sein können.

Unterdessen können wir wieder miteinander reden. Und: Wir sind trotzdem zusammengeblieben. Die Beziehung der beiden scheiterte schließlich, weil meine Frau unsere Familie nicht verlassen wollte. Und weil uns beiden die Kinder unheimlich wichtig sind. Von Anfang an hatten sie für uns einen enorm hohen Stellenwert. Wenn ich sie mir heute ansehe, dann denke ich oft, dass sich manches Opfer gelohnt hat. Wir haben bis heute beide ein sehr enges, sehr herzliches Verhältnis zu den Kindern. Auf jeden Fall ganz anders, als das Verhältnis zu unseren eigenen Eltern war. Man sagt ja, dass es sich nicht lohnen würde, wegen der Kinder zusammenzubleiben. Ganz ehrlich: Da bin ich mir nicht so sicher. Unsere Idee einer Familie jedenfalls haben wir uns erfüllt. Und meine Frau hat sich sehr verändert: Sie ist viel selbstbewusster und unabhängiger geworden, sie ist nicht mehr die problembeladene, unsichere Frau, die ich damals im Zug angetroffen hatte. Ich bin froh, dass sie sich in diese Richtung verändert hat. Auch wenn sie zeitweilig glaubte, sich unbedingt von mir emanzipieren zu müssen.

Mittlerweile haben wir miteinander eine sehr schöne Beziehung. Nur ist sie seit dieser Geschichte ohne Sex. Auch wenn Sex womöglich heute viel zu viel Bedeutung beigemessen wird: Sexualität fehlt mir, Küsse auch, Berührungen. Lange Zeit war die Distanz zwischen uns für Sex zu groß, wir hätten uns das beide nicht vorstellen können. Damals, als meine Frau mit der anderen Frau zusammen war, schlug sie mir vor, dass ich mir selber eine Freundin suchen solle. Das aber konnte ich nicht. Ich wusste, dass ich mich auf eine

Geschichte, wenn, dann nur richtig einlassen kann. Und das wiederum würde viel Zeit kosten, die ich ja offensichtlich auch vorher nicht in die Beziehung zu meiner Frau investieren konnte. Ganz abgesehen davon, dass ich mich gar nicht in der Lage fühlte, mich zu verlieben – zumindest damals nicht. Und eine grundsätzlich offene Beziehung konnte ich mir schlicht nicht vorstellen. Auch wenn wir darüber gesprochen hatten. Wir kommen ja nur schwer mit uns zusammen aus, wie wollen wir da noch mit zwei Personen mehr auskommen? Das verkompliziert doch nur alles. Sicher habe ich dadurch vieles verpasst. Da ich aber andererseits nicht weiß, was genau, kann ich auch nicht sagen, ob ich es bereue.

Später habe ich durchaus Bekanntschaften ausprobiert; bei der Arbeit zum Beispiel oder in einer Weiterbildung. Da ging es mir darum zu merken: Doch, ich wäre wieder fähig, Gefühle zu empfinden für jemanden. Und trotzdem ist daraus nie etwas entstanden, große Gefühle waren da nie im Spiel. Erst in den letzten Jahren habe ich mich einmal ganz fürchterlich verliebt, in eine viel jüngere Frau. Leider nicht gegenseitig, nein. Sowieso: Mit 68 Jahren glaube ich, dass mir das nicht mehr zusteht, mich in eine jüngere Frau zu verlieben. Der einzige Freund, den ich um Rat bat, meinte nur: »Entweder sie will das Geld, oder du machst dich lächerlich.« Und ich glaube, er hat recht. Gesagt habe ich ihr jedenfalls nie etwas.

Auch wenn sich für mich im letzten Jahr viele Dinge relativiert haben: Während einer Operation am Herzen wurde ich in ein künstliches Koma versetzt und habe nur knapp überlebt. Seither plane ich nicht mehr längerfristig, sondern nur noch in kleinen Schritten. Und wer weiß, vielleicht wäre ich unterdessen in Liebesdingen waghalsiger? Andererseits: Was ich mit meiner Frau habe, ist nicht wenig. Denn als kollegial oder geschwisterlich würde ich unsere Liebe keineswegs beschreiben, überhaupt nicht. Wir sind nicht so unverkrampft miteinander, wie es wahrscheinlich Geschwister miteinander sind. Dafür ist viel zu viel passiert. Und ich habe nach wie vor das Gefühl, dass sich die Distanz zwischen uns wieder verringern könnte – diese Option besteht nach wie vor. Jedenfalls würde ich diese Beziehung nicht aufs Spiel setzen für etwas, bei dem ich nicht weiß, wie es wird. Gerade da ich ja selbst erfahren habe, wie komplex und zerbrechlich Beziehungen sein können. Es gibt zum Beispiel niemanden, mit dem ich lieber in die Ferien fahre als mit meiner Frau. Reisen mit ihr ist das Größte! Auch wenn sie das Meer sehr liebt, wir liegen beide nicht gern am Strand. Stattdessen gehen wir spazieren, unternehmen etwas, sehen uns die Kultur an; wir interessieren uns für dieselben Dinge, und der Alltag ist weit fort.

Darüber, was vor fast dreißig Jahren passiert ist, reden wir heute nicht mehr. Höchstens, wenn uns Besuch sagt: »Oh, ihr seid ein so schönes Ehepaar!« Dann lachen wir komplizenhaft und denken nur: Wenn die wüssten… Natürlich, jetzt, wo die Kinder aus dem Haus sind, könnten wir uns trennen. Nur glaube ich, dass uns beiden die Schwelle dafür zu hoch ist. Wir müssten etwa die Pensionskasse aufteilen… Machbar wäre das natürlich. Allerdings: Sie könnte sich ja auch von mir trennen – das tut sie aber genauso wenig. Und gerade haben wir uns eine Eigentumswohnung fürs Alter gekauft. Damit haben wir – ohne groß darüber zu reden – abgesprochen, dass wir zusammen alt werden wollen. In letzter Zeit habe ich ein paarmal darüber nachgedacht, ob wir nicht vielleicht wieder einmal über uns reden sollten. Ich möchte sie gern wieder einmal umarmen.

Dass ihm das Familienglück wichtig ist, daran lässt er keinen Zweifel: Voller Bewunderung erzählt er von seinen mittlerweile erwachsenen Kindern, einem Sohn und einer Tochter, er Physiker und sie Pilotin, gerade ist ein Enkel dazugekommen. Die Kinder hätten sie regelrecht zu Hause rauswerfen müssen, lacht er, lange hätten sie keine Anstalten gemacht auszuziehen. Und heute noch kämen sie stets spontan und sehr oft zu ihnen zu Besuch, um für die Eltern zu kochen und aus ihrem Leben zu erzählen.

Dem Klischee eines nerdigen Mathematikers entspricht der zurückhaltende, noch immer gut aussehende Mann gar nicht: Präzise erzählt er von seinen Gefühlen, zögert nur hie und da, wenn er sich selbst nicht sicher ist, ob es richtig war, wie er in der einen oder anderen Situation reagiert hat. Er verneint, als ich ihn frage, ob seine Kinder die ganze Geschichte ihrer Eltern kennen würden. Und gesteht, dass er eigentlich gerne einmal mit ihnen darüber sprechen würde – jetzt, da sie Anfang dreißig sind und selber über Familie nachdenken. Sie würden es nicht mögen, wenn die Eltern ab und an mal stritten, sagt er und fügt schmunzelnd an: »Wobei wir das kaum tun, ich würde das eher als ›ernsthaft diskutieren‹ bezeichnen.« Reiben würden sie sich unterdessen vor allem noch in Haushaltsdingen. Er, der bereits Pensionierte, ist für den Einkauf und den – »übrigens keineswegs pflegeleichten!« – Garten zuständig. Sie, die immer noch Arbeitende, macht jeweils Montag den Haushalt. Viel zu perfekt, seiner Meinung nach: »Warum muss immer alles so tipptopp geputzt sein? Ich verbringe manchmal lieber meine Zeit mit einem guten Buch …«

Lange sprechen wir über die Distanz, die in seiner Ehe seit jener Geschichte vor dreißig Jahren Einzug gehalten hat. »Neu kennenlernen, ja, das könnten wir«, sagt er nachdenklich, um aber gleich anzufügen: »Aber wir haben beide Angst, dass wir wieder in alte Muster zurückfallen könnten. Und auch ich müsste weit zurückgehen für einen Neuanfang.« Würde er das Rad der Zeit nochmals zurückdrehen wollen? Die Antwort kommt prompt: »Nein, selbst wenn ich die Erfahrung von heute mitnehmen könnte.«

Man will ja doch das Dornröschen sein

Sabine Ledoux, 75 Jahre

*Wir treffen uns in einer Zürcher Straßenbahn und haben beide
das gleiche Ziel: Wir wollen an die Endstation des Neuners
und zurück, um Zeit in der warmen Straßenbahn totzuschla-
gen. Ich mit meinem Sohn, weil an diesem trüben Nachmittag
eines Novembersonntags nicht viel passiert; sie, weil das Konzert, das sie unbedingt hören will, erst in einer Stunde im Zunft-
haus zur Waag beginnt. Schuberts Winterreise, sagt sie, wahnsinnig traurig zwar, aber wunderschön. Langsam kommen wir
miteinander ins Gespräch. Sie sprüht vor ungeduldiger Freude,
spricht bewusst mal leise, dann wieder laut, mal mit hoher,
dann mit tiefer Stimme. Sie erzählt von Schubert und schweift
zu Liszt ab. Es ist einfach, zu erraten, dass sie Musikerin ist.
Gesungen habe sie, nun aber winkt sie ab: Jetzt sei sie zu alt,
75 Jahre. Die Stimme singe nicht ewig. Ich habe keine Ahnung
von Musik und lasse mir gern erklären, dass Singen eine sehr
physische Angelegenheit sei, dass man stark atmen müsse und
Kraft brauche – und dass nicht jeder so lange singt wie Pavarotti.*

*Als sie mich nach meinem Beruf fragt und ich das Buch über
die Liebe erwähne, rückt sie sofort näher und sagt:* »Uh, da habe
ich Ihnen viel zu erzählen.« *Wir tauschen unsere Adressen aus
und sind gleich beim Du. Noch vor der Endstation erzählt sie
mir die Liebesgeschichte ihrer Eltern, eines Franzosen und einer
Deutschen, die sich in der Zwischenkriegszeit in Paris kennengelernt und nach dem Zweiten Weltkrieg getrennt haben. Geboren ist Sabine Ledoux wenige Monate vor Kriegsausbruch in
Paris, aufgewachsen ist sie in Basel. Nach der Endstation, auf*

der Rückfahrt in die Stadt, erwähnt sie ihren Freund, über den sie nichts in meinem Buch lesen möchte, weil es gerade so weh- tut. Warum, das erzählt sie mir einen Monat später bei herzför- migen Zitronenbutterkeksen aus dem Supermarkt, als wir uns in ihrer kleinen Wohnung oberhalb der Stadt treffen. Natürlich interessiert mich diese Geschichte am meisten.

Ab wann ist es Liebe? Ich hatte in meinem Leben Affären, eigentlich ausschließlich komplizierte Liebschaften. Mit zwan- zig suchte ich niemanden, da hatte ich nur die Musik im Kopf: Ich wollte singen, singen, singen. Besonders nach der ersten Enttäuschung. Ich war 16, er 19 Jahre alt, als wir uns trafen, und ich war sehr verliebt. Verbunden hat uns die Musik: Ich sang sehr viel, und meine »Singerei« gefiel ihm, er wurde spä- ter Dirigent. Er studierte in Köln an der Musikakademie, und ich war entweder in Paris oder in Basel. Denn meine Mutter war Deutsche und lebte nach dem Krieg in der Schweiz, mein Vater Franzose, er lebte in Paris. Diese Freundschaft dauerte sechs Jahre, aber wir sahen uns jeweils nur im Sommer und an Weihnachten. Also schrieben wir uns lange Briefe. Telefo- nieren kam nicht infrage, das hätte ein Vermögen gekostet. Heute bin ich froh, dass wir nicht geheiratet haben. Ich habe erfahren, dass er später Kantor in Deutschland wurde – nicht Dirigent einer Tonhalle, sondern Kantor. Eines Tages, ich war 22, und er 25, lud er mich an den Rhein ein, um mir auf einer Parkbank zu sagen, dass es vorbei sei. Das tat wahnsin- nig weh. Ich war unendlich traurig. Doch heute weiß ich: Wir hätten überhaupt nicht zusammengepasst. Nur weiß man das nicht, wenn man so jung ist. Es ist mir schleierhaft, wie man sich als junger Mensch einbilden kann, dass das der Mann ist, den man wirklich will.

Nach dem Liebeskummer konzentrierte ich mich auf mein eigenes Leben. Ich wollte weg aus Basel, ging zuerst ein Jahr nach Paris und nahm Zeichenkurse an der Académie de la Grande Chaumière. Ich hätte gerne etwas mit Mode gemacht, aber ich fand keine Stelle. Unmöglich, wenn man nicht

homosexuell ist! Weil in der Modebranche alle Englisch sprachen, ging ich als Au-pair für ein Jahr nach England. Nur:
Nach jenem Jahr wusste ich noch immer nicht, was ich mit
meinem Leben wollte. Ich ging zur amerikanischen Botschaft
in London und bewarb mich für eine Greencard. Immerhin
bekam ich eine, denn das war wichtig, damit hatte man automatisch eine Arbeitsbewilligung. Ich hatte wahnsinnig Angst,
aber ich habe es geschafft! Ich wusste, ich steige vom Schiff
und suche mir Arbeit. Ohne Plan und mit nur wenig Geld.

Nach der ersten Woche, in der ich mir die Schuhe in Manhattan kaputt lief, hatte ich drei Stellen zur Auswahl: Ground-
hostess bei Air France, Tourguide bei der UNO oder im
Rockefeller Center. Bei der UNO hätte ich mich auf zwei Jahre
verpflichten müssen, also entschied ich mich für das Rockefeller Center. Ich musste meine Führungen in Deutsch, Französisch und Englisch selber schreiben und auswendig lernen. Das war ein wahnsinniger Krampf. Es gab ja noch keine
Computer. Wir hatten ein riesiges Information Desk aus
Marmor, so lang wie dieses Zimmer, ein großer Rotating File
und zwei Telefonleitungen. Wir gaben Auskunft zur ganzen
Stadt, über die Weltausstellung – beantworteten irgendeine
Frage: »*Where can I have an Italian dinner? What is played
on Broadway tonight?*« Schlussendlich blieb ich viel länger als
geplant in New York. Ich begann, nebenbei Musik zu studieren, und sang in Berufschören. Es zog mich immer zur Musik. Nach drei Stipendien und acht Semestern war endlich
mein Studium zu Ende. Zusammen mit anderen Schweizerinnen wohnte ich im Swiss Townhouse an der Westside von
Manhattan. In jener Zeit hatte ich Verabredungen mit Männern. Nie etwas Ernstes. Meine erste Liebeserfahrung hatte
mich gewarnt. Obwohl ich mit 25 gerne mit jemandem gewesen wäre. O ja. Doch auch wenn ich mich durchaus ab und zu
ein bisschen verliebte: es funktionierte nie. In London hatte
ich zuerst einen Freund, aber der war weit weg. Ich wusste,
oder vielleicht hatte mir das auch meine Mutter eingetrich-
tert: »Du kannst dich auf die Männer nicht verlassen – nur

auf dich selbst.« Dieses Gefühl aber, dass man auf eigenen Beinen stehen sollte, empfand ich als dermaßen anstrengend, dass ich überhaupt gar keine romantischen Gefühle entwickeln konnte. Ich war schlicht damit beschäftigt, mich finanziell über Wasser zu halten und daneben das Musikstudium zu machen, um eine gute Sängerin und Gesangslehrerin zu werden.

Und ich litt unter sehr schmerzhaften Migräneanfällen, die ich erst viel später in den Griff bekam. Seit ich die Anfälle nicht mehr habe, bin ich ein anderer Mensch. Hatte ich einen Anfall, musste ich während drei Tagen in einem abgedunkelten Zimmer liegen. Ich fühlte mich nicht wirklich als gesunder Mensch, deshalb erwähne ich das. Ich musste ja ständig fürchten, dass ich deswegen meine Arbeit verlor. Ich fühlte mich durchaus sehr angezogen von gewissen Männern. Aber ich musste mich eben so sehr auf mein eigenes Leben konzentrieren, dass ich mich sehr spät, vor ein paar Jahren erst, wirklich verliebte.

Meinen Ehemann lernte ich kennen, als ich fast schon dreißig Jahre alt war. Geheiratet habe ich ihn aber erst mit vierzig. Ich hatte Angst, dass ich nicht ewig die Kraft haben würde, mich durchs Leben zu schlagen. Just da kam ein reicher Mann. Oliver hatte an der Harvard Law School Recht studiert. Er liebte die Musik genauso wie ich. Und er kannte Europa: Nach seinem Studium fuhr er mit einem alten Motorrad quer durch Italien und Frankreich und schaute sich alle Klöster, Kirchen und Museen an. Ich unterrichtete an der Berlitz School Deutsch und Französisch. Dort war er mein Schüler. Er war zwanzig Jahre älter als ich. Oliver trug mich auf Händen, was mir gefiel, obwohl ich eigentlich nicht gerne von Männern auf Händen getragen werde. Das kommt mir immer komisch vor. Denn ich wollte so unabhängig wie meine Mutter sein. Sie sagte stets: »Bloß nicht schwanger werden, du musst dich auf dich selber verlassen können.« Und sie hat absolut recht behalten. Aber wenn man jung ist, will man das natürlich nicht hören. Man will ja doch das Dornröschen sein. Er machte mir bald manche Heiratsanträge, die ich alle ablehnte. Wir kannten uns zehn Jahre lang, bis ich endlich einmal Ja sagte, weil ich nicht mehr Nein sagen konnte. Wir zogen auf ein großes Grundstück seiner Familie in Vermont mit 8000 Hektar Land und lebten dort dreißig Jahre lang. Hier zeigten wir asiatische Kunst in der renovierten Scheune, und ich veranstaltete viele Kammermusikkonzerte.

Mein Mann hatte bei unserer Heirat bereits einen 24-jährigen Sohn. Eigene Kinder, doch, hätte ich sehr gerne gehabt. Aber ich war schon fast vierzig Jahre alt. Ich wäre sechzig geworden, wenn mein Kind seinen zwanzigsten Geburtstag gefeiert hätte. Ich finde: Man kann nicht alles haben im Leben. Ich mag Kinder sehr, ich spiele gerne mit ihnen. Aber nach dieser anstrengenden Zeit alleine noch ein Kind großziehen, nein, das konnte ich mir nicht vorstellen. Hauptsächlich aber wollte ich kein Kind mit Oliver, weil es keine große Liebe war. Ich finde, ein Kind muss aus einer Liebe entstehen.

Wie mein Mann nach dreißig Jahren, mit neunzig, starb, das war schrecklich. Die letzten vier Tage lag er bewusstlos im Krankenhaus. Trotz hohem Blutdruck war er immer gesund gewesen. Aber irgendwann muss man halt sterben. Und wie viele Menschen sterben alleine? Ich war während dieser vier Tage die ganze Zeit im Krankenhaus. Die Schwester sagte zu mir: »Gehen Sie jetzt nach Hause und schlafen Sie.« Kaum war ich zu Hause, riefen sie mich zurück. Doch in Amerika ist alles recht weit, und so dauerte es lange, bis ich wieder im Krankenhaus war. Zu lange. Er starb, etwa fünf Minuten bevor ich zurück war. Das tat mir wahnsinnig weh. Das war schrecklich. Dass er ganz alleine hat sterben müssen. Dass ich ihm die Hände nicht habe halten können. Doch hätten mir diese verdammten Ärzte wenigstens gesagt, dass er mich durchaus noch hören konnte! Auch wenn er selbst nicht mehr sprechen konnte. Das erfuhr ich aber erst, als er bereits gestorben war. So etwas kann man als Laie doch nicht wissen! Ich hätte ihm noch vieles sagen können.

Diese Liebe war keine klassische Romanze, gar nicht.

Allerdings: Welche Ehe ist das schon nach dreißig Jahren? Man ist halt einfach nicht mehr romantisch in diesem Alter. Ich war ihm immer treu. Soweit ich weiß, auch er mir. Ich fand, er brauchte mich. Und ich schwor mir selbst bei der Heirat, dass ich »bis zum bitteren Ende« bei ihm sein würde. Da war eine gewisse, ganz starke Loyalität in mir. Auch wenn unsere Ehe nicht immer ideal war. Aber mir war das wichtig. Vielleicht, weil meine beiden Schwestern ihre Männer verlassen haben oder weil meine Eltern mit ihren neuen Partnern immer wieder gescheitert sind. Ganz ehrlich, ich finde, das kann man nicht machen. Wenn man einmal mit einem Partner ist und sagt, man liebt diesen Partner – dann kann man doch nicht einfach weggehen? Einfach nur, weil man sich »verändert« hat oder so? Nein, nein, das geht nicht. Und ich bin noch nicht einmal religiös. Wenn es vielleicht auch nicht Liebe ist, loyal sollte man sein. Das Leben ist schließlich alleine schon schwer genug. Ich will mich nicht als Heilige darstellen, überhaupt nicht. Auch wenn ich nicht verliebt in ihn war: Ich mochte ihn sehr. So direkt habe ich ihm das nie gesagt. Aber auch belogen habe ich ihn nicht. Ich hatte ihn sehr, sehr gerne. Natürlich, es ist ein Unterschied, ob man jemanden gern hat oder verliebt ist.

Jetzt habe ich einen Freund, in ihn bin ich sehr stark verliebt. Im April sind wir seit sieben Jahren zusammen. Wir lernten uns kennen, als ich aus Amerika zurück in die Schweiz kam. Zwei Jahre nachdem mein Mann gestorben war. Ich machte mir da überhaupt keine Illusionen: Ich bin jetzt eine alte Frau, jetzt wird einem nichts mehr auf dem Silbertablett serviert. Und ich suche mir bestimmt keinen Mann mehr! Bis ich Ryan traf: Er ist Ire und zwanzig Jahre jünger als ich. Er ist sehr groß. Nicht besonders gut aussehend, aber wir können stundenlang miteinander Gespräche führen. Wir begegneten uns auf einer Kuschelparty, einer Party, auf der man sich umarmt. Wie kann man nur so etwas Blödes machen, fragte ich mich, als ich davon in der Zeitung las. Doch ich war neugierig und dachte, ich bin sowieso zu alt, als dass mich die Leute groß beachten werden. Sie fand in einer privaten Wohnung statt, neben mir tauchten nur vier Männer auf. Drei von ihnen hätten meine Söhne sein können. Der vierte war Ryan, älter, etwa in der Mitte des Lebens. Er saß im Schneidersitz da und hatte ein so tolles interessantes, offenes Gesicht. Der Gastgeber fragte mich, wie ich über die jungen Männer hier dächte. Ich sagte, dass das meine Söhne sein könnten…! Jeder von uns erzählte ein bisschen, doch der Gastgeber war ziemlich enttäuscht, dass nicht mehr Leute gekommen waren. Draußen liefen Ryan und ich gemeinsam die Straße entlang. Wir begannen sofort, auf Englisch miteinander zu reden. Denn er ist Literaturagent und freute sich über mein Englisch. Und mich freute sein Interesse natürlich sehr. Aber ich hätte nie gedacht, dass wir uns ineinander verliebten.

Gestern sind wir zusammen mit dem Schiff auf dem See gefahren, weil das Wetter so schön war. Obwohl wir sonst kaum Ausflüge machen. Eher gehen wir in Konzerte oder treffen meine Musikerfreunde. Wir sind beide gerne alleine. Wir sind zwei komplizierte Menschen, vielleicht hat uns das gegenseitig angezogen. Dann natürlich die englische Sprache. Ich war so froh, wieder Englisch zu sprechen! Weil ich so lange nicht in der Schweiz gelebt hatte. Und die Männer, die ich in der Straßenbahn oder im Bus treffe, die interessieren mich überhaupt nicht – die Alten, die mich wie gierige Hunde anstarren! Nein danke, da steige ich immer schnell aus. Das ist unangenehm.

Bedenken habe ich wegen dem Altersunterschied. Welcher fünfzigjährige Mann will schon mit einer siebzigjährigen Frau ausgehen? Trotzdem sind wir jetzt schon einige Jahre zusammen. Bis ich ihm vor ein paar Monaten sagte – keineswegs in einem emotionalen Furor, sondern ganz ruhig: »*I think you should find yourself a younger woman.*« Das war alles. Und das tat er auch. Denn ich merkte, dass er unruhig wurde, *restless*. Und wenn ein Mann unruhig wird, dann weißt du, das ist der Anfang vom Ende. Wir Frauen hängen viel länger an einem Mann als ein Mann an einer Frau. Schau dir mal die Tiere an! Kürzlich sahen wir uns einen Dokumentarfilm über die Schimpansen in der Wildnis an: Die Männchen steigen dauernd den Weibchen in der Nacht nach. Die Weibchen kümmern sich um den Nachwuchs. Das ist einfach so in der Natur. Und es ist dasselbe bei den Menschen. Wir sind ja ganz nah verwandt mit den Schimpansen. Deshalb habe ich ihm das vorgeschlagen. Denn eines Tages bin ich wirklich alt, dann sterbe ich, und dann hat er tatsächlich niemanden. Wirklich! Das klingt großzügig, ja. Aber es ist verdammt schwierig. Ich lag in den letzten Monaten manche Nacht hier in diesem Bett und weinte. Weil ich wusste, er liegt in ihren Armen jetzt. Sie lebt in einer anderen Stadt, das ist das Einzige, was ich weiß. Ich sagte ihm, dass er mir nichts erzählen darf. Nicht, wie sie heißt, nicht, wer sie ist. Seither kann ich keinen Sex mehr mit ihm haben. Wenn er hier übernachtet, dann dort im anderen Bett.

Bereut habe ich diesen Vorschlag bislang nicht. Denn es ist dadurch auch eine Offenheit zwischen uns entstanden. Ich weiß nicht, ob man das verstehen kann. Ich liebe diesen Mann so wahnsinnig. Das tröstet mich. Ich glaube, dass es für ihn besser ist, eine Affäre zu haben. Auch wenn ich gerade jetzt heulen könnte. Ich habe so heftige Gefühle für ihn. Und er hat sich stark verändert in den letzten Jahren, seit wir uns kennen. Erst kürzlich sprachen wir darüber. Er sagte: »*Without you, I wouldn't have made it.*« Das ist ein wahnsinnig großes Kompliment! Das macht mich eben auch glücklich, das macht stark.

Als Sabine Ledoux hört, dass ich Mitte dreißig bin, ruft sie lachend aus: »Oh, ich beneide dich!« Sie bezweifelt, dass man mit zwanzig Jahren noch immer große Erwartungen an die Liebe habe: »Ist das heute noch der Fall? Ich finde, die jungen Menschen heutzutage hüpfen doch sehr schnell miteinander ins Bett, bevor sie überhaupt ineinander verliebt sind.« Sie schmunzelt bei diesem Satz und fügt an, dass sie selbst nicht mehr wisse, was sie sich von der Liebe erhofft habe. »Sicher dachte ich, nach der Hochzeit sei erst mal alles okay. Das denkt man eben in jenem Alter. Aber das ist natürlich nicht wahr.«

Über ihren Freund möchte sie eigentlich nicht erzählen, tut es dann aber doch. Ich sage: »Du schlägst ihm etwas vor, das dir gleichzeitig unendlich wehtut.« Sie nickt und sagt: »Ja, natürlich tut das unendlich weh. Das gebe ich zu. Es ist ein Messer mit zwei scharfen Klingen.« Und fügt an: »Großzügig? Ja, aber das muss man sein im Leben.« Wir blicken in den Sturm, der draußen vor ihrer Wohnung wütet und den See in Aufruhr bringt, die Tanne vor dem Haus fast zum Knicken bringt.

Keine Putzfrau will ich,
sondern eine Freundin

Herbert Kramer, 77 Jahre

Herbert Kramer warnt mich bereits am Telefon: Zur Liebe, da habe er nicht viel zu erzählen. »Aber gut, wenn Sie meinen, es hilft Ihnen, ja, dann kommen Sie am Dienstag vorbei.« Der 77-jährige ehemalige Straßenbahnmechaniker aus Basel begrüßt mich am nächsten Dienstag per Sie und verabschiedet mich später per Du. An den Erzählungen über die Liebe bei einem Glas Apfelschorle findet er dann doch noch Gefallen. Auch wenn die Liebe im Alter, wie er sagt, eher komplizierter geworden sei: »Jedenfalls nicht einfacher.«

Die Liebe, würde ich sagen, ist eine Lotterie. Meine zweite Frau habe ich nur wenige Monate vor der Hochzeit kennengelernt, und es ging tipptopp. Andererseits kann man eine Frau zwei, drei Jahre kennen und auch verheiratet sein – und es haut gar nicht hin. Also entweder es geht gut, oder eben nicht, so ist meine Erfahrung. Die große Liebe in meinem Leben, das war meine zweite Frau: Ulla. Mit ihr war ich vierzig Jahre lang zusammen, vor bald drei Jahren ist sie gestorben. Seither macht mir das Alleinsein am meisten etwas aus. Meine erste Frau hatte auch ihre Qualitäten, sonst hätte ich sie ja nicht geheiratet. Umso schmerzlicher, als es dann mit uns nicht klappte.

Die ersten Begegnungen mit Mädchen waren während der Lehre gewesen, da waren wir ungefähr 15 Jahre alt. Beim Skifahren lernten die Kollegen und ich Mädchen kennen, die wir nachher trafen, um miteinander zu schmusen. Diese Bekanntschaften verflossen stets schnell wieder. Bei meiner ersten Frau, sie hieß Helene, war das anders. Wir trafen uns ein paarmal, und irgendwie sind da Sympathien entstanden. Das war keine Liebe auf den ersten, eher eine auf den zweiten Blick. Als ich zwanzig war, war klar, dass man heiratet und eine Familie gründet. Wie das eben schon die Eltern gelebt hatten, und auch, weil die Wohnsituation schwierig war hier in Basel. Denn eine größere Wohnung bekamen nur verheiratete Paare. Ich wohnte in einem Zimmer, das war riesig kalt. Es gab lediglich einen Ofen, den ich jeweils rechtzeitig einfeuern musste, und kein Bad, sondern im WC nur ein schmales Waschbecken ohne Warmwasser. Meine Wohnsituation war sehr unbefriedigend, das war mit ein Grund zu heiraten. Fand man als Paar eine Wohnung, galt: Falls bis zum Einzugstermin die standesamtliche Trauung nicht vollzogen ist, tritt der Vertrag nicht in Kraft.

Wir heirateten also und bekamen zwei Kinder. Diese erste Ehe hielt zehn Jahre, danach ließen wir uns scheiden. Anfänglich ging alles gut. Später geriet Helene durch eine Kollegin unter schlechten Einfluss. Sie nahm eine Putzstelle an, wo sie abends Büros putzte. In dieser Zeit machte sie offenbar viele Männerbekanntschaften. Sie ist da – wie es später vor Gericht hieß – »massiv aus der Ehe ausgebrochen«. Weil sie auch die Kinder alleine ließ, nicht recht für sie kochte und nicht nach ihnen schaute, reichte ich schließlich die Scheidung ein. Hätte ich das nicht getan, hätte sich das Fürsorgeamt eingeschaltet. Denn die Nachbarn, die Kindergärtnerin, sie alle sagten: So geht das nicht. Ich arbeitete unregelmäßig, war bei den Städtischen Verkehrsbetrieben angestellt. Manchmal ging sie abends fort, obwohl ich arbeiten musste. Dass das so kam, war für mich schrecklich. Das war eine wahnsinnige Enttäuschung. Das Gericht sprach mir als Vater das Sorgerecht für die beiden Kinder zu. Das war damals sehr unüblich, in vielleicht zwei von zehn Fällen passierte das.

Danach war es zuerst einmal schwierig, eine Frau zu finden. Ich wollte wieder eine Familie – als geschiedener Mann mit zwei Töchtern hatte ich ja auch eine Verpflichtung. Eine Freundin hatte ich da zwar, mit ihr wäre alles super gewesen, aber dass ich zwei Kinder hatte, das ging für sie nicht – diese Verantwortung wollte sie nicht übernehmen. Das war eine sehr bewegte Zeit damals. Und mein Selbstbewusstsein war natürlich angeschlagen. Jene Freundin beriet mich auch später, als ich mich in meine zweite Frau Ulla verliebte. Das war kompliziert.

Meine Schwester drohte mir an, sie veröffentliche für mich eine Kontaktanzeige. Das machte sie auch. Aber das funktionierte nicht. Nur eine Frau besuchte ich, doch das passte nicht. Stattdessen meldete ich mich selber auf ein Inserat. So begegnete ich Ulla. Bloß: Das wissen meine Kinder nicht. Sie wundern sich immer noch, wie ich meine zweite Frau wirklich kennengelernt habe. Vor allem meine Frau war der Ansicht, dass das niemanden etwas angeht. So erzählten wir ihnen, dass wir uns durch eine kaputte Straßenbahn kennengelernt hätten. Denn damals in den Siebzigerjahren gab es ab und zu technische Störungen, sodass auf meine Anordnung eine Straßenbahn aus Sicherheitsgründen ins Depot gebracht werden musste. Wir erzählten, meine Frau habe mit mir geschimpft, als sie habe aussteigen müssen, und später hätten wir uns wiedergetroffen. Allerdings glaubten uns die Kinder diese Geschichte nie. Sie wussten, dass sie nicht wahr ist.

Das erste Mal trafen wir uns bei ihr in der Wohnung, Ulla gefiel mir sofort. Nur steckte sie, als wir uns kennenlernten, noch in einer kriselnden Beziehung mit einem verheirateten Mann, von dem sie sich zuerst lösen musste. Das dauerte ein paar Monate. Doch danach schlug es bei uns ein wie eine Bombe, das war im Januar. Und im September heirateten wir. Wir kannten uns kaum, aber die folgenden vierzig Jahre funktionierten wunderbar. Wir unternahmen viel miteinander. 15 Jahre lang fuhren wir nach Südfrankreich in die Ferien, danach mieteten wir zehn Jahre lang ein Rustico im Tessin, hoch über dem Lago Maggiore. Das waren schöne Zeiten, die ich immer noch vermisse. Schwierige Zeiten mit Ulla gab es nicht, nein. Im Gegenteil, sie unterstützte mich in vielem sehr. Ich hatte ja ursprünglich Reparateur und Wagenführer gelernt. Und als ich zum Personalvertreter gewählt wurde, wollte ich dieses Amt zuerst nicht übernehmen. Denn schriftlich bin ich nicht so geübt – ursprünglich wäre ich gerne zur Polizei gegangen, doch das Schreibmaschinenschreiben hielt mich davon ab. Ulla aber konnte gut schreiben. Und so half sie mir mit der Schreibmaschine und las Korrektur. Sie war Arztgehilfin, und immer eine tüchtige. Aufgewachsen war sie in Deutschland. Eigentlich hätte sie Handschuhnäherin werden sollen, doch das wollte sie auf keinen Fall. Also kam sie als Haushaltshilfe hierher und bildete sich zur Arztgehilfin weiter. Als unsere gemeinsame Tochter zur Welt kam, wollte sie unbedingt berufstätig bleiben. Denn das war ihre Bedingung: Wenn wir heiraten, möchte sie ein gemeinsames Kind. Obwohl ich eigentlich genug gehabt hätte, mit den ersten beiden. Um in ihrem Beruf zu bleiben, machte sie anfänglich verschiedene Vertretungen, später begann sie, bei einem Gynäkologen zu arbeiten.

Bei ihrer Arbeit tippte sie Operationsberichte. Auch solche zu genau jener Krankheit, die man später bei ihr selbst fand. Vierzig Jahre nach unserer Hochzeit bekam sie Krebs, Eierstockkrebs. Bei der Diagnose wusste sie ganz genau, was die Begriffe bedeuteten. Sie sagte immer, man solle den Ärzten nie zeigen, dass man vom Fach ist, sonst wird man anders behandelt. Doch es dauerte nicht lange, bis die Oberärztin herausfand, dass sie sich in diesem Bereich auskannte. Vielleicht trug sie deswegen ihre Diagnose mit großer Fassung. Drei Jahre lebte sie danach noch. Über den Tod sprachen wir in diesen letzten Jahren nicht groß. Sie fand sich mit ihrem Schicksal ab. Bis zum Schluss machten wir das Beste draus. Sie verlor auch ihren Humor nicht. Und wir fuhren trotzdem in die Ferien, zuletzt noch nach Rhodos. Durch die Chemotherapie fielen ihr die Haare aus. Das ist brutal, was da passiert. Sie bestand von Anfang an auf eine Perücke. Wir gingen ins Perückengeschäft, sie nahmen Maß und studierten ihre Frisur. Danach sah sie wieder tipptopp aus, man sah tatsächlich keinen Unterschied, wenn man nichts von ihrer Krankheit wusste.

Seit sie gestorben ist, mache ich die Finanzen wieder selber. Denn sie führte vierzig Jahre lang die Familienbuchhaltung. Ich machte gar nichts, sie überwies mir monatlich mein Taschengeld. Das war gut. Als sie krank wurde, zeigte sie mir, wie man einen Dauerauftrag einrichtet, wie ein Lastschriftverfahren. Allerdings hatte ich das nach drei Jahren wieder vergessen. Ich lernte es schließlich selber, weil ich sie nicht fragen wollte: Damit sie nicht denken musste, dass ich nur darauf warte, dass sie stirbt. Denn so war es ja nicht.

Als sie bereits krank war, meinte sie: Du wirst schnell wieder eine Frau finden. Und ich dachte: Eine schlechtere will ich nicht, und eine bessere finde ich nicht. Und bisher habe ich recht behalten. Denn seit sie gestorben ist, hatte ich zwei Freundinnen. Die erste, Monika, lernte ich auf einem Spaziergang unten am Fluss kennen. Einmal schaute ich mir den Bachzulauf an, als eine Frau neben mir stehen blieb. Ich sagte: »Seltsam, obwohl es geregnet hat, fließt im Bach kaum Wasser.« So kamen wir ins Gespräch. Wir stellten fest, dass wir beide regelmäßig am Fluss spazieren. Sie gefiel mir sofort, sie war sympathisch. Also lief ich am nächsten Tag zur selben Zeit zur gleichen Stelle. Extra, natürlich. Und gleich am nächsten Tag, schließlich wollte ich nichts anbrennen lassen. Wir verabredeten uns für ein Mittagessen und eine anschließende Schifffahrt. Ich lud sie ein, ist ja klar. Dass sie mich gleich danach zu sich nach Hause einlud, überraschte mich. Dass das so schnell ging und dass sie die Initiative ergriff. Sie war etwa zwei Jahre jünger als ich und hatte ein bewegtes Leben mit Männern hinter sich. Zuletzt war sie mit einem Rentner zusammen, der ihr sein ganzes Vermögen vermachte. Sie war also eine wohlhabende Frau.

Probleme bekamen wir, als sie von mir verlangte, mich nur noch mit ihr zu treffen. Ich bin ein geselliger Typ. Dass ich mich schnell mit vielen verstehe und gerne in Gesellschaft bin, gefiel ihr gar nicht. Anfänglich ging es noch gut. Bald aber passte ihr das nicht mehr. Und mir dann auch nicht mehr. Sie schrieb mir eine SMS, dass ich all meine Kollegen aufgeben und nur mit ihr zusammenleben solle. Das wollte ich natürlich nicht. So gab es immer wieder Streitigkeiten. In dieser Zeit lernte ich eine andere Frau in der Wandergruppe kennen. Sie schien Interesse an mir zu haben. Sie war mit ein Grund, warum ich mich von Monika trennte. Das heißt, wir trennten uns mehrmals. Es gab mehrere Gespräche, und es endete stets in einer Szene. Erwachsene könnten das eigentlich anders regeln, nicht mit so einem Theater. Ich wäre jedenfalls eher dafür, dass man das miteinander beredet.

Ich lud also Ines, die unterdessen meine Freundin wurde, ins Theater ein. Ich sagte ihr, dass ich eine Freundin suchte. Und sie erzählte mir, dass sie seit 32 Jahren geschieden sei. Sie hatte wohl mal zwischendurch einen Freund, der fremd gegangen war, aber mehr weiß ich nicht. Sie ist eine Hundenärrin, sie hat zwei Söhne und zwei Enkel. Sehr nette übrigens, ich habe sie schon kennengelernt. Und als ich neulich eine Geschwisterzusammenkunft in meinem Familiengarten machte, war sie auch dabei.

Verliebt? Nein, das kann man nicht unbedingt sagen. Ich scheine nicht der Mann ihrer Träume zu sein. Ich hätte gerne mehr Nähe, mehr Körperliches, doch da klemmt sie total. Da sagt sie sofort: Such dir eine andere. Trotzdem spricht sie von mir als ihrem Freund. Ihre Bekannten finden es toll, dass sie jetzt jemanden hat. Wir verbringen viel von unserem Alltag miteinander, übernachtet aber hat sie hier noch nie. Sie sagt, ich schnarche zu laut. Abgesehen davon, dass ich beiden Freundinnen von Anfang an erzählt habe, dass ich Prostatakrebs hatte. Damit sie Bescheid wussten, falls sie da noch irgendwelche Vorstellungen oder Wünsche gehabt hätten. Wobei es ja nicht unbedingt das Allerhöchste für eine Frau ist … also, es soll da ja noch andere Möglichkeiten geben, wie Frauen auf ihre Kosten kommen. Doch das ist mit meiner jetzigen Freundin sowieso kein Thema. Mit meiner zweiten Frau dagegen konnte ich super über Sex reden. Ulla schenkte mir zu Beginn unserer Beziehung ein Buch, *Der sinnliche Mann*. Es gibt auch ein Buch *Die sinnliche Frau*. Ich finde es wichtig, dass man solche Bücher liest. In meiner Generation sprach man ja nicht über solche Dinge. Im Elternhaus überhaupt nicht. Und der Pfarrer erzählte nur einmal vom männlichen Samen und weiblichen Ei – wo doch wir Männer dachten, wir hätten die Eier…! Aufklärung war ein großes Tabu damals. Es ist gut, dass man heute mehr über solche Themen spricht. Dass sich das verändert hat. Und ich finde gut, dass die Frauen heute gleichberechtigter sind. Früher durften sie kaum aus dem Haus, da war vieles noch undenkbar.

Deshalb mag ich es auch nicht, wenn mich meine Freundin zu oft entscheiden lässt. Lieber wäre mir, wenn sie mitbestimmen würde. Ob wir an den Bodensee oder ins Berner Oberland fahren – ich muss alles bestimmen, das finde ich nicht gut. Und ich möchte auch nicht, dass sie mir den Haushalt macht. Das sagte ich ihr deutlich: Keine Putzfrau will ich, sondern eine Freundin. Sie soll bei mir nicht putzen.

Wir unternehmen gemeinsam viele Ausflüge, gerade gestern waren wir zusammen unterwegs. Auch Ines gärtnert gerne, das gefällt mir. Wir telefonieren täglich. Nächste Woche fahren wir nach Dresden und im Herbst ins Tirol. Nur: Auch sie mag es nicht, wenn ich mich mit meinen Kollegen treffe. Sie hat mir schon mehrmals vorgeworfen, dass ich mit den Kollegen wie ein Buch reden würde, aber bei ihr wisse ich nichts zu erzählen. Doch viele meiner Kollegen kenne ich halt seit 1961. Und wenn man einen Freund seit über fünfzig Jahren kennt, dann kennt man auch viele gemeinsame Leute und weiß von diesem und jenem… Da gibt es immer viel zu reden. Und doch, mit den Kollegen zu sein ist nicht dasselbe, wie mit einer Frau zusammen zu sein, gar nicht. Ich kann nicht gut erklären, wie das mit der Liebe ist – es ist vor allem schön, wenn jemand da ist.

Herbert Kramers Erzählungen werden im Viertelstundentakt von einem lauten Gong der Kastenuhr unterbrochen. Dazu klingelt mehrmals das Telefon. Zuerst will ihm ein Callcenter etwas verkaufen, danach ein Weinhändler seinen Wein. Und später ruft seine Freundin Ines gleich zweimal hintereinander an: Ob er das Apfelmus aus dem Garten geholt habe? Genervt kommt er danach zurück an den Esstisch, an dem wir sitzen, und schimpft – durchaus liebevoll –, dass er sie doch extra gestern gefragt habe, ob sie das Apfelmus wolle. Nein, wolle sie nicht. Und jetzt doch. Fünf Jahre jünger sei seine Freundin, aber sehr vergesslich. Und launisch noch dazu, das ärgert Herbert Kramer fast noch mehr. Wobei sich unter die Klagen auch Besorgnis mischt: Ob er vielleicht mal mit ihrem Sohn sprechen sollte?

Seit neun Monaten seien sie jetzt zusammen, »doch die Beziehung hat sich gerade etwas abgekühlt«, meint er. Ines wiederum lässt ihn am Telefon wissen, dass er reserviert sei. Und bittet ihn, ihr nachher zu berichten, was er über die Liebe gesagt habe: »Schade, dass sie nicht auch über die Liebe erzählen möchte.« Herbert Kramer zuckt die Achseln. Sie sei eine flotte Person, sagt er immer wieder, sie gefalle ihm, besonders, wie sie kräftig im Garten anpacke. Wenn nur diese ständigen Stimmungswechsel nicht wären und die Eifersucht auf seine Kollegen, die er nachher zur wöchentlichen Wanderung in den Jura trifft.

Zum Schluss erwähnt er noch eine weitere Frau in seinem Leben: Romy, seine Nachbarin. Mit ihr könne man Rösser stehlen, sagt er stolz. »Mit ihr habe ich mich schon gut verstanden, als Ulla noch lebte – wir können über alles reden.« Nur dass so viel Verständnis wie Ulla seine anderen Freundinnen nicht aufbringen könnten: Beide hätten sie auf Romy, die vertraute Nachbarin, eifersüchtig reagiert.

Wenn Herbert Kramer nicht mit seiner Freundin oder den Veteranen unterwegs ist, sieht er seine Enkel. Überall im Wohnzimmer stehen Fotos seiner Töchter und Enkel. Stolz ist er, wenn er die Fotos von der Kommode holt und sie auf den Tisch legt: auf die Unabhängigkeit seiner Töchter, auf die Schönheit der Enkelinnen, auf die Klugheit des Enkels. Wobei Letzterer zwar Ahnung von Architektur habe, doch nicht vom Gärtnern: »Wenn ich ihm im Garten sagte, Bohnen seien Tomaten, dann würde er mir das glauben …!« Das größte Foto, das er auf den Tisch legt, ist ein gerahmtes Bild von Ulla: »Hier, das war sie, kurz bevor sie krank wurde. Noch mit Haaren.«

Du bist mir aufgefallen,
ich mag solch poppige Leute wie dich

Zora Roth, 71 Jahre

Zora Roth erklärt mir noch vor unserem Gespräch, dass sie viel über die Liebe erzählen könne – auch, oder vielleicht gerade, weil sie und ihre Schwestern bis zu ihrem neunten Lebensjahr von ihrem Vater sexuell missbraucht worden seien. Ich schlucke, doch sie beruhigt mich, das sei alles Vergangenheit und in Ordnung jetzt, aber diese Geschichte habe natürlich ihr Leben, natürlich die Liebe in ihrem Leben beeinflusst.

Im Gespräch erzählt sie mir sehr detailliert vom Missbrauch durch ihren Vater. Sie erklärt mir aber auch: »Jeder bekommt einen Rucksack mit, und ich habe einen erhalten, der viele tolle Sachen drin hatte, die ich zu nutzen wusste. Immer.« Alles eine Frage der Perspektive also – sie könnte ihr Leben auch anders sehen, entgegne ich ihr, und sie nickt: Wie gesagt, das sei eine Frage des Charakters. Die Neugier, erklärt sie, habe sie letztlich gerettet. Dass sie sich immer wieder sich selbst gestellt hat und vor nichts davonlaufen wollte. Sie bezeichnet sich als »Selfmade Woman«, als eine Rebellin, die sich nie kleinkriegen ließ. Sie erzählt auch, dass sie sich über Wasser hat halten können, während ihre Schwestern an dieser Familiengeschichte zerbrochen sind.

Ich habe in meinem Leben viel ausprobiert und erlebt. Ich hatte auch viele Männer. Aber ich war nie mit einem Mann zusammen, mit dem ich mich auf Augenhöhe hätte unterhalten können. Obwohl ich mir das immer gewünscht habe.

Wahrscheinlich, weil ich das nie zugelassen habe – und weil mir das Vertrauen zu anderen Menschen fehlt.

Genauso wie meine zwei älteren Schwestern wurde ich von meinem Vater missbraucht. Ich war die jüngste von drei Schwestern und einem Bruder. Wir drei Schwestern wussten das voneinander, aber unserer Mutter erzählten wir davon nie. Wir baten sie nie um Schutz, weil wir spürten, dass sie genauso hilflos war wie wir. Auch wenn sie etwas geahnt haben muss: Geahnt und gewusst ist nicht dasselbe. Sie war die zweite Frau meines Vaters und über zwanzig Jahre jünger als er. Sie wurde von ihm schwanger, als sie seine erste Frau pflegte, die im Sterben lag. Mein Vater war fast zwei Meter groß, meine Mutter 1,65 Meter – ich glaube, sie himmelte ihn an, sie war ihm hörig. Somit waren wir – die vier Geschwister und meine Mutter – wie fünf Kinder und ein übermächtiger Vater. Er war sehr dominant, war ein Patriarch. Dass mir Unrecht geschah, das wusste ich intuitiv. Doch damals konnte man damit nicht einfach in die Öffentlichkeit gehen: Es gab keine Hotline, die wir hätten anrufen können, damit uns jemand hilft. Ich bin sicher, wäre etwas herausgekommen, hätte unser Vater – er hatte eine Pistole – uns alle umgebracht. Mein Vater war ein sehr angesehener Treuhänder. Er hatte sein Geschäft zu Hause und war meistens daheim. Wir hätten null Chancen gehabt. Außerdem war er sehr auf sein Ansehen bedacht. Er hatte uns unter Kontrolle: Wir durften nie wirklich Freunde haben, durften keine Kinder nach Hause bringen und andere nicht besuchen. Er wusste, wann unsere Schulstunden begannen und wann die Schule aus war.

Klar kann man sich trotz solch einer Erfahrung für Männer oder Frauen interessieren. Es gibt nichts, das nur schwarz oder nur weiß ist. Ein Leben mit großen Tiefen bringt auch unendliche Höhen mit, das habe ich selbst erlebt. Mit unserer Familiengeschichte sind wir drei Schwestern unterschiedlich umgegangen, das hängt eben stark vom Charakter ab. Wenn mein Vater nach mir suchte, habe ich mich immer vor ihm versteckt. Und wenn das nicht klappte, habe ich ihn ignoriert.

Er war für mich Luft. Tat er mir weh, flüchtete ich mich in meine andere Welt. Das machte ihn umso verrückter. Später studierte ich in Amerika Psychologie – um mich selber zu heilen. So ist mein Charakter: Ich musste schon immer selbst nach Lösungen suchen.

Ich war neun Jahre alt, als er starb. Statt Nägel zu kauen, begann ich zu rauchen. Ich verließ die Schule, weil ich länger krank war. Meine Schwestern pubertierten da bereits und waren mit den BMW-fahrenden Italienern unterwegs. Mir waren sie zu billig, aber sie waren »in«, natürlich, im Gegensatz zu den Schweizer Füdlibürgern*. Nach dem Tod meines Vaters konnten wir machen, was wir wollten, auch meine Mutter hatte keinen Einfluss auf uns. Wie Vögel, die aus ihrem Käfig fliegen, gingen meine Schwestern ihren Weg, und ich den meinen. Die Unterschriften fälschte ich selber, weil alle nur mit sich beschäftigt waren.

Meinen allerersten Schatz hatte ich etwa mit elf oder zwölf Jahren. Ich mochte ihn sehr, er war sehr verliebt in mich. Er war etwas älter, war bereits in der Lehre. Zwölf war nicht besonders früh für den Anfang eines Liebeslebens. Das war damals nicht anders als heute: die Frühreifen begannen eben früher. Aufklärung aber gab es nicht, überhaupt nicht. Weder privat noch in der Schule. Gut, mit unserer Geschichte wussten wir natürlich, wie ein Mann nackt aussieht, logisch. Abgesehen davon, dass er Nudist war und uns jeweils in den Klub mitgenommen hatte. Wir Schwestern sprachen darüber, wir wussten ungefähr, wie Kinder entstehen und zur Welt kommen. Aber wir sprachen nie darüber, wie man verhüten könnte. Die Antibabypille war damals gerade in den USA auf dem Markt, noch nicht aber im puritanischen Zürich.

Ich schoss in die Höhe, wurde lang und dünn, es war die Zeit von Twiggy. Durch eine Kollegin begann ich, Modenschauen zu laufen, jeweils am Mittwochabend und samstags.

---

* Spießer

So landete ich in der Modebranche, wurde elegant und auch oberflächlich. Als Mannequin lernte ich andere, ältere – vielleicht zehn oder fünfzehn Jahre ältere – Männer kennen, die mir imponierten. Geschminkt und groß, wie ich war, wirkte ich immer älter. Und ich war hübsch, das wusste ich auszunutzen. Ich hatte nie Sex, nur um Sex zu haben – vielleicht muss ich heute sagen: leider. Aber ich habe geflirtet, sodass sich die Männer in mich verliebten. Sobald einer verliebt war und mich besitzen wollte, war ich weg. Das wurde für mich zum Sport, zum Hobby – womöglich zu meiner ganz persönlichen Rache an Männern. Später, erst viel später, habe ich realisiert, dass es für mich eine Genugtuung war, wenn ich ein Herz gebrochen hatte. Vielleicht hat das mit meiner Geschichte zu tun: Ich musste früh lernen, mir Eigenwert zu geben. Nur so kann ich mir das erklären. Noch heute flirte ich gerne. Flirts machen das Leben doch verspielter, farbenfroher, nicht?

Die Männer, mit denen ich zusammenlebte, wussten über meine Kindheit immer Bescheid. Ich träumte und schrie in jeder Nacht, bis ich 35 Jahre alt war. Das musste ich natürlich erklären. Außerdem, fand ich, sollten sie wissen, dass gewisse Dinge bei mir womöglich ein bisschen anders sind. Das nahmen sie zur Kenntnis, aber ich glaube, sie haben nie wirklich verstanden, was da tatsächlich passiert ist. Für viele Männer ist Missbrauch schwer zu begreifen.

Bis zu meiner ersten Ehe war ich vielleicht fünf oder sechsmal verlobt. Auch wenn ich mich nicht nach Normen richtete: Verlobt hieß letztlich auch, dass man miteinander ins Bett konnte. Oder zumindest war das meine Rechtfertigung. Zum ersten Mal geheiratet habe ich mit zwanzig Jahren, wir lebten zehn Jahre lang zusammen, in Istanbul und länger in New York. Unsere Tochter kam bereits nach einem Jahr, unerwünscht, denn ich vertrug die Pille nicht. Ihr Leben hat mich verändert, hat mich erwachsener gemacht. Kennengelernt hatte ich meinen ersten Mann über türkische Freunde, die ich wiederum in St. Gallen über meinen Verlobten, einen indonesischen Holländer, kennengelernt hatte. Ein zwar wunderschöner Mann, aber ein oberflächlicher Socken. Statt mit meinem Verlobten nach São Paulo, wo er eine Fabrik seines Vaters übernehmen sollte, fuhr ich mit meinen Freunden den Sommer über in die Türkei. Dort war ich »die schöne Rothaarige mit den grünen Augen« und damit etwas Besonderes, das sprach sich schnell herum. Als ich bei einem Essen meinem ersten Mann begegnete, machte es: Whoom! Er sah aus wie James Dean, blond und blauäugig. Sehr melancholisch und traurig, ein herrlich schöner Mann. Ich hatte überhaupt immer schöne Männer. Viel Tiefgang habe ich da nicht bewiesen.

Er war also sehr hübsch und gebildet, stammte aus einer reichen einflussreichen Familie in Ankara, war aber alles andere als erwachsen. Das ist er übrigens heute noch nicht, auch wenn er unterdessen ein geachteter Professor ist. Wir lebten immer mehr in unterschiedlichen Welten: Ich begann zu studieren und veränderte mich, hatte plötzlich andere Werte und passte nicht mehr in die oberflächliche High-Society-Welt. Einmal fuhr ich mit unserer Tochter in die Schweiz in die Ferien und kehrte nicht mehr zu ihm nach New York zurück. Einfach war das nicht, denn nun war ich auf mich allein gestellt. Ab da wuchs meine Tochter hier bei mir auf und verbrachte die Ferien bei ihm. Trotzdem haben wir bis heute Kontakt; ich spreche Türkisch und bin auch regelmäßig bei seiner Familie zu Besuch.

Mein zweiter Mann dagegen war ein bodenständiger Schweizer. Erst als wir bereits zusammenlebten, merkte ich, dass er ein totaler Patriarch war – genau wie mein Vater. Er war blitzgescheit. Mit seiner Klugheit hat er mich gekriegt. Mit ihm war ich lange verheiratet, fast dreißig Jahre. Beim zweiten Mann, das wusste ich von vornherein, laufe ich nicht weg. Denn wenn du wegläufst, nimmst du deine Probleme mit. Das ist keine Lösung. Das habe ich in der ersten Ehe gelernt. Die Probleme liegen letztlich immer bei einem selbst.

Kennengelernt haben wir uns über eine Kontaktanzeige, die eine Freundin für mich aufgegeben hatte. Das passierte, als ich als Sekretärin am Flughafen Kloten arbeitete und mit einem Flughafenfotograf zusammen war. Auch er ein wunderschöner Mann, groß und schlank, jedoch krankhaft eifersüchtig. Entsprechend kompliziert wurde die Trennung, er involvierte meine Nachbarn und sogar meine Vorgesetzten. Man empfahl mir, ihn anzuzeigen, doch das brachte ich nicht übers Herz. So kam es zu jener Kontaktanzeige, bei der ich vor allem ankreuzte, dass der Mann meiner Träume mindestens 1,80 Meter sein sollte. Es kamen viele Steckbriefe, die ich alle ihrer Größe nach sortierte. Die meisten Männer waren zwischen 1,73 bis 1,75 Meter groß. Diese sortierte ich als Erste aus.

Mein zweiter Mann meldete sich mehrmals auf mein Inserat, obwohl ich seinen Brief bereits retourniert hatte – er war nämlich nur 1,75 Meter groß. Irgendwann rief er bei mir auf der Arbeit an unter dem Vorwand, dass wir gemeinsam gegen diese teure Agentur vorgehen sollten, weil sie zu viel Geld verlangen würde und unseriös arbeitete. Ich glaubte ihm natürlich. Er war Ingenieur und sehr raffiniert. Er wollte mich unbedingt haben: kam für Weiterbildungen nach Zürich, die es gar nicht gab, nur um mich zu treffen. Überlegte sich immer wieder neue Tricks. Er sah sehr gut aus und war sehr gepflegt. Ich war 1,72, er 1,75. Er gefiel mir gar nicht so sehr, aber er beeindruckte mich sehr mit seiner Klugheit. An einem heißen Sommertag erwischte er mich mit einer simplen Bewegung: Wir hatten zusammen einen Ausflug gemacht und landeten an einem Zaun. Dort packte er mich und hob mich mir nichts, dir nichts auf die andere Seite des Zaunes – obwohl er ja kein großer Mann war. Jedenfalls war das so, wie wenn ein Ritter kommt, mich packt und mitnimmt: Ich konnte nichts tun, und das hatte er begriffen. Das war eine Handlung, die bei mir eine Tür öffnete. Ich glaube nicht, dass ich überhaupt in ihn verliebt war. Aber ich hatte auch nicht Nein gesagt. Ab da trug ich mit ihm keine Schuhe mit Absätzen und keine Hüte mehr. Bis zuletzt hatten wir abenteuerlichen Sex. Und doch beklagte auch er – wie alle anderen

Männer vor ihm –, dass ich mich ihm nicht hundertprozentig hingeben würde. Er hatte recht, bis heute fehlt mir dieses Vertrauen.

Zu spät habe ich gemerkt, wie patriarchalisch er tatsächlich war. Aber ich spürte, tief in seinem Inneren wollte er nicht so sein. Sein Kern war anders, das lernte ich zu schätzen – auch wenn ich es manchmal fast nicht neben ihm aushielt. Trotzdem: Durch ihn konnte ich schließlich meinen Vater verstehen, konnte ihn besser akzeptieren. Ein Freund von uns war Professor in Bern. Er überzeugte mich, eine Hypnose zu machen. Weil ich immer noch nachts schrie. Das hat mir sehr geholfen, mich und meine Geschichte zu akzeptieren.

Es war auch ein bisschen pragmatisch, dass ich bei ihm blieb: Meine Tochter war gerade zehn Jahre, im Schulalter – das sind natürlich Tatsachen, die mitspielen. Außerdem mochten sich die beiden sehr. Wenn man eine geschiedene Frau ist, dann macht man vielleicht schon Dinge, die man sonst nicht tun würde. 2002 starb er an Speiseröhrenkrebs. Ich pflegte ihn bis zuletzt, konnte ihm helfen, friedlich zu gehen.

Heute fehlt mir jemand. Denn der Hunger, wenn ich einen schönen Mann sehe, den gibt es immer noch. Das ist … ja, was ist das? Das ist eine Begierde. Punkt. Wie eine schöne Blume, wie ein schönes Kleid. Dann kommen die Erotik dazu und diese Sehnsucht. Ein Quickie jedoch, das geht bei mir nicht. Ich war übrigens während meinen Ehen bis auf ein einziges Mal immer treu, da bin ich sehr konservativ: Auf Seitensprünge lasse ich mich nicht ein. Auch wenn es manchmal tolle Gelegenheiten gegeben hätte. Seit dem Tod meines Mannes hatte ich nur noch ab und zu eine Geschichte. Vor allem, um zu sehen, ob es überhaupt noch geht. Zum Beispiel mit den künstlichen Zähnen, die ich jetzt habe. Ich kann damit gut umgehen, kann lachen, alles geht prima. Aber ich musste doch wissen, ob ich damit noch küssen kann. Merkt er das? Und ich habe herausgefunden: Ja, das geht, der andere merkt es nicht. Ich habe ein paar Verehrer, doch sie sind zu jung, dass ich mich auf sie einlassen würde. Sie gefallen mir zwar, sie sind hübsch, sie flirten mit mir, aber sie könnten meine Söhne sein. Da würde ich mich steinalt fühlen. Auf Junge spreche ich offenbar gut an. Sind sie älter, kann ich nicht, wenn sie ihr Viagra auspacken oder Bewunderung erwarten. Das brauche ich nicht, nein danke. Wäre ein attraktiver Callboy nicht so teuer, könnte ich mir das durchaus vorstellen.

Neulich war ich bei einem Klassentreffen. Dort habe ich einen sehr schönen Mann mit weißem, halblangem Haar getroffen, schlank und sportlich. Schöne grüne Augen, offener Blick, groß und mit einer tollen roten Hose: anders als die anderen. Wir saßen nicht nebeneinander, aber er gab mir seine Karte. Also schrieb ich ihm: »Du bist mir aufgefallen. Ich mag solch poppige Leute wie dich.« Und ich schrieb, dass ich keine Erwartungen hätte usw. Jedenfalls könnten wir doch zusammen etwas unternehmen, vielleicht? Doch ich wisse ja nicht, ob er verheiratet oder wie er liiert sei. Ich schrieb, dass ich eben so sei, wie ich schriebe, couragiert und frech. Er schrieb zurück: »Ja, das ist couragiert, aber wer nicht wagt, der nicht gewinnt.« Allerdings sei er verheiratet. Schade. Das war das erste Mal seit Langem, dass ich einen Mann sah und dachte: Wow, ein toller Mann.

Meine Freundinnen haben mich auch schon gefragt, ob ich nicht so ein Maschinchen hätte. Sie wissen schon. Aber sicher nicht! Und wenn ich sterbe, dann findet das meine Tochter im Schrank? Nein, das geht nicht. Auch wenn einige Freundinnen von mir, sogar solche, die verheiratet sind, selbst eines haben. Es ist nur so: Mit Selbstbefriedigung habe ich ein Problem. Denn ich wurde missbraucht. Und Selbstbefriedigung würde bedeuten, dass ich meinen Körper liebe. Diese Vorstellung ist für mich widerlich. Nicht schmutzig. Aber widerlich. Ich habe schon etliche Jahre gebraucht, bis ich überhaupt ein Körpergefühl hatte. Mir fehlt durch meine Geschichte ein grundsätzliches Vertrauen. Mit Männern funktioniert mein Körper. Vielleicht ist das vergleichbar mit Prostitution: Der Körper spielt mit. Wenn es jedoch lediglich um mich und meinen

Körper geht, bei medizinischen Untersuchungen oder etwa bei der Geburt, dann bin ich total verklemmt, das geht nur mit Betäubung. Ich weiß nicht, ob das mit der Eigenliebe noch in diesem Leben klappt. Wie soll ich das denn lernen? Aber ich bleibe dran, schließlich lernt man nie aus.

Für mich ist Liebe immer etwas sehr Wichtiges gewesen, heute noch. Liebe im Allgemeinen hatte ich zur Genüge, die Liebe zu mir, die muss ich noch lernen. Und Sex kombiniert mit Liebe, das wird noch einiges brauchen. Auch wenn ich vielleicht gewisse Sachen nie erleben werde oder andere Dinge nie erlebt habe: Erotik war für mich spannend und schön. Und das Spiel mit dem Feuer – da kann ich nicht behaupten, das gefalle mir nicht. Wenn ich mich jetzt nochmals verliebe, dann möchte ich mit einem Mann auf Augenhöhe sein und trotzdem unabhängig bleiben. Zehn Jahre jünger darf er schon sein, noch jünger lieber nicht. Auch wenn ich weiß, dass es solche Paare gibt. Edith Piaf zum Beispiel. Nur bin ich nicht Edith Piaf.

Vom Vater, das erfahre ich erst nach unserem Gespräch, hängt ein Schwarz-Weiß-Bild in einem Setzkasten mit anderen Familienbildern im Korridor. Er sieht auf dem Foto charmant aus, freundlich. Sie erklärt mir: »Tatsächlich war er sympathisch. Aber er war auch ein Opfer, er war krank. Ich glaube, er hat sehr gelitten.«

Auch wenn sie selbst die große Liebe bislang nicht gefunden hat – sie glaubt daran: »Ich habe Freunde, die haben sie gefunden.« Und es mache sie manchmal traurig, dass sie sie für sich selbst nicht – noch nicht – gefunden habe. Dass sie nie die Fähigkeit entwickelt habe, vertrauen zu können. Sie zeigt mir ungefragt ihre Wohnung, schließlich »müssen Sie ja einen Eindruck von mir bekommen«. Der Eindruck ist: Vereinzelt stehen Kunstobjekte aus den Fünfzigern und Siebzigern herum, klassisch schöne Möbel, dazu esoterischer Kleinkram. Wir setzen uns ins Wohnzimmer, gegenüber auf zwei Sofas, neben ihr ein Drehaschenbecher und eine Schachtel Zigaretten, zwischen uns der Kaffee und vorweihnachtliches Gebäck. Seit ihrem vierzigsten Geburtstag sei ihr Haar weiß, erzählt sie mir lachend, als wir zusammen die Fotos von früher ansehen. Unterdessen trägt sie sie als moderne Kurzhaarfrisur, auf der linken Seite abrasiert. Als schöne Frau zu altern, das sei schwierig, sagt sie mit einem solch wunderbaren Lächeln, das ihre Aussage sofort wieder relativiert.

Immer wieder spricht die Psychologin aus ihr. Sagt sie Sätze wie: Bei missbrauchten Frauen sei das typisch, dass sie nach dem Tod ihres Missetäters krank würden, dass sie sich früh verliebten usw. Diese Erklärungen machen ihre Geschichte nicht weniger schlimm, aber doch verständlicher. Das Wort »Körpergefühl« spuckt sie regelrecht aus, als wäre es ein Wort, das unmittelbar zu stinken beginnt. Während sie erzählt, befürchte ich immer wieder, ihr Leben könnte zu kurz sein, um zu erfahren, was sie gerade erst entdeckt hat: Dass die Liebe zu sich selbst Voraussetzung ist, um die Liebe von anderen überhaupt annehmen zu können.

Ich teile eine Frau lieber, als sie für mich alleine zu haben

Manolo Tschann, 71 Jahre

Auf die Liebe zurückzublicken ist recht schwierig. Allein beim Wort »Liebe« wird es kompliziert. Ich wusste einmal, was Liebe ist, besonders, als ich jung war. Aber jetzt kann ich nicht mehr sagen, was es ist. Ich weiß es nicht mehr! Anscheinend gibt es monogame Männer, ich bin keiner. Monogame Menschen sind meistens jung. Sie haben ihre Illusionen. Auch ich war monogam, als ich jung war. Bis dreißig hatte ich keine andere Frau als die, mit der ich verheiratet war. Es war für mich unvorstellbar, mit einer anderen Frau ins Bett zu gehen.

Mit zwanzig Jahren dachte ich, der Mann gibt der Frau alles, was er geben kann, und er will immer, dass sie zufrieden und glücklich ist. Im Gegenzug erwartete ich Treue. Sie darf nur mich lieben, sie gehört zu mir, fast wie ein Besitz. Dasselbe kann sie natürlich auch von mir verlangen. Diese Vorstellung, sich für jemanden aufzuopfern, geriet ins Wanken, als ich merkte, dass die Frauen andere Ideen hatten. Ich war sehr jung, 23 Jahre alt, als ich heiratete. Sie war erst 17, und weil sie noch nicht volljährig war, musste ich den Kanton um Erlaubnis fragen, ob ich sie heiraten darf. Sie kam aus einem strengen Elternhaus und dachte, durch eine Heirat werde sie freier.

Sie war der Wahnsinn! Wir hatten uns über einen gemeinsamen Freund kennengelernt, und ich habe mich sofort in sie verknallt. Auf den ersten Blick. Aber ich möchte Verliebtheit nicht mit Liebe gleichsetzen. Verliebtheit ist eine Krankheit, das ist kein normaler Zustand. Ein schöner zwar, und er könnte der Anfang von Liebe sein – aber … Mein Problem war, dass ich sie für mich alleine haben wollte. Umgekehrt wollte sie zwar auch, dass ich ihr gehöre, aber nicht sie mir. Treu, nein, war sie nicht. Passiert ist das sehr schnell, im ersten Jahr bereits. Da ist für mich die ganze Welt zusammengebrochen, das war grausam. Sie ging gerne aus. Bei uns im Dorf gab es eine kleine Bar, wo getanzt wurde, im Winter war da immer etwas los. Sie war wie ein Engel, sie konnte wunderbar mit ihren Augen spielen. Es dauerte vielleicht zehn Minuten, bis irgendein Mann sie zum Tanzen aufforderte. Noch eine halbe Stunde, und sie knutschten. Das war beim ersten Mal so, beim zweiten und beim dritten genauso. Da waren immer andere Männer, und irgendwann sagte ich, das Theater würde ich nicht mehr mitmachen. Allein das bloße Zuschauen tötete mich fast. Also ging ich nach Hause und wartete auf sie bis um drei oder vier Uhr morgens. Erst wenn sie nach Hause kam, konnte ich schlafen. Irgendwann sagte ich ihr, dass ich das nicht mehr könne, ich würde sie nicht mehr in die Bar begleiten. Dann ging sie eben alleine. Trotzdem blieb ich bei ihr, und trotzdem bekamen wir Kinder. Doch ich wusste, dass ich sie verlassen würde. Sobald die Kinder alt genug waren, nach 23 Jahren Ehe, bin ich gegangen. Bis ich dreißig Jahre alt war, war ich ihr treu. Obwohl ich als Skilehrer genügend Gelegenheiten gehabt hätte.

Das änderte sich, als ich eine Frau und ihren Mann kennenlernte, die mich lehrten zu teilen. Ich habe früher Spitzensport getrieben, ich war Bergläufer und wurde damit ziemlich bekannt. Bei den Rennen wurde man jeweils einer Familie zur Übernachtung zugeteilt. Wir kannten uns nicht, aber sie hatten mitbekommen, dass ich gerne feiere. Also besuchten wir zusammen ein Tanzlokal. Kaum waren wir dort, wollte sie mit mir tanzen und bald darauf küssen. Sie wollte nicht zurück zu unserem Platz. Ich dachte: Wenn ich ihr Mann wäre, ich würde jetzt nach Hause gehen. Als wir später ins Auto stiegen, schlug er vor, dass ich mich zu ihr nach hinten setzen solle. Das machte ich, und wieder küssten wir uns. Zu Hause fragte sie mich, ob ich noch einen Joghurt möge. Ich meinte, ich würde mit ihr ins Bett wollen. Da sagte ihr Mann, das müsse sie selber entscheiden. Ich wunderte mich über diese Antwort. Dann ging ich ins Bett, und sie kam mit. Das war der Anfang unserer Freundschaft, die bis heute geblieben ist. Nach vielleicht zwei Jahren fragte ich ihn: »Wie kannst du deine Frau mit mir teilen?« Er sagte nur: »Das ist Liebe. Wenn meine Frau glücklich ist, bin ich auch glücklich. Sie kann machen, was für sie schön ist.« Unterdessen ist er 75 Jahre alt. Er hat diese Frau nie verlassen, hatte immer nur sie. Damit hat er in meinem Leben viel verändert, ohne dass er es beabsichtigte. Er wollte ja nicht mein Leben verändern. Er war einfach nur er selbst.

Diese Begegnung war für mich ausschlaggebend, um in Frieden zu leben. Sie zeigte mir, dass es keine Rolle spielt, mit wem eine Frau ins Bett geht – Hauptsache, sie ist dabei glücklich und zufrieden. So merkte ich allmählich, dass ich eine Frau ja nicht für mich alleine brauche – wozu auch? Und ich verstand: Wenn man keine Angst mehr hat, seine Partnerin zu verlieren, dann lebt man fröhlicher. Das gilt natürlich auch umgekehrt für die Frauen. Ich stellte auch fest, dass ich ausschließlich während des Geschlechtsverkehrs den Wunsch verspürte, meiner Geliebten zu sagen: »Ich liebe dich« – weil ich sie begehrte. Begehren aber ist nicht dasselbe wie Liebe. Begehren ist etwas sehr Reelles. Bei uns Männern kann man es sogar sehen. Begehren bringt mich buchstäblich zum Explodieren. Das aber hat mit Liebe nichts zu tun. Diesen Unterschied habe ich erst mit fünfzig verstanden, als ich meine zweite Frau heiratete. Mit ihr hatte ich ein sehr starkes sexuelles Liebesleben. Wir lernten uns kennen, da lebte sie noch mit meinem Konkurrenten zusammen. Einmal berührten wir uns, und sie wehrte es nicht ab – so fing das an.

Ich begehrte sie wie verrückt. Und sie gefiel mir, ihre Art, ihr Aussehen. Sie ist eine, die einen gewaltigen Schritt draufhat und bei der man merkt: Das ist eine selbstsichere Frau.

Bald zog sie bei ihrem Mann aus und lebte alleine. Wir trafen uns immer wieder. Sie war gut im Bett, das machte mir wahnsinnigen Eindruck. Ich habe eigentlich alle Frauen über die Sexualität kennengelernt. Jetzt sind wir seit zwanzig Jahren verheiratet. Von Anfang an gab es neben ihr auch noch andere Frauen für mich. Schwierig war das nicht, ich sagte einfach, ich sei in einem Trainingslager. Ich war immerhin mehrmals Europameister im Berglauf. Überhaupt habe ich durch den Sport jede Menge Frauen kennengelernt. Frauen bewundern erfolgreiche Männer wie Politiker, Künstler und Sportler. Bis zwanzig war ich ein Nichts. Meine jetzige Geliebte sagt, wenn sie mich gesehen hätte, in einem Lokal mit ein paar anderen Männern, sie hätte sich nicht für mich entschieden. Erst mit 25 begann ich, Sport zu treiben, das hat mich zu dem gemacht, was ich heute bin. Frauen zu erobern und Erfolg im Sport, das lief bei mir parallel. Lange hatte ich Angst vor einem Korb. Wenn ich beim Tanzen eine auffordere, und sie sagt Nein – was dann? Unterdessen kenne ich diese Angst nicht mehr. Jetzt weiß ich eher, dass ich die Finger von so mancher lassen sollte, weil ich Erfolg habe, das ist mein Fluch.

Frauen kennenzulernen ist nicht schwierig, in meinem Alter sowieso nicht. Bei vielen Frauen sind die Männer bereits gestorben, und sie sind allein. Und die Männer in ihrem Alter wollen meist jüngere Frauen. Interessanterweise machen das die jungen Frauen mit. Womöglich bin ich eine Ausnahme: Ich mag gleichaltrige Frauen. Das macht es für mich einfach. Frauen ab 45 zu erobern ist anders. Sie haben Erfahrungen und nicht mehr so viel Angst vor dem Risiko. Ich kann auch einfach sagen: »Du gefällst mir.« Womöglich hat das auch mit der Kinderfrage zu tun. Frauen über vierzig blühen auf. Vielleicht machen sie Erfahrungen, die sie vorher nicht gemacht hatten. Es gibt Frauen mit fünfzig, die noch nie einen Orgasmus hatten! Vorgespielt, aber nicht gehabt. Sie sind total überrascht, was überhaupt in ihnen steckt, im sexuellen Bereich. Ich kannte Frauen, denen wurde das ganze Leben lang gesagt, sie seien frigide. Und auf einmal denken sie, etwas Wahnsinnigeres gibt es nicht. Frauen ab fünfzig aufwärts sind wunderschön. Jüngere Frauen interessieren mich nicht, weil ich mich in meinem ganzen Leben nicht für die schönen Frauen interessiert habe. Wenn sie keine Schönheit ist, dann interessiert sie mich. Denn sie hat gelernt, sich mehr Mühe zu geben – die Schönen dagegen sind es eh gewohnt, begehrt zu werden. Gemerkt habe ich das bei den Prostituierten. Früher zog ich mit einem Freund umher, der immer die schönsten Frauen wollte. Und ich nahm mir immer die weniger schönen. Der Freund wartete jeweils eine halbe Stunde auf mich, denn ich bekam mehr für dasselbe Geld – weil ich um sie warb. Ich brauche keine schöne Frau zum Schmuck, ich gehe nicht mit einer Schönheit oder einer jungen Frau zum Essen, um sie den anderen zu zeigen. Denn was die anderen von mir denken, interessiert mich nicht.

Meine Liebhaberinnen wissen voneinander, ich stelle sie einander vor. Denn sie sollen einander akzeptieren, das ist meine Strategie. Natürlich wäre es schöner, wenn man ganz ehrlich miteinander sein könnte. Das geht aber nicht, wenn der andere nicht will. Meine jetzige Frau will durchaus darüber reden, aber sie will nicht, dass ich fremdgehe. Trotzdem tue ich es. Also erzähle ich es ihr oft nicht mehr. Ich streite es sogar manchmal ab, weil sie sonst ein Riesentheater macht. Es gibt nur zwei Möglichkeiten: Entweder ich höre mit dem Theater auf und bleibe nur bei ihr. Oder sie kann es nicht mehr aushalten und geht von mir weg. Die Streitereien aber bringen nichts. Ich habe ihr deshalb von Anfang an gesagt, dass sie jederzeit gehen kann, wenn sie will. Die Frage ist doch: Hat dieses Riesentheater überhaupt etwas mit Liebe zu tun?

Anders als mit zwanzig, glaube ich nicht mehr, dass ich für das Glück einer Frau verantwortlich bin. Einmal hatte ich eine italienische Geliebte. Sie ging so weit, von mir zu verlangen, sie glücklich zu machen. Das ist Irrsinn! Wie sollte ich sie denn glücklich machen? Sie war einfach eine unzufriedene

Person und wollte mir die Verantwortung dafür geben. Ist das meine Aufgabe? Ist das die Aufgabe der Männer, dass man die Frauen glücklich macht? Das kann man nicht verlangen. Ich versuche, mich den Frauen gegenüber so anständig wie möglich zu benehmen.

Zehn Jahre lang probierte auch meine jetzige Frau andere Männer aus. Ich machte ihr klar: Wenn es dir Spaß macht, welcher Unterschied besteht dann zwischen einem Kuss und einer ganzen Nacht? Ich habe sie also aufgefordert, das auszuleben. Sie verschwand jede Woche für jeweils einen Tag. Für mich war das eine interessante Sache. In der Zeit, als ich dachte, jetzt sind sie zusammen im Bett, war das ein Leiden, ein sehr starkes Leiden. Bei meiner ersten Frau bin ich schier gestorben vor Eifersucht, wenn sie mit einem anderen zusammen war. Das war die Hölle. Einmal hatte ich sie nach drei Jahren Ehe aus dem Haus geworfen, weil ich mit ihr nicht mehr leben konnte. Kaum war sie weg, konnte ich ohne sie nicht leben. Ich hatte keinen Hunger, konnte nicht mehr schlafen. Das war kein Leben mehr! Ich merkte, dass das nicht geht. Entweder bringe ich mich um, oder ich geh sowieso kaputt, weil ich das nicht überlebe – oder ich verändere mich radikal.

Eine Frau zu teilen, das konnte ich mir damals überhaupt nicht vorstellen. Erst heute bin ich so weit, dass ich eine Frau lieber teile, als sie für mich alleine zu haben. Wie man über Untreue denkt, hat auch mit dem Geschlecht zu tun, glaube ich. Dass man zum Beispiel nicht abstrahiert, ist sehr weiblich. Oft brechen ja Frauen den bestehenden Kontakt zu einem Liebhaber ab, oder sie gehen nicht mehr mit ihrem Ehemann ins Bett. Meine zweite Frau machte das zwar nie, sie benahm sich diesbezüglich eher ziemlich männlich. Trotzdem bekam sie damit Probleme. Irgendwann hörte sie auf, andere Liebhaber zu treffen: Es sei ihr zu kompliziert, meint sie.

Meinen Affären mache ich immer von Anfang an klar, dass ich verheiratet bin, dass das gut so ist, ich dort bleibe und sie sich keine Hoffnungen machen sollen – dass sie einfach einen kleinen Teil meiner Zeit bekommen. Wenn das passt, kann man diese Beziehung eingehen. Sonst breche ich es irgendwann ab. Wenn ich diese Sprüche höre, die alle bringen: Am Sonntag bin ich immer allein, am Samstag bin ich immer allein, über die Festtage bin ich immer allein usw. – dann wird es ungefähr Zeit zu sagen: »Dann musst du selber weitersehen.« Zu meiner Frau kann ich stets mit Bestimmtheit sagen: »Ich weiß, wo ich hingehöre, ich geh nicht weg von dir.« Meine Frau konnte das nicht sagen. Eigentlich bei keinem – sie war sich nie ganz sicher, ob sie sich nicht zu sehr verlieben würde.

Diese Geschichten haben nichts mit freier Liebe zu tun, auch wenn das in den Siebzigern schwer in Mode war. Es hat überhaupt wenig mit Liebe zu tun, mit dem Wort »Liebe«. Eher mit Begehren. War meine zweite Frau bei einem anderen, war das auch für mich ein Begehren, weil mich das so wahnsinnig aufgeputscht hat. Vielleicht kann man das mit Drogen vergleichen. Das war schon eine Art Eifersucht, aber auch sehr sexuell: Ich stellte mir vor, was sie trieben. Es ist jetzt halb zehn, sie essen zu Abend... das bewegte mich. Wenn sie dann heimkam, habe ich sie fast zerrissen, das war für mich Wahnsinn!

Wenn ich »Brot« sage oder »Milch«, dann sehe ich Brot oder Milch. Ich weiß genau, was gemeint ist. Beim Wort »Liebe« fehlt mir eine solche Referenz. Meine Mutter war sehr anständig mit mir, verprügelte mich nicht... Aber über Liebe sprachen wir nie. Und mein Stiefvater, der mich erzogen und verprügelt hat, der musste sowieso nicht über Liebe reden, der hat nur geprügelt. Auch in der Schule haben wir nie über Liebe geredet. Man spricht vielleicht darüber, wie Menschen entstehen, aber über Liebe spricht man nicht. Jeder hat seine eigene Definition der Liebe. Nicht einmal später, mit den eigenen Kindern, weder mit meinem Sohn noch mit meiner Tochter, habe ich über die Liebe gesprochen. Wir haben darüber geredet, wie sie in die Welt gekommen sind, natürlich. Aber das allein muss mit Liebe noch nichts zu tun haben, denn Kinder kann man auch ohne Liebe, nur mit Sperma zeugen. Dann kommt das andere Wort: »Treue«. Was ist Treue? Treue kann ich besser definieren als Liebe. Zum Beispiel, dass es verschiedene Arten von Treue gibt. Das eine ist die sexuelle Treue. Die hat für mich heute, oder auch schon seit einer Weile, gar keine Bedeutung mehr. Darum machen wir viel zu viel Theater. Dann gibt es die Treue, dass man bei einem Menschen bleibt. Ich finde, man muss einen Menschen nicht verlassen, nur weil er – oder sie – sexuell untreu ist.

Mit der Erfahrung, die ich heute habe, verlasse ich keine Frau mehr wegen solcher Sachen. Das kommt nicht infrage! Ein Grund, um auseinanderzugehen, ist das nicht. Eher sehe ich ein, dass da irgendwas noch nicht abgeschlossen ist und dass sie dieses Wissen ausleben soll. Bis sie vielleicht mal an einen Punkt kommt und sagt: Es reicht. An diesen Punkt aber muss sie selber kommen. Sie soll nur anständig mit mir sein. Aber das ist wieder etwas anderes, das hat dann vielleicht mit Liebe zu tun. Ich glaube, in einer Beziehung soll man den anderen achten. Dazu gehört, nicht immer zu sagen, was richtig und was falsch ist. Das soll jeder selbst entscheiden. Sagen wir, die Frau bügelt, vielleicht kocht er, egal. Wichtig ist doch, dass jeder seinen Teil macht, den es zu machen gibt. Mehr kann man voneinander nicht verlangen.

Wie man leben sollte, ist ja nach gesellschaftlichen Normen definiert. Wäre ich Mormone oder Muslim oder würde in Afrika leben, könnte ich mehrere Frauen haben. Bei uns ist es üblich, eine Frau zu haben. Warum? Oder warum kann eine Frau nicht drei Männer haben? Die ganze Geschichte der Ehe ist jung. Früher spielte es noch keine Rolle, zu wem die Kinder gehörten. Doch nach und nach hat man uns mit der Religion erzogen.

Meine zweite Heirat, das war mehr oder weniger ein Muss. Wir haben keine Vorteile dadurch, im Gegenteil, wir

bekommen als Verheiratete 1000 Franken weniger AHV*
im Monat. Aber sie wollte unbedingt heiraten. Ich glaube,
ihr ging es tatsächlich um das Versprechen. Und auch wenn
man weiß, dass man scheitern kann, sollte das eigentlich
keinen daran hindern, es nochmals zu probieren – sehr einfach gesagt. Jetzt im Alter kann man sich die Frage stellen:
Ist das womöglich Liebe? Dass man vielleicht trotz allem
zusammenbleibt, weil man den anderen achtet? Vor gut einem Jahr wurde meine Frau am Knie operiert. Wir waren
in den Ferien in Locarno. Ich fuhr sie im Rollstuhl herum
und hatte einen Riesenspaß dabei. Vielleicht ist das Liebe.
Oder dass ich auf sie aufpasse im Alter, wenn sie das will,
oder dass wir uns überhaupt gegenseitig verstehen. Ich sehe
die Liebe nicht als Einschränkung, eher als überhöht, als
etwas zu Großes vielleicht.

Angst vor dem Alleinsein habe ich nicht. Doch ich habe es
noch nie probiert – ich konnte es noch nie probieren. Das ist
das Verrückte. Und es nützt nichts, kaum bin ich alleine, lerne
ich eine Frau kennen. Das ist der Jagdtrieb. Ich hatte Zeiten,
da kaufte ich im Supermarkt ein, und an der Kasse fragte ich:
»Essen Sie mit mir heute Abend?« Ich war enttäuscht, wenn
sie zusagte. Das ist durchaus mit einer Sucht vergleichbar. Der
Jagdtrieb ist schon sehr männlich. Das können wir nicht ab-
streiten, es ist einfach so. Er gehört vermutlich auch dazu, damit sich die Menschheit weiterentwickelt. Heute hat das keine
Bedeutung mehr, wir sind genügend Menschen auf der Welt.
Doch wir wurden nicht erst heute kreiert, wir sind eben eine
ziemlich alte Kreatur.

Dass die Sexualität im Alter abnimmt, damit habe ich überhaupt kein Problem. Ganz im Gegenteil! Ich war immer ein
Sklave meiner Triebe. Und ein Sklave von etwas zu sein ist nie
schön – ob das Rauchen ist oder Sex. Ungefähr mit 62 spürte
ich das Alter zum ersten Mal. Das empfand ich als sehr schön.

* Rente

Man bleibt bei dem, was man hat. An einem Tag wird es vorbei sein, aber das spielt keine Rolle. Man kann auch die anderen Sachen noch zulassen, zusammen zeichnen, einen neuen Strand entdecken oder ein Museum besuchen. Liebe würde ich heute definieren im Sinn von: Ich bin für dich da. Das ist nicht wahnsinnig viel, aber vielleicht eben doch.

Der Weg zu Manolo Tschann führt über einen Berg: Das Post-auto nimmt enge Kurven, manchmal ist links und rechts nur Schneestaub zu sehen. Vom traumhaften Blick in die Winterlandschaft kann keine Rede sein, der kurze Januartag bietet einen Himmel Grau in Grau über der weiß verschneiten Landschaft. Hundert Schritte von der Bushaltestelle nach links finde ich Manolo Tschann in seinem Atelier oberhalb einer Garage. Hier malt und liest der ehemalige Sportler und Versicherungskaufmann.

Er begrüßt mich mit dem Duden. Extra habe er für meinen Besuch die Definition von Liebe markiert, hier Seite 127. So stelle dann auch nicht ich die erste Frage, sondern er: »Was ist Liebe?« Ich erkläre ihm, dass ich genau deswegen Menschen wie ihm zuhöre. Die Definition des Dudens – notabene von 1954 – überrasche ihn, sagt Tschann: »›Umgangssprachlich für Liebschaften.‹« Was denn überhaupt »Liebschaften« seien? Ich schlage zur Übersetzung »Affäre« vor, Tschann sagt: »Die Italiener sagen ›Fare l'amore‹, dabei geht es um den Geschlechtsverkehr.« Manolo Tschann faltet seine Stirn und verstrickt sich augenblicklich in die Unterscheidung von Lust, Liebe und Begehren. Offene Beziehungen, das passt zu den Siebzigerjahren, von denen Tschann erzählt, aber nicht zu diesem überschaubaren Dorf, in dem sicher jeder jeden kennt. Doch seine Geschichten, das macht er mir schnell deutlich, haben wenig mit dem damals gerade modischen Konzept der freien Liebe zu tun, sondern mehr mit seiner Biografie.

Immer wieder fordert mich der Bündner, der mit dem Singsang der Rätoromanen deutsch spricht, heraus. Ich entlarve mich mit meinen konservativ gehaltenen Fragen, er stellt mir

Gegenfragen. In der Hälfte des Gesprächs holt Tschann eine Flasche Portwein. Auch der Portwein hilft nicht, Eifersucht und Treue zu abstrahieren. Über meine nach wie vor heillos romantischen Vorstellungen seufzt er nur und meint: »Ach, ihr jungen Menschen seid noch in der Phase.« Und ich fürchte um meine Illusionen, die ich mir kultiviere. Was rät er bei Liebeskummer durch Untreue? »Warten«, sagt Tschann nur und schmunzelt, »und nicht verzweifeln«. Denn alles, was nachher komme, werde besser sein als das, was gewesen sei. Ich ziehe die Augenbrauen hoch, Tschann lacht: »Es kommt auch. Nur begreift man das zu dem Zeitpunkt noch nicht.« Und wenn es zu spät ist? Tschann zuckt mit den Schultern: »Es wäre das Traurigste auf der Welt, zu sagen, man gehe ein Risiko nicht mehr ein. Das kann man im Altersheim noch.«

Als ich aufbreche, hantiert Tschanns Nachbar unten in der Garage an einem Auto. Tschann stellt ihn mir als 85-Jährigen vor, den er im Vorfeld gefragt habe, was er über die Liebe wisse. Beide lachen: »Auch er ist zu keiner Lösung gekommen.«

Signore, ich kenne Sie ja gar nicht!

Inge Meissen, 69 Jahre

Freunde hatte ich viele, aber verheiratet war ich nie. Zu Menschen und Dingen pflege ich eher eine platonische Liebe. Meine Freundinnen dagegen waren fast alle verheiratet. Sie sagten immer, ihre Ehe sei gut – na ja. Nach außen hin war natürlich immer alles eitel Sonnenschein. Aber würde man da nachbohren, sähe das vermutlich etwas düsterer aus. Außerdem sagten sie mir oft, dass sie neidisch seien auf meine Freiheit.

Alleine durchs Leben zu gehen war damals in der Nachkriegszeit natürlich nicht gerade üblich. Aber ich hatte gesehen, wie meine Eltern gelebt haben und daraus meine Schlüsse gezogen. Aufgewachsen bin ich in den Fünfzigerjahren in Rom, gleich am Pantheon. Mein Vater war Auslandskorrespondent, meine Mutter Hausfrau. Man könnte auch sagen: Anhängsel. Es hat mich damals sehr befremdet, wenn er ihr Geld gab, damit sie sich ein Kleid kaufen konnte. Er hat es ihr nie in die Hand gegeben, sondern an eine bestimmte Stelle auf der Kommode gelegt. Gearbeitet hat meine Mutter nie. Aber selbst wenn sie gewollt hätte, weiß ich nicht, ob mein Vater sie gelassen hätte. Unglaublich, wenn man sich das heute überlegt. Als junge Frau konnte ich mir so ein Leben überhaupt nicht vorstellen. Außerdem wollte ich auf gar keinen Fall einen Italiener heiraten, denn da heiratet man nicht ihn, sondern die Schwiegermutter. Und dazu den Machismo, der ja genau das bedeutete, was meine Eltern lebten. Nur noch schlimmer. Das ist kein Klischee, ich bin in Rom aufgewachsen und weiß, wovon ich spreche.

Als blonde Ausländerin liefen mir die Papagalli scharenweise hinterher. Allerdings nur, weil ich groß und schlank war. Also habe ich das Spiel mitgespielt und ihnen gesagt: »Klar können wir uns auf einen Espresso in der Bar treffen!« – wobei ich immer betonte: Auf einen! Und doch wollten sie alle nur mit mir ins Bett. Jedes Mal musste ich sagen: »Signore, ich kenne Sie ja gar nicht!« Eine Zeit lang bin ich deswegen mit einem goldenen Gardinenring rumgelaufen. Ich trug ihn in der Westentasche, genau wie die Papagalli ihren Ehering. Machten sie nach ein paar Drinks Anstalten, zudringlich zu werden, streifte ich in der Toilette eilig den Ring über und sagte zu ihrer Überraschung: »Tut mir leid, mein Mann wartet zu Hause, ich kann ihn nicht noch länger warten lassen.« Damit hatte ich meine Ruhe. Daraus habe ich mir immer einen großen Spaß gemacht. An und für sich bin ich sehr aufgeschlossen gegenüber anderen Menschen und nicht scheu. Wird aber einer anzüglich, dann ist bei mir Schluss.

Ernste Geschichten gab es natürlich trotzdem auch – sogar einmal mit einem Italiener. Da war ich allerdings erst 18 Jahre alt und damit noch nicht volljährig, das war man ja damals erst mit 21 Jahren. Er schrieb mir seitenweise wunderschöne, handgeschriebene Liebesbriefe. Und das, obwohl er auch in Rom wohnte. Er sagte, er wolle mich heiraten, und schaute in den Schaufenstern der Einkaufsstraße bereits nach Ehebetten. Ohne mich vorher zu fragen! Da bin ich wahnsinnig in Rage geraten. Diese Nonchalance schreckte mich so sehr ab, dass ich meinem Vater davon erzählte. Als der junge Mann das nächste Mal anrief, sagte er seelenruhig: »Meine Tochter ist längst vergeben.« Das fand ich gut! Meine Mutter dagegen hätte sicher gern gesehen, dass ich heiratete. Vor allem, als ich dann nach Berlin ging, um im Kempinski zu arbeiten. Als alleinstehende Frau in Berlin zu leben – das fand sie suspekt. Aber abgesehen davon, dass man die wirklich guten Männer nur wie Stecknadeln im Heu findet und sie dann meistens auch noch verheiratet sind, wollte ich ja auch gar nicht heiraten. Ich traute mich einfach nicht.

Denn ich wusste, dass ich mich dann zwischen den Kindern und meiner Freiheit hätte entscheiden müssen. Da denke ich altmodisch. Auch wenn es heute normal ist, dass Mütter ihre Kinder allein erziehen, bin ich der Meinung: Kinder brauchen einen Vater. Und das heißt dann, dass man bei ihm bleiben muss. Auch wenn er einen vielleicht nicht das Leben führen lässt, das man gerne leben möchte. Und so habe ich keine Kinder bekommen.

Dafür hatte ich immer meine Katzen. Müsste ich zwischen einem Mann und den Katzen wählen, würde ich mich stets für die Katzen entscheiden. Denn Tiere können einen nicht betrügen, Menschen dagegen schon. Über die Katzen habe ich außerdem einen meiner besten Freunde gefunden: Wir lernten uns kennen, als ich von ihm meinen Kater Mikesch übernahm. Er erkundigte sich danach immer wieder nach Mikesch. Schließlich besuchte er mich, und wir gingen viel zusammen in die Oper und ins Theater. Als ich ihm das Du anbot, wurde er verlegen. Vielleicht verstand er mich falsch, jedenfalls sagte er mir, dass er schwul sei. Ich lachte und erklärte ihm, dass ich gar keine Lust auf Männer hätte. Von da an nahm er mich regelmäßig ins Café Positiv mit, ein schwullesbisches Café in Kreuzberg. Klar, dort hatte ich dann auch Verehrerinnen, doch daraus ist nie etwas geworden. Als mein Freund schließlich an HIV erkrankte, war es für mich selbstverständlich, dass ich ihn beim Sterben begleitete. Denn sein Freund lebte da bereits nicht mehr. Wenn ich an diese Geschichte denke, würde ich sagen, dass die Freundschaft in meinem Leben definitiv wichtiger war als die Liebe. Kurze Bekanntschaften oder mal einen Flirt zu haben ist nicht schwer. Echte Freunde aber zu finden, die mit einem durch dick und dünn gehen, das ist eine Kunst. Und je älter man wird, umso schwieriger wird es. Denn man wird wählerischer. Wobei ich schon immer wählerisch war. Vielleicht zu sehr? Nein, das glaube ich nicht.

Später habe ich aus Jux und Tollerei einmal mit einer Partnervermittlung mein Glück versucht. Mal sehen, dachte ich, was passiert. Sie machten Tests mit mir und sagten, sie würden jemanden finden, der zu mir passe. Das war leider überhaupt nicht der Fall – eher war es so, dass sie versuchten, schwer vermittelbare Männer an die Frau zu bringen. Der Erste lud mich großspurig in die Bar vom Kempinski ein und schimpfte in einem fort über die Frauen. Ich glaube, er war auch gleich eifersüchtig, denn ich kannte einen der Kellner noch von früher und schäkerte ein wenig mit ihm. Den Zweiten traf ich kurz nach dem Mauerfall an der Jannowitzbrücke: Ich mit meiner kleinen Ente, er mit einem Mercedes und schlechten Zähnen. In dem Stil ging es weiter, gebracht hat mir das nichts. Immerhin bestätigte es mich in meiner Lebensart. Vielleicht kommt sie mal noch irgendwann, die große Liebe... man weiß ja nie, wie das Schicksal so spielt, nicht wahr? Ich bin nicht mehr wie früher, ich möchte nicht mehr partout alleine sein. Und trotzdem will ich mir meine Ecke von der Freiheit bewahren.

Zuverlässig steht die 69-Jährige oben am Treppengeländer der Senioren-WG, die ich eine Zeit lang regelmäßig für diese Liebesgespräche besuche. Hier wohnen, betreut von Altenpflegern, ein Dutzend ältere Damen und Herren gemeinsam in einer Wohngruppe. Fast jede Woche führt mich Frau Meissen mit hanseatisch eleganten Bewegungen zu einem freien Stuhl und setzt sich mir neugierig gegenüber – so, als ob sie die Zuhörerin wäre und nicht ich. Frau Meissen hat das große Glück in der Liebe nicht erlebt, und doch redet sie gern über dieses Thema. Sie ist stolz darauf, dass sie sich selbstständig durchs Leben geschlagen hat, zuerst in Rom, wo sie aufgewachsen ist, später in Deutschland. Dort hat sie in Hotels gearbeitet, eine Zeit lang in ihrem ursprünglich gelernten Beruf als Zahnarzthelferin, schließlich bei einer Zeitarbeitsfirma.

Groß gewachsen ist sie, mit einem Kurzhaarschnitt, der von Twiggy inspiriert sein könnte. Immer trägt sie Hosen, selten Röcke, unter dem Garnpullover lugt häufig eine sportliche Polobluse hervor. Das spitzbübische Lächeln bleibt ihr selbst dann im Gesicht, wenn sie ihre Erzählungen abrupt abbricht oder längere Redepausen einlegt. Sie spricht gerne philosophisch über die Liebe – auch, um ihre eigene Leerstelle zu diesem Thema zu kaschieren. Wenn wir uns im gemeinsamen Wohnzimmer der Senioren-WG zusammensetzen, wo häufig andere Bewohner Kaffee trinken oder miteinander Karten spielen, spricht sie lebendig und laut lachend. Drüben im Esszimmer, wo nachmittags kaum jemand ist, erzählt sie ihre Anekdoten nachdenklicher und lässt viele meiner Fragen unbeantwortet. Mit der Idee der großen Liebe kann sie nicht viel anfangen. Und doch scheint die Entscheidung, alleine zu bleiben, nicht so freiwillig zu sein, wie sie behauptet. Aus ihren Erzählungen höre ich heraus, dass sie als eigenständige Frau ihrer Zeit voraus war. Dass die Männer zwar mit ihr ins Bett, aber nicht mit ihr zusammenleben wollten. Dass sie gerne eine moderne Partnerschaft gelebt hätte, aber dafür nie einen Komplizen oder eine Komplizin gefunden hat. Sie ist stolz darauf, dass sie sich gegen Männer gewehrt hat, die sie als Paschas entlarvte oder die »ja doch nur immer das eine wollten«. Und Frau Meissen liebt ihren schwarzen Kater Mikesch, der mit ihr in die Senioren-WG gezogen ist und bei unseren Gesprächen um unsere Beine streicht: »Nur er versteht mich wirklich.«

Wer bin ich eigentlich als Mann?

Johannes Gloggner, 66 Jahre

Ich bin Mann geworden in einer Zeit, in der man sich anzupassen hatte an die Wünsche der Frauen. Das konnte aber nicht funktionieren, weil ich mich dabei immer selbst verleugnen musste. Und mittlerweile weiß ich, dass viele Frauen durchaus Männer wollen, die sagen: Nein, da mache ich nicht mit. Das wäre mir früher nie über die Lippen gekommen. Doch manche Frauen finden das gut, wenn einer mal gerade steht und sagt: Nein, so nicht. Das muss ich ja nicht böse sagen, so wie das noch mein cholerischer Vater tat. Sondern ein Nein kann man auch immer aushandeln. Nur musste ich das alles erst einmal lernen. Ich brauchte vierzig Jahre oder noch länger, um zu begreifen, dass die Grundlage für Beziehung Selbstliebe ist. Die wiederum zu entwickeln braucht viel Zeit und Raum, den Willen, sich nachzuspüren – und ich habe mir viel Unterstützung geholt, in Gruppen und in Gesprächen.

Mit zwanzig stellte ich mir die Liebe als etwas Ewiges vor, als etwas unheimlich Dauerhaftes. Und als etwas Einseitiges. Einseitig in dem Sinne, dass da der weibliche Engel ist, und der Mann hat zu baggern und zu tun – sprich: Ich habe zu tun und mich anzupassen. Nicht als Macho, sondern, wie soll ich das sagen: Die Frau ist heilig, und jetzt benimm dich bitte entsprechend. Lange, lange Jahrzehnte konnte ich mir nicht vorstellen, dass eine Frau wirklich böse sein kann. Tatsächlich! Denn in einer Frau sah ich immer die heilige Mutter – im überhöhten Sinne. Eine heilige Mutter, die immer da ist. Unterdessen kann ich mir vorstellen, dass auch Frauen Böses tun können. Nach und nach erst lernte ich, dass Liebe nicht darin besteht, sich anzupassen. Sondern, dass man den anderen lassen kann, wie er ist, dass es auch in Beziehungen Reibereien und Konflikte gibt.

Aufgewachsen bin ich in einer Kleinstadt. Das Wohlwollen einer Frau schien mir nahezu unerreichbar. Liebe war für mich etwas, das man höchstens durch Anstrengung erreichen kann. Ganz so, wie ich aufgewachsen war: Wenn meine Mutter sagte, sei jetzt lieb, meinte sie nicht: Sei jetzt du selbst und leb so, wie du gerne leben möchtest, sondern nimm die Finger von den Süßigkeiten oder sei ruhig, ich möchte mal telefonieren. Das war mit »lieb« gemeint, davon war meine Kindheit geprägt.

Mit der Frau, mit der ich ein Kind zusammen habe, war ich nie verheiratet. Das wollten wir nicht, Heiraten war Anfang der Achtzigerjahre tabu. Sie hatte starke Stimmungsschwankungen, und diese empfand ich immer als wahrhaftig. Ich begriff nicht, dass das »nur« Ausbrüche waren, die noch nicht einmal etwas mit mir zu tun hatten. Ich war nur gerade da, und damit derjenige, an dem sie sich abarbeiten konnte. Statt mich zu wehren, passte ich mich an – und gab mich dabei selbst auf. Das hat lange gebraucht, bis ich das verstanden habe.

Nachdem unser Sohn geboren war, war ich zwei Jahre lang Hausmann. Das erste halbe Jahr verbrachten wir zu dritt, später war ich mit ihm allein zu Hause. Schließlich war das die Zeit von Alice Schwarzer und Co. Meine Mannwerdung gehört in eine Zeit, in der mir Frauen begegnet sind, die diese Buttons mit der Schere tragen, also Schwanz ab. Das alte Bild vom Mann wurde zerstört, was ja auch vollkommen richtig war. Doch ein eigenes, neues Bild wurde uns Männern gar nicht zugebilligt. Eher wollten die Frauen sich die Männer formen. Was wiederum in mein Muster reinpasste, dass ich mich gerne anpasse: Da konnte ich voll einsteigen. Ich war ein Softie, ein Frauenversteher, wenn man so will. Heute schaffen sich die Männer wieder ihr eigenes Bild. Ein neues, und das freut mich. Denn die Frau ist auch nicht nur ein Engel. Und sie weiß manchmal auch nicht, was sie gerade wirklich will.

Diese Emanzipationszeit in den Achtzigern habe ich sehr ernst genommen. Ich als Mann wollte das unterstützen. Das fiel mir auch, ohne groß zu überlegen, leicht, weil ich ja als Hausmann mit Sohn sowieso schon in dieser Rolle war. Ich besuchte eine Männergruppe, machte die AWO*, wenn Männer Väter werden. In den zwei Jahren meiner Hausmannszeit benutzte ich keinen Kinderwagen, sondern hauptsächlich Tragetuch – schließlich wollte ich es schon ein bisschen anders machen. Die einzige Resonanz kam von Frauen über fünfzig. Die liefen über die Straße oder riefen vom dritten Stockwerk: »Huhu, hab Sie gestern schon gesehen! Warten Sie doch mal, och ist der süß! Toll, wie Sie das machen!« Ausschließlich ältere Frauen waren das, die positiv reagierten. Vom Rest, von meiner Generation, dreißig Jahre und jünger, wurde ich schräg angeguckt. Da fehlte mir so ein Feedback. Die eigenen Freunde brachen zum Teil weg. Die jungen Frauen guckten auf den Boden, die konnten damit nicht umgehen. Und im Still-Café wurde ich zweimal rausgeschmissen. Das war in Kassel. Einfach, weil ich da auftauchte mit dem Säugling im Arm und ein Fläschchen dabeihatte, keine Brust. Warum, weiß ich nicht. Und die Mutter war auch noch eifersüchtig, weil ich mich ja nun viel mehr mit dem Kind beschäftigte als sie. Denn Väter und Mütter machen vieles anders: Wenn unser Sohn im Restaurant in die Küche krabbeln wollte, dann ließ ich ihn natürlich krabbeln. Doch mit der Mutter ging das nicht. Und wenn er sich dann mit anderthalb mit einem scharfen Messer ein Brötchen aufschnitt, dann wusste ich, das kann er. Schließlich hatte ich mit ihm geübt, was bedeutet scharf und was bedeutet spitz. Und die Mutter? Sie kam mit einem lauten »Aaaah!« in die Küche: »Du kannst doch nicht ...!« Und schon hatte er sich geschnitten. Vorher ging es zehnmal reibungslos, und dann kam diese Angstwelle, und buff, passierte es.

* Arbeiterwohlfahrt

Das Bild der heiligen Frau wurde erst demontiert, als einmal eine gute Freundin, die Therapeutin ist und meine damalige Beziehung kennengelernt hatte, zu mir sagte: »Zieh dich zurück, oder geh da weg. Du wirst verrückt mit der Frau.« Sie hatte sie sofort als wechselhaft durchschaut. Das verblüffte mich. Denn ich nahm ihre Launenhaftigkeit immer als gegeben hin. Doch wenn sie sauer war, dann war sie nicht unbedingt sauer auf mich. Sondern ich war einfach der Mülleimer, weil ich gerade da war. Sie erwartete immer etwas. Bloß: Wenn ich nicht weiß, was eine Frau erwartet, kann ich auch immer nur danebenliegen. Unsere Beziehungsprobleme versuchten wir in Gesprächen mit Therapeuten, aber auch mit Freunden und Bekannten zu lösen. Das war ja damals relativ neu. Doch irgendwann kam es zu einer Explosion, als sie zu mir sagte: »Wann haust du denn endlich ab?« Da dachte ich: Okay, das kann ich bieten. Ich suchte in der Zeitung nach einem Zimmer, und am nächsten Tag stand mein VW-Bus vollgepackt vor dem Haus.

Heute weiß ich, dass sie das gar nicht ernst gemeint hatte, sondern dass ich ihren Ausbruch zu ernst genommen hatte. Trotzdem bin ich froh, dass es so gekommen ist, auch wenn ich damit natürlich erst einmal verzweifelt war. Danach verbrachte ich bestimmt zehn Jahre in Männergruppen, um überhaupt herauszufinden: Wer bin ich eigentlich als Mann? Erst seit ich diese Selbstforschung und Reflexion betreibe, ist mir klar geworden, dass der Kern der Liebe die Selbstliebe ist. Bei sich bleiben im wahrsten Sinne des Wortes, um aus dieser Sicherheit in die Liebe gehen zu können. Ich glaube, bei Beziehungskrisen ist das eine große Problem das Rechthabenwollen. Und das andere Problem ist die Unfähigkeit, seine eigenen Bedürfnisse zu spüren und sie zu formulieren. Aber dieses Hinspüren – was brauche ich wirklich jetzt? – und den Mut zu haben, es auch zu sagen, ist genau das, was Selbstliebe bedeutet. Wenn das jemand tut, dann finde ich das wunderbar, denn dann kann ich antworten.

In den diversen Männergruppen, die ich besuchte, ging es

hauptsächlich um die Frage: Was wollen die Frauen von uns? Also: Wie sollen wir sein? Und wollen wir auch so sein? Es ging auch darum, überhaupt mal den Mut zu haben und zu sagen: Nein, warum sollen wir denn eigentlich so sein? Ich glaube heute, die Frauen waren damals selbst in einer Findungsphase und konnten deshalb gar keine klare Aussage formulieren, was sie von einem Mann eigentlich wollten. Es gab ja auch keine klare Forderung an die Männer, nur ein paar diffuse. Ein klares Bild entstand so nicht. Weil natürlich auch jede Frau letztlich anders ist. Und die Vorstellungen unterschieden sich ja sehr: Die einen orientierten sich mehr an Alice Schwarzer, andere mehr an Esther Vilar oder anderen. Für mich persönlich war das ein schwieriger Spagat, weil ich nicht genau wusste, in welche Richtung ich mich anpassen sollte. Mann war schlecht, Mann war falsch – das hieß ja für mich: Ich war schlecht, ich war falsch als Mann per se. Das klang alles so extrem, und gleichzeitig spürte ich in meinem Inneren: Irgendetwas stimmt doch da nicht, da ist was faul.

Auf mein Vaterbild wollte ich allerdings auch nicht zurückgreifen. Denn ich war froh, dass ich mich davon gelöst hatte. Mein Vater war ein cholerischer Mensch gewesen, der panische Angst hatte, etwas falsch zu machen. Mittlerweile kenne ich seine Geschichte dahinter, was mich mit ihm in Frieden sein lässt. Doch als ich zum ersten Mal eine Videoaufnahme von mir sah, die wir während eines Gesprächs in einer Männergruppe aufgenommen hatten, da wäre ich am liebsten im Sessel versunken: Denn da saß mein Vater. Da saß er. Seit ich diese Aufnahme von mir gesehen habe, hat sich mein Verhalten total verändert.

Jetzt bin ich seit einem Jahr Opa. Mit meinem Sohn habe ich mich bisher noch nie über Männerbilder ausgetauscht. Aber auch er kocht und kümmert sich, ist zwar nicht Vollzeit zu Hause, aber ich glaube, er investiert unheimlich Zeit in seine Familie. Bei meinem letzten Besuch war ich sehr berührt, wie liebevoll sie miteinander und dem Kleinen umgehen. Das sind so Momente, in denen mir Tränen in die

Augen treten. Von wegen man darf als Mann nicht weinen –
das tu ich dann.

Was die heutigen jungen Männer erwarten, das weiß ich
nicht. Sie sind sicher selbstbewusster geworden, oder sagen
wir mal, selbstsicherer, im Sinne von mehr Selbstliebe. Ich
hoffe, dass sie nicht durch jede Äußerung einer Frau das wieder verlieren. Denn so war das ja in meiner Generation. Wenn
meine Frau sagte: »Das ist hier altes Machotum!«, dann wurde
ich einen Zentimeter kleiner und dachte, okay, okay. Ich kam
gar nicht auf die Idee zu sagen: »Jetzt hör auf mit diesem ganzen Scheiß!« Mit der Selbstliebe hat es die jüngere Generation sicher ein Stück leichter. In meiner Generation war immer klar: Du bist nie gut genug. Es konnte immer noch besser
sein. Das war ein Erziehungsmodell. Lob oder so etwas gab es
nie. Und wenn irgendwas war, war man immer schuldig und
musste sich anpassen. Ich bin Jahrgang 1949, aufgewachsen
bin ich während des Wirtschaftswunders. Da war immer Ab-
lenkung, da war so viel Konsum. Der erste Fernseher … wir
hatten das dritte Telefon im Ort. Die 68er-Kinder dagegen
gingen in Kinderläden, wo sie machen konnten, was sie wollten. Das war ja schon der erste Ansatz, einmal etwas ganz anderes zu ermöglichen, um wachsen zu können. Dann gab es
die ersten freien Schulen, die immer mehr wurden. Alles Be-
reiche, wo ein Mensch mit wohlwollender Unterstützung in
sich selbst reifen kann. Das hatte meine Generation nicht.

Bisher habe ich mich immer klassisch verliebt, mit dem Gedanken: Für diese Frau tue ich alles, ich gebe mich ein Stück
auf und bewege mich auf sie zu. Das möchte ich nicht mehr.
Ich glaube, diese rosarote Brille ist ein Mittel zum Zweck, da
ist die Natur ganz raffiniert: Der Hormonmix wirkt wie ein
Filter, der unsere Andersartigkeit verdeckt. Diese Phase exis-
tiert ja auch nur während ein paar Monaten. Bis die Realität
kommt und je nachdem die Liebe beginnt. Dann erst erkennt
man, wie anders der andere ist, dass er woanders herkommt,
anders aussieht, anders redet und andere Ideen hat. Doch ich
sehe dieses Anderssein per se als eine Bereicherung für die

Beziehung, für die Liebe. Wir müssen nur endlich nach zwanzig Millionen Jahren lernen, dass Fremdes keine Bedrohung, sondern ein Vorteil ist! Für mich ist Liebe das Spiel zweier autonomer Menschen, die miteinander eine tragfähige Basis haben, aber wohlwollende Bereicherung in der Unterschiedlichkeit zueinander erleben. Sieht man zwei autonome Felder, die ständig in Bewegung sind, dann überschneiden sie sich in den Gemeinsamkeiten. Dass man dieselbe Sprache spricht etwa oder sich körperlich angezogen fühlt. Und Liebe ist, dass man die restlichen riesigen achtzig Prozent Unterschiedlichkeit als Bereicherung empfindet. Um etwa sagen zu können: Okay, das brauche ich nicht zu können, weil das der Partner wunderbar kann. Jeder entwickelt sich und wächst, ohne dass da Neid entstünde, weil man sich darüber freut. Dass man also gemeinsam in der Selbstliebe wächst, um aus dieser Position heraus zu sagen: » Wow, wir sind ein Paar!« Und wir können als Paar eine Quelle für etwas wirklich Neues sein. Was, biologisch betrachtet, das Kind ist – oder sein könnte, und wenn es kein Kind ist, dann kann da auch eine ganz inspirierende Paarbeziehung dahinterstecken.

Schon bei der Entstehung des Universums wurde geprägt, wie menschliches Miteinander geht. Der Urknall war eine emergente Erscheinung. Ob das im kleinsten Atom ist oder im Spiel von Galaxien. Da geht es immer um diese Anziehung und wie sie sich verändert, wenn es zu eng wird. Auch die Modelle Frau und Mann verändern sich ständig, und das ist auch wichtig, denn jede Kultur entwickelte ihre eigenen Modelle, um ein Miteinander überhaupt zu ermöglichen. Sobald aber jemand wirklich autonom, also in Selbstliebe ist, braucht er auch kein Modell mehr, um sich zu orientieren, sondern er hat es. Er – oder sie – ist es selbst, dieses Modell. Und dadurch gibt es auch nicht mehr diese Gleichförmigkeit da draußen, dass alle in derselben Fabrik am selben Fließband arbeiten müssen. Sondern es gibt unzählige Individuen, die alle einzigartig sind.

Ab und zu begegnen mir Frauen, bei denen ich eine Aufregung in mir spüre. Doch meistens scheitern diese Begegnungen daran, dass ich in unseren bereichernden Unterschieden schwelge, während mein Gegenüber nur meint: »Nein, also in einer Hängematte möchte ich nicht mit dir schlafen.« Anfangs akzeptierte ich das noch, holte tatsächlich bei Ikea ein Schlafsofa, obwohl ich auf Hängematten schwöre. Aber letztlich sind die Beziehungen doch auch daran kaputtgegangen, dass ich diesen Impuls vom bereichernden Unterschied nicht wirklich vermitteln konnte beziehungsweise dass das nur einseitig war. Manchmal denke ich, es wäre einfacher, wieder in das Muster zurückzufallen, sich an die Wünsche der Frau anzupassen, ihr mehr entgegenzukommen. Doch ich kenne die Falle dahinter. Es ist meine eigene Falle, weil ich mich selbst verrate und verleugne. Und das will ich nicht mehr. Denn das ist Raubbau am eigenen Ich.

Die perfekte Frau habe ich bislang nicht getroffen. Es gab Frauen, mit denen habe ich mich sexuell super verstanden. Mit anderen konnte ich mich intellektuell sehr gut austauschen, und mit wieder anderen war die nonverbale Kommunikation schön. Doch an die perfekte Frau kann ich mich nicht erinnern. Ich glaube auch nicht, dass es sie gibt. Ich suche auch gar nicht danach. Denn ich weiß eben um die Unterschiede – und wenn diese nicht als bereichernd empfunden werden, dann möchte ich wenigstens Wohlwollen bekommen und nicht als fremdartig abgestoßen werden. Ich suche nicht Übereinstimmung, sondern Wohlwollen, und dass daraus etwas Neues entsteht. Neue Ideen, ein neuer Gedanke oder ein anderes Gefühl, das ich vorher noch nie hatte. Das ist, was mir Liebe schmackhaft macht. Denn ich weiß, dass es Liebe per se nicht gibt. Liebe ist immer die Umschreibung eines Handlungseffekts. Verliebtsein gibt es. Aber Liebe ist eben, dass ich mich kenne und selbst liebe und dass der oder die andere dem wohlwollend gegenübersteht. Das ist, was Liebe für mich ausmacht.

Johannes Gloggner ist schon von Weitem zu erkennen: Er trägt ausschließlich Weiß. Wir treffen uns auf einem belebten Platz in Berlin-Mitte, und ich muss pünktlich sein. Denn Gloggner besitzt kein Handy, er versteht sich als Minimalist. Nicht viel mehr als fünfzig Dinge besitze er, nicht viel mehr als die gelbe Bree-Tasche und die weiße Lesebrille, die er heute dabei hat, und seine Hängematte zu Hause. »Wenig tote Gegenstände erlauben mir viel Zeit für Lebendiges. Lebendig ist nur ein Wort, aber dahinter ist Raum für Beziehung, für Liebe, für Partnerschaft, für Freundschaften. Das ist für mich lebendig. Insofern gibt mir Minimalismus den Raum, die Zeit und die Energie, mich mehr um Beziehungen zu kümmern,« erklärt der 66-Jährige im türkischen Café abseits des Trubels.

So lebhaft erzählt Johannes Gloggner von der Findung seiner Rolle als Mann, dass er kaum dazu kommt, das Brötchen zu essen, das vor ihm auf dem Tisch steht. Die Anekdoten, die er mir erzählt, erinnern mich an meine eigene Kindheit: wie Väter andere Väter sein wollten als ihre eigenen. Wie sie Ehemänner sein wollten, die nicht nur für die Ernährung einer Familie zuständig sind. Könnte gut sein, dass wir in den Achtzigerjahren auf derselben Demo für Frauenrechte waren: Er, der Vater mit Tragetuch, ich, das quengelige Kind, das unbedingt auch eine Trillerpfeife will, weil Krach machen demonstrieren bedeutet. Jetzt als Erwachsene sprechen wir über Erektionsstörungen und Viagra. Dass auch Frauen sexuelle Bedürfnisse hätten, habe er erst relativ spät gemerkt, gesteht er mir. Schlicht, weil er mit der Haltung aufwuchs, dass Männer ihre eigene Sexualität abwehren müssten. Auch er bezieht sich auf die Natur, um die Menschen verstehen zu können: Tatsächlich sei es in der Natur meistens so, dass sich die Weibchen die Männchen aussuchten, und nicht umgekehrt. Mitunter erklärt der studierte Maschinenbauingenieur die Liebe recht technisch, spricht von Wahrnehmungsimpulsen und Reaktionen.

Selbst aufgewachsen mit Eltern, die in den Achtzigern versuchten, sich mit Kochen, Putzen und Geldverdienen abzuwechseln, verstehe ich durch Johannes Gloggner besser, wie schwierig es gewesen sein muss, ohne Vorbilder eine zeitgemäß emanzipierte Liebe zu leben. Gerne würde er mehr wissen, wie ich über die Liebe denke. Denn nichts nervt ihn mehr als alte Leute, die alles über die Welt wissen: »Wenn wir Alten wüssten, wie es besser geht, dann wäre die Welt nicht so, wie sie ist.« Doch er blickt plötzlich entsetzt auf seine große Designeruhr: Pünktlich muss er am anderen Ende der Stadt sein. Anrufen, dass er zehn Minuten zu spät komme? Geht nicht.

Teil 2

Die Fragilität des Glücks

verliebt, verlobt, verheiratet

Liebe heißt, berührt zu werden

Gabriela Baumann, 70 Jahre

Über die Liebe habe ich mir, bis ich zwanzig war, keine großen Gedanken gemacht. Ich war viel zu sehr mit mir selbst beschäftigt. Wer bin ich, und was will ich im Leben? Ich mochte mich selbst zu jener Zeit überhaupt nicht. Entsprechend konnte ich mir gar nicht vorstellen, dass jemand *mich* mag. Geschweige denn, dass jemand mit mir eine Liebesbeziehung eingehen wollte. Klar hatte ich wie alle mal einen Freund, aber sehr kollegial, und wie man eben einen Freund will in diesem Alter. Fragen zu meiner sexuellen Identität stellte ich mir keine. Davon hatte ich noch überhaupt gar keine Ahnung, das kam erst später, als ich es tatsächlich lebte. Mit zwanzig wurde vieles klarer. Ich begann eine andere Ausbildung, und langsam, ganz langsam hatte ich das Gefühl, dass ich mich selber fand.

Ich bin wie viele meiner Generation von Liebesbeziehungen im Film, in Büchern oder in Magazinen geprägt. Dass die gängige Vorstellung von Mann, Frau, Kindern nichts für mich ist, ist mir nie aufgefallen, muss ich ehrlich gestehen. Das änderte sich erst, als sich in der Ausbildung eine Studienkollegin in mich verliebte. Anfangs wehrte ich ab. Einfach, weil ich nicht daran glaubte, dass mich überhaupt jemand gern haben könnte – gänzlich unabhängig vom Geschlecht. Diese Beziehung testete ich sehr: Zuerst verhielt ich mich distanziert. Mit der Zeit merkte ich, dass sie es ernst meinte. Und dass es schön ist, jemanden zu haben, der auf einen zukommt. Erst da ließ ich mich darauf ein.

Auch wenn später Krisen dazukamen: Was die Liebe betrifft, bin ich ein großer Glückspilz. Weil ich gelernt habe, andere Menschen gern zu haben, sie zu lieben – und selbst geliebt zu werden. Liebe überhaupt anzunehmen war anfänglich schwierig für mich. Zum Glück war meine allererste Freundin sehr hartnäckig. Das erlaubte mir, in diese Beziehung hineinzuwachsen. Denn aus der Freundschaft wurde bald eine Liebesbeziehung. Natürlich sprachen wir darüber: Was entwickelt sich da? Wir waren beide überrascht. Wir hatten zu jener Zeit keine Rollenvorbilder. Ich kannte niemanden, der offen ein schwules oder lesbisches Leben lebte. Nicht einmal der Begriff sagte mir etwas. Heute liest man ständig von schwulen Männern oder lesbischen Frauen in der Zeitung, und es gibt eine Szene. Wir aber kannten keine Szene!

Wir begannen, in Lexika nachzulesen, was mit uns los war. Wir waren etwas überfordert, wie wir damit umgehen sollten. Das ging sogar so weit, dass wir extern Rat suchten – was auch damit zu tun hatte, dass wir einen beratenden Beruf lernten. Und wir waren beide kirchlich geprägt. Wir wollten den Segen, ob es okay war, so zu leben. Zum Glück stießen wir auf relativ offene Ohren, hörten lediglich ein lapidares: »Ja, wo die Liebe hinfällt ...« Das hätte anders sein können in jener Zeit. Trotzdem hatten wir beide im Hinterkopf: Wir leben das erst einmal, das kann auch einfach eine pubertäre Phase sein. Sobald der richtige Mann kommt, gibt sich das vielleicht wieder. In diesen ersten Jahren wusste ich nicht, ob ich einen Mann nicht vielleicht auch so gern haben könnte. Doch das entwickelte sich anders. Denn unsere Beziehung ging weiter, auch nach der Ausbildung. Sehr lange deklarierten wir unsere Beziehung gegenüber anderen nicht. Wir lebten sie zwar, aber ohne dass wir das groß nach außen zeigten. Wir sagten nicht: »Wir sind jetzt in einer lesbischen Beziehung.«

Im Nachhinein finde ich das gut, denn damit katalogisierten wir nicht. Dass wir eine Ausnahme sind, merkten wir natürlich dennoch, aber ... wie soll ich sagen: Wir lebten es einfach! Ich habe die Begriffe »lesbisches« oder »homosexuelles« Paar nie gemocht. Weil das Schubladen sind und damit Klischees verbunden sind. Schwul und lesbisch, das war zu jener Zeit eine

Schande. Und »homosexuell« war sogar noch ein gängiger psychopathologischer Begriff in Krankheitsbeschreibungen. Ziel in den Therapien war nach wie vor, Menschen von Homosexualität zu heilen oder davon wegzubringen. Abgesehen davon, dass Heterosexuelle ihre Beziehung ja auch nicht deklarieren: »Wir sind Mann und Frau und leben in einer Beziehung.« Davon geht man immer automatisch aus. Warum also sollte ich mich als lesbische Frau deklarieren? Auch wenn ich meinen Eltern nie sagte: »Das ist jetzt meine Partnerin«, realisierten sie, dass die sogenannte Freundin meine damalige Lebenspartnerin war. Ich staunte, dass sie kein Drama machten. Da muss ich sie nachträglich wirklich würdigen, denn das war sehr untypisch für jene Zeit. Vielleicht war es aber auch deshalb so einfach, weil wir nie sagten: »Wir sind jetzt Lesben, und das ist meine Frau.« Mein Vater war ein sehr offener Mensch. Meine erste Freundin durfte immer zu uns nach Hause kommen, und bald schon wurde sie auch zu den Familienfeiern eingeladen. Genauso wie die Freunde und Freundinnen, später Ehemänner und -frauen meiner Geschwister eingeladen wurden. Meine Eltern liebten diese erste Freundin sehr. Sie lösten das so, indem sie einfach die Familie öffneten und in ihr eine zusätzliche Tochter sahen. Das ging so weit, dass sie uns zu Weihnachten denselben Trainingsanzug schenkten, einmal in Rot und einmal in Blau – was mir dann doch zu viel war.

Erst viele, viele Jahre später, kurz bevor meine Mutter starb, fragte sie mich einmal: »Wie lebt ihr denn eigentlich eure Sexualität?« Sie könne sich das einfach nicht vorstellen. Es berührte mich, dass sie sich diese Frage, die sie vermutlich lange Jahre beschäftigt hatte, zu stellen getraute. Ich schilderte ihr ganz offen, wie wir zusammen waren. Sie hörte aufmerksam zu und ergriff die Gelegenheit, um von sich zu erzählen. Sie sagte mir, dass sie erst im höheren Alter einen Höhepunkt erlebt habe, weil da die Frage der Verhütung keine Rolle mehr gespielt habe. Das war sehr eindrücklich.

Ein bewusstes Coming-out gab es für mich viel später, etwa nach zwanzig Jahren. Ich wollte bewusster mit meinem Lesbischsein umgehen, wollte mich spezifisch für Frauen und Lesben einsetzen. Politisch, natürlich, aber vor allem auch in der Beratung. Denn ich hatte gemerkt, dass für viele Frauen der Weg nicht so einfach war wie für mich. Zusammen mit anderen Frauen baute ich über zehn Jahre eine Lesbenberatung auf. Meine Botschaft war stets, Mut zu machen, mehr Selbstverständlichkeit zu leben, ohne dass man sich etwas auf die Stirn schreiben muss: Versucht, so weit es geht, euer Leben zu leben, wie ihr es wirklich wollt. Ohne groß etwas zu vertuschen oder zu verheimlichen. Damit hatte ich ja selbst gute Erfahrungen gemacht. Und ich merkte, dass sie diese Offenheit auch an mir und meiner jeweiligen Partnerin erlebten. So begriff ich auch den Sinn eines öffentlichen Coming-outs. Dass es eben nicht genügt, eine solche Liebe einfach zu leben, sondern dass es genauso wichtig ist, sie transparent zu machen. Damit andere Frauen immer mehr Beispiele kennenlernen und bisherige Bilder und Vorstellungen revidieren können. Besonders jene Frauen, die in die Beratung kamen und immer noch Angst hatten, ihren Eltern oder ihrer besten Freundin etwas zu erzählen.

Dass sich in den letzten zwanzig Jahren viel verändert hat, hat sicher mit den 68ern zu tun, mit der Akzeptanz, dass es verschiedene Lebensmodelle gibt, unterschiedliche Beziehungsmodelle oder Patchworkfamilien. Warum sollen also nicht auch zwei Frauen zusammenleben, oder zwei Männer? Früher sprach ich eher von Freundin, nicht von Partnerin. Weil es dann offen ist, da kann jeder hineinfantasieren, was er oder sie will. Heute ist mir ganz wichtig, dass ich von Partnerin spreche, damit klar ist, was gemeint ist. Oder von Lebenspartnerin, dann ist es noch klarer.

Auch politisch hat sich viel in Richtung Gleichstellung verändert. Trotzdem sind meine jetzige Partnerin und ich nicht verheiratet. Schließlich bin ich eher für die Abschaffung der Ehe, als dafür zu heiraten. Klar gäbe es rechtliche Aspekte, die dafür sprechen würden. Aber letztlich, finde ich, wird eine Beziehung nicht durch einen Trauschein gefestigt. Dennoch ist es im Sinne der Gleichstellung rechtlich wichtig, dass jene, die heiraten wollen, heiraten können. Aber es gibt ja auch in der heterosexuellen Welt viele, die sich fragen, ob heiraten überhaupt nötig ist.

In meinen Beziehungen waren es nie eine Heirat oder Kinder, die uns verbanden. Es gibt kein Rollenbild einer Familie. Als schwuler Mann oder lesbische Frau entscheidet man sich ganz bewusst für den oder die andere/n. Zu meiner jetzigen Partnerin verbindet mich Beheimatung. Das ist mehr als unser gemeinsames Zuhause: dass wir füreinander sorgen, dass wir uns vertrauen. Und ganz einfach auch Lust haben, miteinander etwas zu unternehmen. Wenn meine Partnerin nach Hause kommt, freue ich mich immer wahnsinnig, selbst jetzt noch nach Jahren.

Für mich heißt Liebe, berührt zu werden. *Coup de foudre*, das kenne ich nicht. Ich habe mich nie einfach nur von mir aus verliebt. Die Liebe kam bei mir immer durchs Kennenlernen eines Menschen, durchs Gernhaben und schließlich durch die körperliche Erfahrung. Zu merken, dass mich dieser Mensch interessiert. Dass ich diese Beziehung will. Und erst dann mit der Zeit die Annäherung, sehr süferli*... um schließlich das Gefühl zu bekommen, berührt zu werden. Wenn ich Liebe beschreibe, dann fühle ich das auch körperlich. Bei meiner Partnerin spüre ich es manchmal im Blick, wenn wir uns ansehen. Dann wird es mir buchstäblich warm ums Herz, sehr physisch. Und umgekehrt, wenn wir uns streiten, dann tut es weh, dann spüre ich eine Enge in der Brust, Schmerz, eine Emotion von Trauer. Also nicht nur Tränen, sondern eine regelrechte Schwere.

Wenn es mal kriselt, kriegen wir uns wegen Differenzen in die Haare. Wir sind ja doch zwei verschiedene Menschen. Manchmal sind diese Differenzen größer, und manchmal dachte ich sogar, es passt irgendwie nicht mehr zusammen. Momente, in denen andere vielleicht daran denken aufzugeben, in denen ich dann immer dieses Gefühl von ganz tief unten spüre, das wieder eine Brücke schlagen kann. Weil ich mir vergegen-

* sehr langsam, vorsichtig

wärtige, was ich verlieren würde. Ich glaube, in Beziehungen ist es immer ein Ringen um die Differenzverträglichkeit.

Wichtig ist, dass das Gespräch nie versiegt, damit es stets eine Gegenseitigkeit gibt. Denn schließlich ist Liebe immer auch Lebensbegleitung: Ich bekomme nirgends so sehr Feedback wie durch die Beziehungsperson. Wer sagt mir schon wirklich, was an mir stört?

Fast bin ich nach unserem Gespräch ein bisschen enttäuscht: Alles, was mir Gabriela Baumann erzählt, ist ziemlich geschlechterunabhängig. Doch warum sollte lesbische Liebe auch anders sein als heterosexuelle? Das ganze Tamtam, das um schwule und lesbische Beziehungen gemacht wird, können wir uns beide nicht erklären – schließlich ist Liebe doch einfach Liebe. Dass Gabriela Baumann lange darauf bestand, sich nicht auf fixierende Begriffe wie »homo-« oder »heterosexuell« einzulassen, leuchtet beim Zuhören ihrer Geschichte ein. Warum sollte sie sich erklären, wenn ich ja auch nicht deklariere, wer der Mann neben mir ist? Abgesehen davon, dass ich mich auf einer schwul-lesbischen Party genauso exotisch fühle, wenn ich beim Small Talk erzähle, dass ich ganz unspektakulär mit Mann und Kind zusammenlebe.

Ihre Geschichte erzählt sie mir vorsichtig. Als ob sie das Glück, das sie in ihrem Leben immer wieder gefunden hat, mit Worten zerstören könnte. Gedanken über die Liebe, sagt Gabriela Baumann, die ich in ihrem Haus in Biel besuche, habe sie sich nie groß gemacht. Erst in den letzten Tagen vor unserem Gespräch habe sie sich damit befasst und festgestellt: Doch, das ist ein spannendes Thema. Natürlich lache ich bei dieser Bemerkung. Und erzähle ihr von den anderen Begegnungen, die ich für dieses Buch hatte – von den Hollywood- und Anti-Hollywood-Vorstellungen. Von den kitschigen und tragischen Seiten der Liebe. Es ist ein Satz, der mir am Ende nicht mehr aus dem Kopf gehen will: »Uns verbinden weder Heirat noch Kinder.« Ob Kinder oder nicht, als lesbisches oder schwules Paar muss man seine Liebe sowieso zuerst für sich persönlich definieren, unabhängig von gesellschaftlichen Konventionen.

Ich rieche heute noch die Pilze
in jenem Wäldchen ...!

Vera Printz, 83 Jahre

Auf dem Küchentisch von Vera Printz liegen Notizen mit Jahreszahlen, damit sie mir ihre Geschichte möglichst akkurat erzählen kann. Und ein Zeitungsartikel der B.Z. mit der Schlagzeile »Zweiter Frühling bei langer Ehe«. Diesen hält sie während beider Besuche die ganze Zeit in der Hand. Erst nach dem zweiten Mal liest sie ihn vor: Ehepaare, die über fünfzig Jahre zusammen seien, hätten im hohen Alter häufiger Sex als kürzer Liierte.

Die B.Z., erzählt sie, sei schon immer ihre Zeitung gewesen, bis zum Schluss habe sie daraus täglich ihrem Mann vorgelesen. Hier hat sie auch mein Inserat gefunden und sofort angerufen. Dass meine Telefonnummer dieselbe Vorwahl hat wie jene Adressen Nähe der Frankfurter Allee, wertete sie als ein Zeichen. Nostalgisch sei sie da geworden, sagt sie mir, weil sie dort doch ihre schönste Zeit verbracht habe. Doch ich enttäusche sie: Die Nummer ist eine frei gewählte aus dem Internet. Sie stellt mir frisch gebrühten Kaffee mit Milch neben die orangefarbenen Tulpen auf dem Küchentisch und schmunzelt: »Sahne nehmt ihr jungen Leut ja nich mehr, wa?«

Kennengelernt haben wir uns im Januar beim Tanzen, das war 1948. War ja alles kaputt in Berlin, und da sind wir – ich und vier, fünf Mädels – immer nach Hohenschönhausen rausgefahren. Da fuhr tatsächlich bereits wieder die Straßenbahn. Amerikanische Musik wurde dort gespielt, Benny

Goodman, das war unsere Zeit. Ich habe mit Panje getanzt, und er brachte eines Abends seinen Jugendfreund mit, obwohl der nicht tanzen konnte. »Du, ich muss dir mal 'n Mädel zeigen«, habe Panje zu seinem Freund gesagt. Sie hatten bereits auf uns gewartet. Wir waren verspätet, wie das so ist bei jungen Leuten. Ich trug ein grünes Kleid, der Rest war Schicksal. Der Freund sagte zu Panje: »Du kannst jetzt warten, solange wie du willst, die Grüne da, die heirate ich.« So war es. Das war gleich die ganz große Liebe. Und das hat nicht geendet bis heute. Obwohl er im letzten Herbst gestorben ist. An jenem Abend brachte er mich nach Hause und ist ab da nicht mehr von mir gewichen. Unser Freund, der Panje, war ganz enttäuscht und sagte: »Siehst du, will ich dir eine zeigen, und dann haust du mit ihr ab…« Doch wir sind immer gute Freunde geblieben, über all die Jahre, bis zum Schluss.

Als ich nach diesem Tanzabend ein paar Tage Urlaub bei meiner Tante in Kyffhäusern verbrachte, bekniete er meine Mutter: Er wollte mich unbedingt. Ich hab ihn aber erst mal zappeln lassen. Im Mai zu meinem 16. Geburtstag kamen wir zusammen. Meine Eltern mochten ihn sehr, er war schnell willkommen. Wir wohnten zwei S-Bahn-Stationen auseinander: er Greifswalder Straße, ich Landsberger Allee. Diese Stationen sind wir manchmal dreimal in einer Nacht hin- und hergewandert. Wie gerne hätten wir da einmal eine Nacht in einem Zimmer zusammen verbracht…

Weil wir nichts zu essen hatten in Berlin, sind wir immer ins Umland gefahren mit dem Zug. Mein Vater war Fleischer und fuhr am Wochenende oft raus nach Brandenburg, um schwarz zu schlachten. Wir sind zu den Bauern gegangen und haben alles Mögliche gegen Lebensmittel getauscht. Da ist es einmal passiert… Da haben wir in so einem wunderschönen Wäldchen… herrlich! Ich rieche heute noch die Pilze. Das war unser erstes Mal.

An den ersten Kuss dagegen erinnere ich mich nicht mehr. Das war auf dem Heimweg nach dem Tanz, bestimmt. Mein Mann war ein Schlaks. Ich war eher klein und nie gerade dünn. Ich bin ein bisschen pummelig geboren, bin immer so geblieben, und so werd ich auch gehen. Wir passten zusammen wie zwei linke Latschen! Meine Freundin meinte: »Bist denn du verrückt, dich schon jetzt mit dem da einzulassen?« Doch wenn es einen so erwischt, kann man nichts gegen tun. Na ja, sie hatte ja auch Kummer mit ihrem Freund. Das konnte ich nie verstehen, denn Kummer hatte ich nie. Erst viel später kam er dann noch, der Kummer. Die erste Zeit aber war herrlich schön. Ich bin schwanger geworden, da waren wir noch gar nicht verheiratet. Mutti begleitete mich zum Frauenarzt. Der fragte bloß: »Na, will sie nun das Kind, oder will sie es nicht?« Da habe ich den erst einmal angeguckt. »Ja, wir wollen das Kind!« Und Mutti nickte: »Ja, das junge Paar möchte das Kind.« Sechzehn war ich da.

Von meinen Eltern haben wir nie ein böses Wort gehört. Aber von seiner Mutter bekam er erst mal ein paar Ohrfeigen. Aus lauter Hilflosigkeit: Sie war mit vier Kindern allein, der Vater war im Krieg geblieben. Als seine Mutter hätte sie für unser Kind bezahlen sollen, das war früher so. Und für eine Heirat wollte sie warten, bis ihr Fritz zurückkommt. Aber »ihr Fritz« kam ja nicht mehr. Das gab ein erstes Zerwürfnis. Mein Mann wollte da natürlich nicht mehr nach Hause, und so kam er zu uns. Glücklicherweise stand die Wohnung unter uns teilweise leer, weil die Mieter über den Sommer in ihren Garten zogen. Dort durfte mein Mann wohnen. Das war toll. Wir sagten jeweils, wir gingen ins Kino oder dies und das, sind aber rum ums Haus und rin inne Puschen! Meine Mutter merkte natürlich, wenn wir morgens zur Arbeit verschliefen. Er musste in die Tischlerei, und ich zur Reichsbahnverwaltung. Morgens war mir das immer fürchterlich unangenehm, aber abends war mir das so egal! Und wir wollten feiern, feiern, feiern! Nachholen, was wir die ganze Zeit über im Bunker gesessen hatten. Das war eine tolle Zeit. Wir waren eine tolle Gruppe, haben uns einen kleinen Garten organisiert und dort viele schöne Feste gefeiert. Manchmal auch verrückt, bis zum Umfallen. Alkoholate mischten wir damals,

Melasse war da drin, und Fruchtsäfte. Schmeckte lecker, aber war tödlich. Man wurde davon schnell betrunken.

Obwohl ich so früh ein Kind bekommen hab, hat zu mir nie einer ein böses Wort gesagt. Das war dann einfach so. Aufgeklärt war ich nicht, nein. Ich habe noch kurz vor der Entbindung nicht gewusst, wo das Kind rauskommt. Bis ich eine Nachbarin fragte, die gerade ein Kind bekommen hatte. Angst hatte ich keine. Aber es war für mich unvorstellbar, wie das funktionieren kann. Es gab ja auch keine Vorsorge, kein Ultraschall oder so was.

Wie dann der Kleine da war, da waren alle zufrieden, selbst die Mutter meines Mannes. Schade war nur, dass mein Vater sehr krank wurde, er war gerade erst aus englischer Gefangenschaft zurückgekommen. Er fing sich dann auch noch Tuberkel ein. Und wir durften nicht mehr in seine Nähe. Dabei haben wir doch so oft zusammengesessen. Und der Kleine liebte seinen Opa. Das war für uns alle ein Schock. Der Opa saß da und weinte, und das Kind wollte zu ihm. Sag mal zu so einem kleinen Krümel, du kannst nicht zum Opa. Das geht nicht. Also nahmen wir ihn nicht mehr mit. Genauso wie viele Jahre später, als wir die Mauer hatten und meine Mutti noch im Osten war. Während wir in Kreuzberg auf einen Turm kletterten, um rüberzuwinken. Das konnte man mit Kindern nicht machen. Solche Eindrücke bleiben ihnen.

Wie auch uns die Erlebnisse aus dem Krieg: Ich war 13 Jahre alt, als der Krieg zu Ende war. Danach war alles kaputt. Und es lagen noch reihum Leichenteile. Auch die Flakhelfer aus unserer Straße hat's erwischt. Ja, das ist schwer zu verkraften, bis heute. Und überall waren die Russen. Sie regelten den Verkehr und kontrollierten alles. Meine Mutti befahl mir, wieder Zöpfe zu flechten. Erst später verstand ich, warum. Weil Zöpfe nur Kinder trugen und die Russen Kinder in Ruhe gelassen haben. Junge Mädchen dagegen haben sie sich einfach genommen und vergewaltigt. Wir sprachen natürlich über den Krieg, mein Mann und ich. Er hat ja auch schlimme Sachen erlebt, hatte wenig zu essen und auf der

Flucht viel Leid gesehen. Solche Erlebnisse wird man nicht mehr los. Aber unsere Liebe war ein Geschenk – bis zuletzt.

Geheiratet haben wir schließlich ein paar Jahre später am 4. November; morgens standesamtlich im Rathaus an der Möllendorffstraße, dann schnell nach Hause, sich umziehen, und nachmittags kirchlich. Für mein Brautkleid musste die ganze Familie die Kleidermarken zusammenlegen, damit wir den weißen Stoff bekamen. Eine meiner Tanten nähte mir das Kleid. Es war aufregend. Ganz doll aufregend! Wir hatten nicht viel Geld, aber wir waren glücklich. Den langen Schleier bekam ich geliehen, er durfte nicht zerschnitten werden, wie es sonst Brauch war. Sobald wir wussten, dass wir heiraten, ließen wir uns beim Fleischer die Lebensmittelkarten aufschreiben. Sodass wir zur Hochzeit fünfzig Koteletts für fünfzig Gäste hatten. Dazu Gemüse und Kartoffeln. Wir hatten keinen Kühlschrank, also füllten wir Wasser in die Badewanne und kühlten dort die Schnäpse. Alles nicht so pompös, aber das war uns ja auch wurscht. Nur konnte ich gar nicht an Essen denken, weil mit einem Mal der Bräutigam verschwunden war. Natürlich dachte ich: Siehste, der traut sich doch nicht, und jetzt ist er abgehauen. Doch er hatte just an jenem Tag eine Verletzung am Finger. Und so war er schon vormittags nach dem Standesamt ins Krankenhaus gegangen, weil seine Hand so geschwollen war. Dort sagten sie ihm, es könne eine Blutvergiftung sein und er müsse sofort wiederkommen, sobald sich ein roter Strich abzeichne. Weil die Hand schlimmer wurde, er mich aber nicht beunruhigen wollte, sagte er niemandem etwas, hielt einfach die Straßenbahn an und fuhr bis Friedrichshain zum Krankenhaus. Niemand von uns wusste etwas! Bis meinem Vater die Idee kam, im Krankenhaus anzurufen. Und da haben sie mir gesagt: »Och, keine Sorge. Der Bräutigam Printz liegt in Narkose.« Na ja, da waren wir erst mal alle beruhigt. Später ist er mit der Straßenbahn zurückgekommen, und dann haben wir weitergefeiert. Obwohl er noch ganz benebelt war. Die mussten ja alles aufschneiden. Also Schleier abtanzen um zwölf konnte er gerade noch, aber danach war erst mal Schluss. Zum Glück hatten wir die Hochzeitsnacht schon vorgezogen ...

Am Anfang wohnten wir mit meinen Eltern in einer Zweizimmerwohnung. Es war sehr eng. Meine Eltern hatten das Schlafzimmer, wir das Wohnzimmer. Mein Mann war ja Tischler, und da hatte er eine richtig schöne Ecke für uns ausgebaut. Das war sehr heimelig. Welche Eltern erlauben das schon, so ein schönes elegantes Wohnzimmer, und wir dürfen uns da ein Nest bauen? Ein paar Jahre später wurde unser zweites Kind, eine Tochter, geboren, dann, aber erst im Westen, kam nochmals eine Tochter. Zuerst wohnten wir im Osten, an der Landsberger Allee. Rechtzeitig, eh die Mauer kam, sind wir aber rüber in den Westen. Dort erzählten sie uns dann die umgekehrten Propagandageschichten, aber war schon besser hier im Westen als dort. Mein Mann war in einer Baukolonne für den Regierungspalast und wurde beim Streik 1953 verhaftet. Da haben sie uns die Männer alle weggefangen. Eine Bekannte, mit der ich öfter mit den Kindern spazieren ging, meinte: »Haut ab.« Ihr Mann arbeitete bei der Stasi, und der wusste, dass mein Mann das nächste Mal womöglich nicht mehr so leicht davonkommen würde.

Mein Mann und ich waren uns sofort einig, dass wir gehen. Ich packte die beiden Kinder und etwas Wäsche in den Kinderwagen. Keine Fotos und nichts. Wir haben uns in die S-Bahn gesetzt und sind einfach rübergefahren, wir vier. Wir stiegen an der Storkower Straße ein und erst Jungfernheide wieder aus. Dort lebte meine Schwägerin, die schon lange vorher in den Westen gezogen war. Meine Mutter wollte im Osten bleiben. Erst an Weihnachten 1968 kam sie nur mit ihrem kleinen Köfferchen. Da war sie schon sehr krank. Sie sagte nur: »Jetzt bleibe ich hier. Und wenn du mich wieder wegschickst, dann siehst du mich nie wieder.«

Wir kamen in ein Notaufnahmeverfahren und wohnten in einem Lager. Zuerst zu viert in einem winzigen Kabuff, später zusammen mit einer anderen Familie in einer Anderthalbzimmerwohnung. Monatelang spazierte ich täglich zum

Wohnungsamt im Rathaus Neukölln, mit dem Kinderwagen, der Gott sei Dank alles überstanden hat. Erst nach Jahren bekamen wir eine Wohnung in einer Siedlung. Zweieinhalb Zimmer für uns alleine, mit einem großen, schönen gelben Balkon! Mein Mann bekam zuerst Arbeit als Tischler, später als Straßenbahnschaffner und schließlich als Handelsvertreter. Als Tischler sollte er sein Werkzeug selbst mitbringen. Nun komm mal mit nichts in der Tasche und bring dann zwei Hobel, weiteres Werkzeug und was weiß ich alles mit! Fünfzig Mark, das war das Erste, was er verdient hatte, und das war für das Werkzeug.

In der Siedlung trafen wir viele aus dem Osten wieder. »Mensch, ihr auch hier?!« – »Ja, warum seid ihr denn weg?« – »Na, weil es hier endlich mal Nivea Creme gibt!« Doch wir haben nicht über unsere Schicksale gesprochen, nein. Wir waren einfach alle glücklich, im Westen zu sein und gesunde Kinder zu haben. Als einer aus der Siedlung Vertreter wurde, wollten das alle anderen auch. Weil sie alle gedacht haben, man könne mit Staubsaugern auf die leichte Art Geld machen. Mein Mann begann, Durchlauferhitzer zu verkaufen. Er wurde überall eingesetzt, fuhr rüber nach Westdeutschland, nach Frankfurt, nach Bayern. Manchmal kam er vier Wochen lang nicht nach Hause. Das war kein Familienleben mehr. Da hat unsere Ehe gekriselt. Aber ganz mächtig gekriselt. Plötzlich war für ihn die Freiheit da, in Hamburg und Frankfurt. Gemerkt habe ich das schnell. Die große Liebe war da einfach weg. Es klappte mit einem Mal nicht mehr. Da habe ich ihm gesagt, nein, also mein Lieber, da mache ich nicht mit. Wir haben drei Kinder. Er aber wollte leben. Heute verstehe ich das besser. Ist ja auch klar, ein Mann, der so jung geheiratet hat … Meine Nachbarin meinte damals: »Mensch, stell dir mal vor, der Junge, der hat nichts weiter gesehen wie dich. Plötzlich kommt der nach St. Pauli – ja, und, und, und. Ist doch logisch, seine Kollegen gehen dort hin, und da geht er doch mit.«

Wir ließen uns scheiden. Doch schon während der Scheidung hat er eingesehen, dass er Mist gebaut hat. Der Scheidungsanwalt schüttelte nur den Kopf und meinte: »Kinder, ihr passt beide so gut zusammen. Was wir hier machen, ist grundverkehrt!« Doch ich bestand darauf: Jetzt ist Schluss. Obwohl ich ein wahnsinnig schlechtes Gewissen hatte. Schließlich war unser Verständnis stets, dass man alleine der Kinder wegen die Ehe erhalten sollte. Auch wenn die Kinder später sagten: »Mutti, vielleicht hast du da was verkehrt gedacht.« Aber ich fand es besser so, wenn der Vater da war. Und ich hatte ihn ja immer geliebt. Wir hatten immer einen tollen Sex, von Anfang an. Sind beide meistens zusammen zum Höhepunkt gekommen. Unsere Beziehung war super. Nur dass da alles ein bisschen durcheinandergeriet in der Zeit, als er so ein Hallodri wurde.

Nach dem Scheidungstermin passierte nichts: Wir sind zusammen nach Hause gefahren, es war wie immer. Wir waren nicht einen Tag getrennt. Wenige Monate später heirateten wir erneut. Weil sich für uns nichts wirklich verändert hatte. Und auch, weil mein Schwiegervater uns mit den Schulden half. Diese zweite Heirat war ganz einfach, nur Standesamt, nix drum und rum. Natürlich fragte ich mich: Was lässt du denn da eigentlich mit dir machen? Doch ich liebte ihn eben auch sehr. Bis zum Schluss war er meine ganz große Liebe. Wir zogen nach Reinickendorf, und mein Mann nahm eine andere Stelle an, um wieder auf die Beine zu kommen. Denn die Arbeit als reisender Vertreter war eben auch nicht so rentabel. Ich weiß das, ich füllte seine Steuererklärungen aus. Um wieder auf die Beine zu kommen, haben wir uns gesagt, wir müssen was machen, und übernahmen gemeinsam eine Hauswartsstelle.

Die Gefühle der großen Liebe kamen auch wieder. Wir haben immer in einem Bett geschlafen! Solange ich denken kann. Außer in der Alterswohnung, hier ging das nicht mehr. Mein Bett stand am Ende nicht mehr dicht an seinem, damit er mit dem Rollstuhl rundherum fahren konnte. Wir waren uns von Anfang an sehr nah. Er brauchte wie ich auch immer

Nähe. Am Ende kannten wir uns 67 Jahre lang, davon waren wir 64 Jahre verheiratet. An unserem 64. Hochzeitstag habe ich seine Urne beigesetzt.

Na ja, was denkt ein Mensch im Alter von 16 Jahren über die Ehe? Einen Traum stellte ich mir natürlich vor! Alles auf amerikanisch. Das kannten wir ja aus dem Kino. Mit zwanzig wusste ich: Ich würde mit meinem Mann das ganze Leben zusammenbleiben. Dieses Gefühl hatte ich. Und so war es dann auch, obwohl es anders war, als ich mir das gedacht hatte.

Natürlich war ich selbst auch neugierig auf andere Männer. Ausprobiert habe ich es auch. Aber nur ein einziges Mal. Als ich einmal zur Kur gefahren bin und mein Mann schon sehr krank war, habe ich mich in einen Mann verliebt. Wir hatten drei wunderschöne Wochen. Das hat mir gutgetan. Ich war eine andere für einen Mann, nehme ich an. Noch lange habe ich ihn im Herzen getragen. Wir haben miteinander telefoniert, aber er hatte auch eine Familie. Wir wussten beide, dass das nur eine Affäre war. Ich habe das sehr genossen, er auch. Ich habe meinem Mann nie davon erzählt. Ich wollte ihn nicht kränken, auch wenn er mich davor genauso gekränkt hatte. Doch gemerkt hat er es, das glaube ich. Er war ja schon immer sehr eifersüchtig gewesen.

Als er Anfang der Siebziger für Okal, die Fertighausfirma, arbeitete, verdiente er viel Geld. Wir schlossen einen Bausparvertrag ab und kauften über Bekannte im Haus ein Grundstück im Westen, in Bahrdorf bei Wolfsburg – Ackerland mit Gerstenfeld unmittelbar an der innerdeutschen Grenze. Beim Bau halfen alle mit, die Männer der Töchter mit dem Keller, der Schwiegervater mit dem Dach. Im Sommer 1975, als unsere erste Enkeltochter zur Welt kam, setzten wir das Fertighaus auf den Keller. Wir waren glücklich, erst mal. Verbrachten die Wochenenden und den Urlaub drüben. Dann ereilte uns sein erster Schlaganfall, das erschütterte die Familie sehr.

Als wir das Geld brauchten, weil wir beide krank wurden, verkauften wir 1990 das Haus und zogen in eine behindertengerechte Wohnung in Berlin. Zuerst der Schlaganfall, dann Parkinson und schließlich Demenz: Ich habe meinen Mann vierzig Jahre lang gepflegt, bis fast ganz zum Schluss. Als er nicht mehr Auto fahren konnte, da habe ich den Führerschein gemacht. Ich habe ihm vorgelesen, und wir haben mit den Schwestern viel gekniffelt. Auch wenn er die Zahlen nicht mehr lesen konnte, konnte er immer noch tricksen: Hat schwups den Würfel auf eine Eins gedreht. Wie haben wir da immer gelacht!

Noch bevor er seine Erinnerungen verlor, sind wir kurz nach der Wiedervereinigung sofort mit der Tochter nach Lichtenberg gefahren. Dahin, wo wir unsere erste schöne Zeit hatten. Unterhalb unserer Wohnung war eine Parkbank, da haben wir uns hingesetzt. Das war sehr schön. Sehr erinnerungsreich. Wir haben uns beide ganz doll festgehalten. Ja, da haben wir beide uns sehr erinnert.

Ihre Kinder hätten geseufzt, als sie ihnen von unserem Gespräch erzählte: »Na, Omi, was da wohl rauskommt?« Doch sie will reden. Und ich höre gern zu. Sie trägt ein dunkelblaues Kleid mit roten Kirschen und sagt: »Vielleicht muss ich auch öfter mal weinen, weil das mit meinem Mann noch so frisch ist.« Doch auch wenn die Tränen ab und an kommen, Vera Printz weigert sich, in ihren Erzählungen zu springen, will die Chronologie ihrer Liebe unbedingt einhalten.

An der Wand hinter ihr hängen die Fotos ihrer Kinder, Enkel und Urenkel, sorgfältig dekoriert mit Plastikefeu und bunten Keramikschmetterlingen. Unterhalb auf der Kommode steht ein Foto in A4-Größe von ihrem Mann in hellblauem Pullover, daneben ein kleineres Passfoto: »Ja, das war er mal. Aber er war jetzt nur noch ein Viertel – von 90 Kilo ist er auf etwas über 67 Kilo runter.« Auf beiden Fotos trägt Herr Printz eine strenge Brille. Bei meinem zweiten Besuch eine Woche später sind die beiden Fotos weg. Ich frage nach. Sie strahlt: Jetzt hängen sie im Wohnzimmer. Gleich neben dem Foto vom Fertighaus, damals im Westen.

»Erinnern ist anstrengend, die Jahre zurück«, sagt Vera Printz und lächelt. Ich frage sie, welchen Ratschlag sie sich selbst geben würde, wäre sie nochmals zwanzig. Sie lacht und sagt: »Man sollte sich eigentlich nie auf den nächsten Tag verlassen.« Träumen, ja, das sei eine gute Sache, aber dass es im Leben nachher so komme, sei unwahrscheinlich: »Die Träume sind schwer erfüllbar, die man als junger Mensch hat.« Frage ich sie nach ihrer glücklichsten Zeit, sagt sie, ohne groß nachzudenken: »Meine schönste Zeit war zwischen Mitte dreißig und Mitte vierzig. Auch später war's nochmals schön, aber das war die schönste Zeit. Da waren gute Gefühle. Ich habe mich wohlgefühlt als Frau.« Als mir auffällt, dass just morgen der Jahrestag der zweiten Hochzeit ist, will sie darauf nicht näher eingehen. Was zählt, ist das Datum der ersten Heirat. Diese haben sie immer in der Familie mit Kaffee und Kuchen gefeiert. Außer im letzten November.

Ich frage sie, wann sich die Liebe in Mitleid verwandelt, wenn man den Geliebten pflegt. Sie sagt: »Da war sicher auch Mitleid, das will ich gar nicht ausschließen. Auch mit mir selber. Weil ich ihn nur noch pflegte und gar nichts mehr von ihm hatte. Trotzdem sage ich: Meine Gefühle sind größer geworden. Nein, das ist kein Widerspruch. Das ist so. Widersprüche im Leben muss man aushalten.« Sagt's und legt mir eine längst abgelaufene, aber noch unbenutzte Agenda der Diakonie hin: »Die können Sie sicher gebrauchen, Sie haben ja so schöne Bücher für Ihre Notizen.«

Wie sich das Happy End anfühlt, habe ich nie hinterfragt

Hedda Brent, 70 Jahre

Unter Liebe konnte ich mir Anfang zwanzig gar nichts vorstellen. Mein Wissen beschränkte sich auf das letzte Filmbild eines Liebesfilms. Wenn das Paar verheiratet davonzieht und der Erzähler sagt: »*And they lived happily ever after.*« Wie sich das Happy End aber tatsächlich anfühlt, habe ich nie hinterfragt. Nie! Ich dachte wohl tatsächlich, dass ein Ehepaar nach der Hochzeit jeden Morgen glücklich aufwacht. So einfach ist das aber nicht. Auch wenn mein Happy End ein schönes ist.

Seit fünfzig Jahren sind mein Mann David und ich jetzt verheiratet. Verliebt hatten wir uns auf den ersten Blick auf einer Party in Genf, da war ich 18 Jahre alt. Ich bin Deutsche, er ist Brite. Auf jener Tanzparty gab es sehr viel Alkohol. Ich hatte Angst, die Kontrolle zu verlieren, und Männer waren mir suspekt, obwohl ich nie eine schlechte Erfahrung gemacht hatte. Mein Mann war auf jener Party der Einzige, der mir Orangensaft brachte. Dadurch erschien er mir vertrauenswürdig.

Ich glaube, man verliebt sich jeweils in das perfekte Bild eines Menschen. Nach fünfzig Jahren Ehe aber hat man auch die Ecken und Kanten unter dieser Oberfläche kennengelernt. Liebe ist für mich, wenn man genau diese Ecken und Kanten, das Unperfekte des andern, als liebenswert entdeckt. Wir wissen mittlerweile um unsere schlimmsten Eigenschaften und lieben uns trotz allem. Nicht immer, versteht sich, aber wir finden immer wieder zueinander. Das ist für mich das Schönste.

Verliebt hatte ich mich in seine Art, sich als Person nie aufzudrängen – David ließ mich immer gewähren. Er bestimmte nie über mich, so wie das etwa mein Vater meiner Mutter gegenüber tat. Und meine eigene Unsicherheit Männern gegenüber verflog angesichts seiner Schüchternheit. Zum ersten Mal fühlte ich mich mit einem Mann sicher. Was ich über die Jahre lieben gelernt habe, ist seine Denkweise. Durch ihn lernte ich einen ganz anderen Blick auf die Welt kennen, als ich ihn von meiner Familie her kannte. Er ist ein Wissenschaftler und erkennt die Komplexität einer Situation, ohne zu urteilen. Während ich zu vorschnellen Schlüssen tendiere, bleibt er überlegt und zeigt mir die andere Seite auf. Das macht ihn menschlich sehr großzügig. Anders als ich, nimmt er viele Dinge nicht gleich persönlich.

An die ersten Küsse erinnere ich mich noch gut: Ich wohnte in einem kleinen Zimmer direkt neben dem Lift, bei einer strengen Frau, die keinen Männerbesuch erlaubte. Dort beim Liftschacht aus Glas haben wir uns stundenlang geküsst. Einmal übernachtete ich bei ihm, anständig, versteht sich, und ich musste meiner Vermieterin eine Lüge auftischen. Im Grunde war es ihr wahrscheinlich egal, aber damals waren solche Ausreden wichtig. Bis zur Hochzeitsnacht gingen wir jeweils so weit es eben möglich war. Das war natürlich furchtbar aufregend – womöglich viel aufregender als für die heutige Generation. Vor der Ehe gab es auch keine Verhütung, ich hatte mich erst kurz vor der Hochzeit getraut, für ein Antibabypillen-Rezept zum Arzt zu gehen. Ich war sowieso nicht besonders aufgeklärt – es war abenteuerlich, wie wenig wir wussten. Ich glaubte zwar nicht mehr, dass man durch Küssen schwanger wird, aber meine Unwissenheit sexuellen Fragen gegenüber wäre für heutige junge Menschen höchst amüsant gewesen … In den Medien war Sex kein Thema, mit meiner Mutter konnte ich es nicht besprechen, und vor meinen Bekannten wollte ich mein Unwissen nicht preisgeben. Dass man bis zur Hochzeit nicht miteinander schläft, verstand sich allerdings von selbst. Zum Beispiel übernachteten wir auf dem Weg nach London zu seinen Eltern in Paris in zwei Einzelzimmern. Es wäre auch noch ein Doppelzimmer frei gewesen, aber David entschied sich für die Einzelzimmer. Dabei ging es ihm nicht nur um die Lüge an der Rezeption, sondern sein Ehrgefühl verbat es ihm.

Die Hochzeitsnacht schließlich war sehr lustig. Sie fand in der Nähe von Montreux statt: David verlor fast seinen britischen Humor, als ich im Auto scherzte, ich hätte vergessen, die Pille zu nehmen. Das fand er überhaupt nicht lustig. Unser favorisiertes Hotel, das anonym wirkte, war leider geschlossen. Wir fuhren schließlich ein Auto mit *Just married*-Dekoration – wir genierten uns so! Stattdessen mussten wir in ein altes Schlosshotel ausweichen. Bad und Toilette waren dort weit entfernt vom Zimmer – und ich hatte nicht einmal Kleenex dabei. Vorbereitet, nein, das war ich nicht. Dafür hatte ich mir übrigens ein wunderschönes langes rosa Spitzennachthemd für die Hochzeitsnacht gekauft – das hätte ich mir sparen können. Es kam auch während der Flitterwochen nicht zum Einsatz! Noch immer liegt es wohlbehütet in der Schublade.

Nach der Hochzeit hielt ich mich an die Erwartungen, die ich kannte: Ich werde Ehefrau, wir sparen ein bisschen, dann kommen die Kinder, und dann werde ich von Glück erfüllt sein. Dass es in einer Ehe auch schwierige Momente gibt, hatte uns niemand gesagt. Dabei hätte ich gerade durch meine Eltern wissen müssen, dass die Ehe auch kompliziert sein kann: Die Belastungen nach dem Krieg war für beide enorm. Sie stritten viel, irgendwann verschwand mein Vater einfach. Das war nicht weiter ungewöhnlich, denn viele Männer suchten Arbeit weit weg. Dass sie sich aber auch haben scheiden lassen, das las ich nur zufällig auf einem Dokument für die Schule – gesagt hatten mir meine Eltern nichts. Später heirateten sie ein zweites Mal. Trotz dieser Erfahrung drängten uns selbst meine Eltern immer wieder mit der Frage: »Wann heiratet ihr endlich?« Ich war also überzeugt: Wenn ich erst verheiratet bin, dann werde ich hundertprozentig glücklich sein. Und alle hielten an dieser Vorstellung fest, spannen sie weiter.

Nach der Hochzeit lebten mein Mann und ich für ein halbes Jahr in England – diese Zeit war der erste Prüfstein unserer Ehe. Denn dort beendete mein Mann sein Physikstudium. Wir hatten kaum Geld und arbeiteten beide viel. Ich fand einen Job als Sekretärin, mein Mann schrieb an seiner Dissertation. Abends tippte ich sie ihm mit einer Stencil ab, eine Art Folterwerkzeug für Sekretärinnen. Zum ersten Mal scheiterte unsere Ehe fast, weil ich die wissenschaftliche Sprache nicht kannte und über viele Seiten »at al.« statt »et al.« getippt hatte. Das bedeutete, den sonst schon schwierigen Text nochmals zu tippen, weil ja jeder Buchstabe ein Loch stanzte. Heute fällt mir auf, dass ich damals nur eine Erwartung an mich, nicht an unsere Ehe hatte. Ich erwartete schlicht, dass ich es schaffte: dass ich als verheiratete Frau für meinen Mann kochte und als Sekretärin seine Dissertation perfekt abtippte. Dass Männer per se eine andere Ausgangslage als Frauen haben, darüber wurde damals noch nicht gesprochen.

Das Glück, war ich mir sicher, werde sich mit dem ersten Kind automatisch einstellen. Ich war 25 Jahre alt, als unser erster Sohn zur Welt kam. Keine Frage: Die Kinder sind das Beste, was mir je passiert ist! Aber ich fühlte mich alleine und sehr müde, denn ich hörte auf zu arbeiten. Und ich konnte niemandem sagen, dass ich nicht vollkommen glücklich war. Zumindest nicht so wie in den TV-Reklamen aus jener Zeit. Sie spielten ja alle mit dem gleichen perfiden Klischee. Ich dachte ernsthaft: Wenn meine Familie nicht so glücklich ist wie jene in den Waschpulver-Reklamen, dann ist das mein Problem, dann habe ich versagt. Die Situation selbst hinterfragte ich lange Zeit nicht.

Wieder hörte ich: Das Glück komme mit einem zweiten Kind, ganz sicher. Doch auch der zweite Sohn änderte an meiner Lage nicht viel. Ich war eifersüchtig auf meinen Mann, obwohl ich mir das damals nicht eingestand. Er arbeitete als Physiker und war viel unterwegs. Müde, aber erfüllt kam er von seinen Geschäftsreisen zurück und bereitete sogleich die nächste vor – während ich einfach nur erschöpft war von meinem anstrengenden, aber doch eintönigen Alltag. Neben ihm fühlte ich mich wie ein dummes Huhn. Damit hatte ich große Mühe.

Reden konnte ich mit niemandem. Zuerst lebten wir in Amerika, dort traf ich wenigstens noch andere Mütter, mit denen ich mich austauschen konnte. Doch als wir hierher in die Schweiz, in dieses Einfamilienhaus auf dem Land zogen, fühlte ich mich total isoliert. Nichts stimmte. Ich war die einzige Ausländerin in der Nachbarschaft, hatte andere Erwartungen und andere Lebenserfahrungen. Die anderen Mütter waren schon miteinander in die Schule gegangen und hatten gar kein Interesse an einem Austausch. Und obwohl sie sich ständig beklagten, wie eingeschränkt sie durch die Kinder seien und was sie alles tun würden, wenn die Kinder nicht wären, waren sie keineswegs an einer gemeinsam organisierten Kinderspielgruppe interessiert. Verstanden habe ich das erst im Nachhinein: Hätten sie etwas an ihrer Situation geändert, hätten sie Verantwortung für sich und ihre Träume übernehmen müssen. Die Familie war ihre Karriere, sie wollten unabkömmlich sein. Erst als wir ein zweites Mal in den USA lebten, begegnete ich Frauen, die auch arbeiteten. Wenige zwar, aber es gab welche. Außerdem begann der Unterricht in Schule und Kindergarten für alle Kinder gleichzeitig. So begann ich, Englisch und Psychologie zu studieren, und konnte gleichzeitig für die Kinder da sein. Das war großartig! Lernen machte mir enorm Spaß, und ich fühlte mich gut als Person. Ich bin sicher, dass mein Studium eine große Bereicherung für unsere Beziehung bedeutete. Ich hatte mir zeigen können, dass ich nicht dumm war, und bin so meinem Mann wieder nähergekommen.

Nur einmal wäre unsere Beziehung beinahe zerbrochen. Die Details möchte ich nicht erzählen. Sagen wir so: Wir hatten beide die Überforderung des anderen nicht gesehen. Eine solche Situation möchte ich nie wieder erleben, trotzdem haben wir beide viel gelernt. Und sie hat mir gezeigt, wie wichtig mir mein Mann als Person ist. In jener Zeit haben wir beide sehr gelitten. Aber hätte ich nicht gelitten, ich wäre nicht an jenem Punkt, an dem ich heute bin. Besonders in letzter Zeit, jetzt da wir beide älter werden, schätze ich sehr, dass er es ist, der noch da ist. Dass da nicht irgendeiner schnarcht, sondern dass es David ist. Dass er mir sagt, er werde mich immer schön finden, auch wenn ich älter geworden bin. Umgekehrt will ich mich später nie fragen, ob ich ihm meine Liebe genügend und rechtzeitig gezeigt habe. Ich bin mit ihm jetzt, heute glücklich, und das soll er auch genau jetzt merken.

Ich glaube, das Problem einer langen Beziehung ist die Wandtafel, die sich immer mehr mit Vorwürfen füllt. Beim ersten Streit geht es vielleicht um die Zahnpastatube, beim nächsten um eine Unterhose. Beim dritten Streit geht es um die Zahnpasta und die Unterhose – jetzt stelle man sich vor, was da nach fünfzig Jahren alles zusammenkommt. Gerade gestern haben wir uns wegen der Wäsche gestritten: David wäre gerne von mir gelobt worden, weil er die Wäsche aufgehängt hatte. Ich aber war wütend, weil von mir drei Unterhöschen auf dem Boden lagen, die heruntergefallen waren und die er übersehen hatte. Also nervte es ihn, dass ich darüber nicht hinwegsehen konnte und schimpfte statt lobte. Das war nur eine Kleinigkeit, die schnell erledigt war. Aber wenn ihn oder mich etwas wurmt, dann kommt die ganze lange Liste wieder hervor. Und je länger man sich kennt, umso länger wird die Liste mit Dingen, die einen am anderen nerven. Allein die meine über mich ist ja schon recht lang – und seine Liste über mich ist bestimmt doppelt so lang ... Damit will ich sagen: Ich kann durchaus nachvollziehen, warum sich Paare trennen und in jemanden anders neu verlieben. Dass sie dann denken, jetzt endlich habe ich die Person gefunden. Letztlich aber ist einfach die Tafel wieder so schön sauber.

Was ich in unserer Liebe auch gelernt habe: Es gibt keine Garantie für sie. Man weiß nie, was noch kommt. Gerade läuft unser Zusammenleben zum Beispiel wunderbar. Was wir zusammen haben, ist ein Schatz, auf den man fürchterlich aufpassen muss. Denn der Wind kann sich von einer Sekunde zur anderen drehen. Wenn sich zum Beispiel einer von uns wegen etwas verletzt fühlt, das der andere gar nicht nachvollziehen kann und deshalb mit unfairen Anschuldigungen kontert ... Es macht Angst, wie schnell die Situation eskalieren kann. Bei Streits genügt uns körperliche Distanz. Einfach, um zu merken: Das hat jetzt mit dir und mir gar nicht so viel zu tun. Wir sind einfach beide völlig verschieden. Und das empfinde ich bei uns als positiv: dass wir nicht eine Replika voneinander sind. Denn wir haben uns zwar beide entwickelt, trotzdem sind Unterschiede geblieben. Ich empfinde es als erfrischend, wie wir auch auf eine Art Fremde geblieben sind, die dann über eine Distanz zueinanderfinden.

Wir sitzen uns in einem weißen Ledersofa und einem Sessel gegenüber, zwischen uns ein Plexiglastisch, auf dem Hedda die Wandtafel-Metapher skizziert. Hedda und David Brent haben sich ein schönes Zuhause eingerichtet: Immer noch leben sie am südlichen Ende des Zürichsees, in einem Haus aus den Sechzigern, in das sie mit den beiden Söhnen in den Siebzigern gezogen sind. Im Wohn- und Esszimmer liegt viel flauschig weißer Flokati; am Kühlschrank hängen Familienfotos und Kinderzeichnungen der Enkel. Meinen Blick aus dem großzügigen Panoramafenster lenkt Hedda schnell auf den Garten, nicht etwa auf die verschneiten Berggipfel in der Ferne. Der Garten ist ihre große Leidenschaft: Gerade liegt er unter Schnee und Eis, doch die Blüten lassen sich erahnen. Immer wieder hat sie Besucher, die nur wegen des Gartens anreisen, im letzten Sommer waren es zweihundert. Hier auf dem Sofa sitze manchmal abends ihr Mann, während sie draußen bis spät im Garten jäte. Er möge den Garten nicht, behauptet sie augenzwinkernd, und ich bin mir nicht sicher, ob sie gerade trockenen Humor oder bitteren Ernst beweist. Erst beim Abschied im Entrée, wo Blüten und Käfer als großformatige Fotografien hängen, stellt sich heraus, dass dank Davids Makroobjektiv der Garten – neben Theater und Kino –

durchaus zu etwas Gemeinsamem geworden ist: Sie pflanzt, er fotografiert die schönsten Details, und zusammen drucken sie davon Postkarten.

Ihr Haus liegt an einer ruhigen Quartierstraße, die sich an einem Hügel hochschwingt. Als idyllisch könnte man diesen Ort beschreiben, nach unserem Gespräch tendiere ich eher zu abgelegen. Ohne Auto ist man hier aufgeschmissen, deshalb wollte mich Hedda auch unbedingt am Bahnhof abholen. Bevor unser Gespräch beginnt, stellt sie sicher, dass sich David auch tatsächlich zum Tennis unten im Dorf verabschiedet hat. Zurück kommt er später mit einer Muskelzerrung, was sie zuerst schmunzeln lässt, doch abends schreibt sie mir in einer E-Mail, dass sie ihn ins Krankenhaus habe bringen müssen und ihn nun sehr vermisse.

Sie zeigt mir ein Polaroid von jener Tanzparty. Hedda und David sitzen so vertraut aneinandergelehnt auf einem Bett, als ob sie sich schon seit Jahren kennen würden. Dass das erste Foto dieser Liebe nur kurz nach der ersten Begegnung entstanden ist, mag ich kaum glauben. Auch Hedda staunt: »Man sieht nicht, dass wir uns gerade erst eine Stunde kennen, nicht? Ich vertraute ihm tatsächlich von Anfang an!« Ihre Liebe stand – historisch betrachtet – nicht unter dem besten Stern: Ihre Eltern waren Sudetendeutsche, die während des Krieges geflohen und erst nach dem Krieg in die Schweiz gezogen waren. Seine Eltern erlebten den Blitzkrieg in London. Bei der ersten Begegnung in London habe sie kaum zu sprechen gewagt: »Denn ich wusste, dass mein späterer Schwiegervater nach den deutschen Bombardierungen ein totes Baby aus den Trümmern gezogen hatte – während mein Vater auf der anderen Seite kämpfte.« Schuldig fühlte sie sich da, für etwas, wofür sie nichts konnte. Ein Missgeschick, der britische Humor und die Liebe zum Garten brachen schließlich das Eis. Sie zieht mich zum Geschirrschrank und holt drei böhmische Gläser hervor, die aus der gleichen Serie stammen könnten. Die beiden dunkelgrünen, sagt Hedda, habe sie bei ihren Eltern gefunden, das blaue dagegen bei ihren Schwiegereltern in England: »Verrückt, nicht?!«

Ihre Geschichte erzählt Hedda lebhaft in einem melodiösen Singsang aus Schweizerdeutsch, hochdeutschen Begriffen und englischen Redensarten. Ihre zum Teil recht harten Worte stehen in Kontrast zu ihrer Erscheinung: Mir gegenüber sitzt eine glückliche, zufriedene Frau, die sich über ihr Leben freut. Auch wenn die konkreten Fakten manchmal ganz und gar nicht nach einem Leben wie aus der Reklame klingen. Ungeschönt hinterfragt sie sich und strahlt doch dabei. Als ich sie darauf anspreche, lacht sie und erklärt: »Ich habe immer ein Stück dazugelernt. Ich habe nie ein ganzes Paket bekommen, sondern immer nur ein Stückchen.« Wie in einem Puzzle, sagt sie und wiederholt das gleich nochmals, weil dieser Vergleich sie so entzückt: »Ja, ein Puzzle ist ein guter Vergleich!«

Noch nie hat mir jemand so ehrlich von einer langen Ehe erzählt. Und davon, dass das grundsätzliche Fragen nach dem Glück nie aufhört. Am Abend vor ihrem fünfzigsten Hochzeitstag telefonieren wir, und ich frage sie, wie sie ihre goldene Hochzeit verbringen würden. Ach, sagt Hedda, sie werde einen Gartenvortrag halten, bei dem sich David um die Technik kümmere – obwohl ihn der Garten überhaupt nicht interessiere: »Das ist für mich ein wahrer Liebesbeweis.«

Die Männer waren nach dem Krieg nicht auf Liebe eingestellt

Erika Bayer, 96 Jahre

Geboren bin ich 1918, mein Sohn sagt, ich sei nicht alt, ich sei steinalt. Das erste Mal verliebt? Ach, das weiß ich nicht mehr. Wir wurden ja in eine schlechte Zeit hineingeboren. Ich wuchs in Ostpreußen, in Iwanken, nur wenige Kilometer von der polnischen Grenze auf. Dort fing der Krieg an, und wir haben ihn auch gleich mitbekommen. Kaum begann es, hatten wir auch schon die ersten Toten. Obwohl wir noch so dämlich, so eingebildet waren und dachten: Die schießen aber doch nicht. Oder nur mit Erbsen. Da bin ich davon weggekommen, Krankenschwester zu werden. Ich wollte doch Schwester werden oder Kindermädchen oder etwas im Kindergarten. Aber als ich das im Krieg gesehen hatte, wollte ich nicht mehr. Da bin ich krank geworden, direkt. Sie sagten einem: »Du wirst schon hart werden.« Doch das wollte ich nicht. Und jetzt? Heute sagen sie mir, ich sei eine harte Frau. Das stimmt aber nicht. Na ja.

Heiraten wollte ich in dieser Zeit nicht. Ich wollte ja nicht mit einem Kind im Krieg als Witwe rumlaufen. Und die Liebe … da muss ich sagen … das war mir alles zu … zu traurig, zu ernst. Einmal war ich auf dem Friedhof und traf einen ganz jungen Mann, der mich fragte: »Was machen Sie hier?« Ich meinte, ich würde die Gräber schmücken. Das taten wir immer im August, denn es gab viele Gräber aus dem Ersten Weltkrieg. Er fragte mich: »Werden Sie nachher auch meines schmücken, wenn ich dann da unten liege?« Ab diesem Moment habe ich alles mit anderen Augen gesehen.

Dann bin ich nach Berlin, und dort fing dieser Krieg mit den Bomben an. Danach bin ich ins Erzgebirge. Da fiel nix. So war das. Ich hatte wohl Freundschaften – aber die Liebe… Ich dachte auch, dazu sei ich nicht fähig. So im Krieg. Obwohl man im Krieg viele Männer kennengelernt hat. Aber um sie näher kennenzulernen, da waren sie bereits wieder weg. Das ist nicht so einfach gewesen. Das heißt, ich hatte mal eine Liebe. Der war Soldat, aus Stuttgart, stationiert irgendwo in einer Fabrik bei uns. Der wollte mich auf der Stelle heiraten. Da bin ich abgehauen. Den aber hätte ich vielleicht auch geheiratet, weil der so schön… weil der… also weil der so eine Anziehungskraft auf mich hatte. Gegenseitig.

Nach dem Krieg waren die Menschen ein bisschen ausgelassener, blöder. Als wenn sie etwas nachholen müssten. Dazu hatte ich aber keine Lust. Ich wollte Ruhe haben. Nach dem ganzen Desaster. Geheiratet habe ich erst später. Im Mai 19…, 12. Mai 19… Na ja – da, wo sich schon alles beruhigt hatte. Und der Kleine kam, als ich bereits vierzig Jahre alt war. Das muss also Ende der Fünfzigerjahre gewesen sein. Fünf Kinder wollte ich eigentlich haben. Aber wie der Krieg kam, wollte ich keine mehr. Nachher ging's zwar aufwärts, aber für mich war's dann zu spät. Mit vierzig Jahren ist man eine alte Mutter, eine alte Erstgebärende. Die haben im Krankenhaus so viel Theater um mich gemacht, dabei hatten sie einfach nur Angst, dass ich ihnen zu viel Arbeit und Aufregung im Krankenhaus machte.

Kennengelernt hatte ich meinen Mann in Berlin. Verliebt war ich nicht, nein, das glaube ich gar nicht. Da war ja schon ausgeliebt. Ach, ich will nicht mehr darüber reden. Die Männer waren nach dem Krieg einfach nicht auf Liebe eingestellt. Sie waren nicht mehr fähig zu lieben. Manche Männer, so muss man das wohl sagen. Im Grunde haben die Frauen viel geleistet in diesen Jahren. Die haben aufgebaut, abgerissen und wieder aufgebaut. Das haben alles die Frauen gemacht. Und die Männer kamen ja auch nicht fröhlich zurück. Sie kamen zwar vielleicht zurück. Aber wie? Nicht gesund. Erzählt haben sie nichts. Das heißt, das wollte ich auch gar nicht wissen. Wir hatten schon genug hier gehört. Ich hatte ja auch Brüder, Verwandte, wir wussten schon ungefähr. Aber die Frauen mussten die Männer auffangen und gesund päppeln. So war das. Und wenn man jetzt denkt, das ging so schnell, dann kann ich berichten: Das ging überhaupt nicht schnell. Und von Dankbarkeit kann keine Rede sein. O nein, die Nerven lagen blank bei denen.

Natürlich bin ich mit meinem Mann zusammengeblieben. Da sind wir schon so erzogen worden, dass man das durchsteht: »Du hast Ja gesagt, nun halte dich daran.« Mein Mann lebt jetzt nicht mehr, seit etwa 25 Jahren nicht mehr. Deshalb bin ich jetzt auch hier. Ich hatte ja niemanden. Mein Junge, der muss selbst sein Leben leben. Wo sollte ich denn hin? Jedenfalls habe ich mir früher gewünscht, dass ich einmal Berlin sehe, den Tiergarten und den Kurfürstendamm. Und wie die Zitronen und Apfelsinen an den Bäumen wachsen. Das habe ich mir gewünscht im Leben – und das habe ich auch alles gesehen.

Die noch immer kräftige 96-jährige Frau mit dunkelblonden Locken setzt sich gerne zu mir an den Tisch, um zu erzählen. Laut muss ich reden, damit sie mich überhaupt versteht; sie sei schwerhörig, erklärt ihre Begleiterin mit extralauter Stimme. Wir sitzen im Aufenthaltsraum einer betreuten Wohngruppe für ältere Damen und Herren in Berlin. Auch wenn ich meine Fragen laut stelle: Schnell stellt sich heraus, dass die meisten deplaziert sind, ja meine Vorstellungen von der Liebe im Vergleich zu ihrer Jugendzeit in den Dreißigerjahren unsäglich naiv sind. Passend zu unserem laut geführten Gespräch, spielt das Radio leise im Hintergrund klassische Musik, als ob wir noch immer im letzten Jahrhundert wären. Ein paar jüngere Frauen aus der Wohngruppe kommen dazu und hören mit.

Der Krieg hat ihre Biografie umgeschrieben: In Ostpreußen, wo sie in den heutigen Masuren aufgewachsen ist, war die Welt noch in Ordnung. Dann kam der Krieg, und mit ihm lösten sich plötzlich alle Zukunftspläne in Luft auf. »Hart«, *wie sie einst befürchtete, wirkt sie heute dennoch überhaupt nicht, eher tapfer und resolut. Allein, sich vorzustellen, was sie während des Krieges erlebt hat, tut mir als Zuhörerin weh. Überhaupt zu erahnen, was das* »Desaster«, *wie sie es nennt, in ihrer ganz persönlichen Geschichtsschreibung genau war. Es fällt nicht leicht, eine alte Frau nach diesem Schmerz zu befragen. Umso lieber notiere ich mir jede Plattitüde, mit der sie zu kaschieren versucht, was ihr in der Erinnerung noch immer schmerzt. Auch wenn die Liebe ein schlechtes Gesprächsthema für Frau Bayer ist: Sie wirkt nicht abgeklärt oder verbittert, sondern sie ist zufrieden mit ihrem Leben, das in einer andern Zeit ganz anders verlaufen wäre: Den Kuhdamm und die Apfelsinen erwähnt sie en passant, ungekünstelt und mit einem solch herzerwärmenden Lächeln, sodass mir nichts anderes übrig bleibt, als ihr zu glauben.*

Große Liebe klang nach Schicksalsschlag und Ohnmacht

Rita Ramseier-Olsson, 66 Jahre

Als ich zwanzig war, träumte ich nicht von der großen Liebe, ganz und gar nicht. Damals wollte ich frei sein und vor allem auch bleiben. Nicht nur im Job, auch in der Liebe. Klar wollte ich Kinder haben, aber die große Liebe – das fand ich altmodisch. Dass da ein Traumprinz kommt, der die große Liebe mitbringt, und man deshalb alles vergisst, sich selbst und was man so vorhat im Leben. Diese Vorstellung war für mich absolut inakzeptabel. Große Liebe, das klang für mich wie ein Schicksalsschlag, der über einen hereinbricht, nach Unselbstständigkeit und Ohnmacht. Allein der Gedanke bereitet mir bis heute Gänsehaut. Ich stellte mir im Gegenteil vor, dass ich mir jemanden auswählte, ganz sorgfältig, ganz bewusst – für eine gewisse Zeit oder vielleicht auch für immer. Konkret musste er attraktiv sein, gut im Bett, auch intelligent und außerdem am liebsten politisch aktiv.

Ja, und jetzt bin ich mit meinem Mann seit über dreißig Jahren verheiratet. Das hätte ich mir nie vorstellen können, dass ich ein ganzes Leben lang mit dem gleichen Mann zusammenbleibe. Das war ja damals überhaupt nicht modern! Eher hatte man Kampfgenossen und wechselte die Liebhaber. Oder man hatte zwei nebeneinander und probierte sich nebenher noch mit einer Frau aus. Wenn man sich damals verliebt hatte, war das ja fast schon ein politischer Entscheid. Dabei war ich eigentlich gar nicht so politisch.

Jetzt, dreißig Jahre später, verstehe ich die Liebe ganz anders. Heute würde ich die Liebe beschreiben als absolutes Heimatgefühl. Wie mein Mann mich begrüßt, wenn ich nach Hause komme – keine große Küsserei, aber das sehr warme Gefühl von: Hier bin ich zu Hause. Mit diesem Mann, jetzt, an diesem Ort. Ein anderer Teil ist die Vergangenheit, unsere gemeinsame Geschichte, absolutes Vertrauen und natürlich Attraktivität. Wobei Attraktivität über die Jahre eine andere Bedeutung bekommen hat. Denn die Fantasievorstellung jenes verdammt gut aussehenden Mannes, die ich damals mit mir herumschleppte, deckte sich dann gar nicht mit jenem Mann, mit dem ich jetzt so lange zusammen bin. Und trotzdem finde ich meinen Mann, für mich, extrem attraktiv.

Wir gingen damals auch nicht sofort ins Bett miteinander, sondern redeten zuerst einmal viel. Das heißt, ich wäre sofort mit ihm ins Bett, aber das war kompliziert, denn er war der Sohn meines damaligen Arbeitgebers. Ich arbeitete als junge Frau als Au-pair in Norwegen, und zwar in seiner Familie. Er wohnte bereits nicht mehr zu Hause, kam aber noch oft zu Besuch. Dann musste er für ein Jahr zum Militär, und wir schrieben uns Briefe. Ich schrieb ihm sehr viel mehr, strickte Pullover für ihn und war enttäuscht, weil er mir seltener schrieb als ich ihm. Erst im Nachhinein wusste ich seine Briefe zu schätzen. Sie waren kein kitschiges Ich-liebe-dich-für-immer. Er schrieb mir einfach seine Gedanken, zu sich und über die Welt. Erst über Weihnachten bekam er fünf Tage Urlaub, und endlich konnte ich ihn besuchen. Diese fünf Tage lagen wir einfach nur im Bett und liebten uns. Wobei er krank wurde und hohes Fieber bekam. Also lag ich auch im Bett, mit diesem wortwörtlich heißen Mann. Danach kehrte ich wieder nach Zürich zurück, und es wurde noch einmal kompliziert. Außerdem lernte ich einen anderen Mann kennen. Das war rein hormonell notwendig, die ganze Warterei hielt ich kaum mehr aus. Er hieß Rolf, und ich mochte ihn, auch wenn für mich da bereits klar war, dass mich Mats viel mehr interessierte. Im Sommer kam Mats für ein Praktikum nach Zürich. Ich fuhr ihm entgegen, wir trafen uns in Würzburg. Und am gleichen Abend sagte er zu mir:

»Ich möchte dich heiraten. Ich möchte, dass wir zusammenbleiben.« Ich war entsetzt. So etwas machte man nicht! Um die Hand anhalten! Sich verloben! Wir saßen in einer Kneipe, draußen, an einem milden Abend, der Sommer lag in der Luft. Und dann machte er mir einen Antrag. Ich war total baff. Ich weiß nicht mehr, was ich ihm geantwortet habe. Ich weiß nur noch, dass ich ihn nicht komplett habe abblitzen lassen, obwohl ich das am liebsten getan hätte.

Das Komische war: Mit Mats hatte das im Grunde überhaupt nichts zu tun. Im Gegenteil: Nach unserem ersten gemeinsamen Sommer in Oslo gab es diesen Abend, an dem ich nach Hause lief und es plötzlich wusste, einfach so: Das ist der Mann, mit dem ich zusammenbleiben möchte. Da war einfach eine innere Sicherheit, ohne ausschlaggebenden Moment. Deswegen hat mir sein Antrag in Wahrheit durchaus geschmeichelt. Aber ich hatte damals einfach einen Horror vor allem, was nach Bürgerlichkeit roch. Gleichzeitig war da diese Gewissheit, dass Mats der Richtige ist, und sie ging mir nie verloren. Auch wenn Mats in Norwegen lebte und es unendlich mühsam war. Ich wartete und hoffte einfach darauf, dass wir irgendwann länger am Stück zusammen sein würden. Ohne Trauschein, einfach so.

Dass wir inzwischen über dreißig Jahre zusammen sind, liegt auch daran, dass wir diese gemeinsame Geschichte haben, dass wir so lange nicht beieinander waren. Vielleicht auch daran, dass wir in unser Haus eine Sauna gebaut haben, was für ihn Heimat bedeutet. Jetzt, wo die Kinder aus dem Haus sind, haben wir diese Geschichte über uns und die Freude darüber, wie schön sie ist.

Geheiratet haben wir am Ende dann doch. Allerdings erst ein paar Jahre nach Mats Antrag, als unser erstes Kind unterwegs war. Und wir heirateten nicht wegen des Trauscheins, sondern wegen der Aufenthaltsbewilligung! Heute ist das ja viel einfacher mit Schengen. Aber damals hätte Mats das Land verlassen müssen, weil er keine Arbeitsbewilligung bekam. Da war für mich ganz klar: Jetzt heiraten wir.

Natürlich gab es weiterhin attraktive Männer auf der Welt. Gerade als Therapeutin lernte ich immer gut aussehende Männer kennen. Und natürlich sprachen Mats und ich auch über offene Beziehungen. Aber wir haben es nie ausprobiert. Ich glaube, wir hatten am Ende kein wirkliches Bedürfnis danach.

Krisen gab es auch. Zwei, um genau zu sein, da stand die Liebe tatsächlich auf der Kippe. Vereinfacht gesagt, hatte ich in der ersten Krise keine Zeit für ihn, und in der zweiten er keine für mich. Das war kurz nachdem die Kinder aus dem Haus waren. Mats hatte beschlossen, noch einmal zu studieren, und verbrachte plötzlich viel mehr Zeit als sonst außer Haus oder wollte für sich sein. Ich war überrascht, wie sehr das an mir nagte. Ich machte ihm Vorschläge, etwas gemeinsam zu unternehmen. Doch Mats hatte entweder keine Zeit oder war nur mit halbem Herzen dabei. Eskaliert ist das Ganze dann, als er kurzfristig einen gemeinsamen Marktbesuch absagte, den er mir ganz fest zugesagt hatte. Da wollte ich mich wirklich von ihm trennen. Ich lag spätabends im Bett neben ihm und sagte: »Mats, jetzt ist es vorbei.« Und ich meinte das absolut ernst. Das war nicht als Provokation gedacht, sondern ich war unendlich wütend. Mats wurde ganz still und meinte nur: »Ja, wenn du das so sagst, dann wird es wohl so sein.« Und ich dachte: Was für ein Schlappschwanz, er kämpft nicht einmal um mich. Also sprachen wir darüber, wie wir unser Leben als getrennte Leute regeln wollten. Die Kinder waren schließlich aus dem Haus, es gab keine Verpflichtung mehr zusammenzubleiben. Es ging nur noch um uns. Und dann redeten wir plötzlich wieder jeden Abend miteinander, über uns und darüber, wie es weiterging. Und irgendwann war klar, dass wir zusammenbleiben würden. Dass es vielleicht nur um dieses Reden, dieses Sichklarwerden über uns gegangen war. Oder einfach um seine Aufmerksamkeit. Ich hätte den größten Fehler meines Lebens gemacht, hätte ich ihn verlassen.

Auf jene Freiheiten, die mir mit zwanzig so wichtig waren, habe ich manchmal Lust, manchmal nicht. Wichtig ist für mich, dass wir die Freiheiten nach wie vor hätten, aber sie nicht ständig einfordern müssen.

Neulich sah ich Mats zufällig auf der Straße. Ich saß im Auto, an der Ampel, und er rannte, um die Straßenbahn noch zu bekommen. Und da hatte ich das gleiche Flattergefühl im Bauch wie früher. Und ich wagte nicht zu hupen, damit er vor Schreck nicht noch auf die Schienen fiel.

Rita und Mats, sie könnten meine Eltern sein, auch die Umgebung und der Umgang miteinander in diesem verwunschenen Hexenhäuschen stimmen: Es wird viel gesprochen, besonders über Gefühle, und man duzt sich. Viele Paare aus der 68er-Generation haben am Ende doch nicht an die Liebe geglaubt, sahen keinen Grund mehr zusammenzubleiben, wenn die Zweifel zu groß wurden. Rita und Mats aber sind seit eh und je zusammen, für mich sind sie der Inbegriff der großen Liebe. Im Bad des kleinen Hauses mit der tiefen Decke, in dem man stets den Kopf einzieht, hängt ein schwarz-weißes Bild aus den Achtzigern. Die komplette Familie inklusive Anhang der beiden ist darauf versammelt: Vorn sitzen viele Kinder auf dem gewobenen Teppich, hinten stehen langhaarige Erwachsene in Plüschpullovern und Schlaghosen. Unter ihnen auch Mats und Rita, beide strahlend. Rita wirkt ein bisschen größer als Mats, was auch an ihrer geraden Haltung liegt. Sie trägt ihr kinnlanges Haar offen. Früher – das verrät das Foto im Bad – fiel es ihr bis über die Schultern.

Anders als manche der älteren Frauen, mit denen ich über die Liebe gesprochen habe, wirkt sie sehr selbstbestimmt und gibt unumwunden zu, in ihrem Leben stets alles selbst entschieden zu haben. Erst spät habe sie gelernt, Kompromisse einzugehen. Eindrücklich beschreibt sie das politisch aufgeladene Klima in den Siebzigerjahren: »Politisch« zu sein hieß vor allen Dingen, engagiert zu sein, hieß, dass man die Positionen der eigenen Eltern hinterfragte. Schließlich ist es noch nicht lange her, dass Ehefrauen die Unterschrift ihrer Ehemänner brauchten, um überhaupt arbeiten zu dürfen – für Frauen wie Rita, die

selbstverständlich studierte und sich eine eigene Praxis als The-
rapeutin aufbaute, ein Affront sondergleichen. Dass das Mär-
chen von der großen Liebe – gerade für Frauen – auch eine Be-
drohung sein kann, weil sie abhängig macht, höre ich aus ihrem
Mund zum ersten Mal. Wie sehr sich die Frauen auch nach 1970
behaupten mussten und wie auch die Männer nach neuen
Worten für ihre Rolle suchten, verstehe ich erst nach diesem
Gespräch.

Es hat Wumm! gemacht

Mats Olsson-Ramseier, 62 Jahre

Dass auch Mats seine Geschichte erzählt, ergibt sich spontan. Ich besuche Rita und Mats in ihrem verwunschenen Hexen-häuschen an einem Samstagmorgen, bevor sie gemeinsam ins Wochenende zum Wandern wegfahren. Ihre Freunde wissen, dass höchstens der Postbote die monströse Glockenklingel zieht, alle andern klopfen sanft an die schwere Holztür und treten ein. Während Rita mir die Geschichte ihrer Liebe zu Mats er-zählt, sitzt er im Vorraum der Sauna nebenan, raucht Zigaretten und liest die Samstagszeitung. Die Sauna ist sein Refugium, der Norweger hat sie eigenhändig in den ehemaligen Schuppen hin-ter dem Haus gebaut. Entweder sitzt er drinnen und schwitzt, er-zählt er mir später lachend, oder draußen und raucht. Er trägt eine Weste und Hosen mit vielen Taschen, in denen sich unter anderem ein faltbarer Aschenbecher befindet. Sein aschblon-des Haar trägt er kurz, die große Brille aus den Achtzigerjah-ren ist unterdessen wieder modern. Wer sich einen schweigenden Skandinavier vorstellt, irrt: Mats spricht sehr viel und sehr gerne mit den Besuchern, die in diesem offenen Haus ein- und ausge-hen. Wenn der Elektroingenieur nicht über die Eigenheiten sei-ner Sauna spricht, dann erzählt er am liebsten von alten Citroëns oder elektrotechnischen Experimenten. Über die Liebe spricht er sachlich, auch wenn er voller Stolz zugibt, ein glühender Roman-tiker zu sein. Während er sein Frühstücksei mit einem auffallend präzisen Griff köpft, erzählt er von den Stationen seiner Liebe. Genauso wie seine Frau, beschreibt er die Liebe als Schicksals-schlag – wenn auch im Gegensatz zu ihr als positiven. Anders als manch anderer Mann, hat er viel über seine Rolle als Mann, Vater und Ehemann nachgedacht. Bemerkenswert aber findet er das nicht, sondern schlicht selbstverständlich.

Ich hatte eine erste Liebe und eine große Liebe. Ohne diese erste Liebe hätte ich die große Liebe nicht verstanden. Eigentlich bin ich ein Romantiker, aber durch jene erste Liebe bin ich ein anderer Mensch geworden. Diese erste Frau war unglaublich, sie war toll. Aber sie war mir fast hörig. Ich konnte ihr nicht als Mensch begegnen. Wir hatten tollen Sex, aber wir diskutierten nicht. Das war mit ihr unmöglich. Unsere Liebe bremste diese Frau so sehr, dass sie nicht mit mir diskutieren konnte. Sie stellte sich für unsere Liebe zurück. Als ich das realisierte, musste ich mich von ihr losreißen. Einfach war das nicht, aber bitter nötig. Ich verstand, dass du in einer Beziehung immer auch eine Verantwortung für den anderen hast. Für mich bedeutete das damals, dass ich gehen musste, damit sie wachsen konnte.

Die große Liebe, die danach kam, das war Rita. Im Gegensatz zu ihr glaubte ich immer an die große Liebe – aber nicht an den Kitsch von Hollywood. Sie war Au-pair bei meinem Vater in Norwegen, und ich kam immer an den Wochenenden zu Besuch. Gingen die anderen schlafen, blieb sie mit mir wach, und wir diskutierten nächtelang. Wir hatten keinen Sex, sie hatte damals einen Freund, und ich hatte eine Freundin. Dann ging sie zurück nach Zürich. Als sie ein Jahr später wiederkam, hatte sie keinen Freund mehr, und ich keine Freundin. Und da ist es passiert.

Der Moment, in dem ich mich in sie verliebt habe, ist sehr intim, aber ich will es trotzdem erzählen. In der letzten Nacht, bevor sie wieder nach Hause musste, hatte sie ihre Tage und gab mir einen Blowjob. Als ich gekommen war, sagte sie: »Jetzt habe ich zehn Millionen Mats' im Mund.« Das war für mich wie: »Wow!« Ich kann es kaum beschreiben, aber es ging eben nicht nur um Sex, sondern es ging um mehr. Ich begriff in jenem Moment, dass sie sich mich als Vater ihrer Kinder vorstellen konnte. Das haute mich um. Um Kinder ging es noch gar nicht damals, noch lange nicht. Aber für mich war klar, dass das etwas Großes war mit uns. Es passte alles zusammen. Das war kein Ferienflirt. Das war die Pranke des Schicksals, die einfach zugeschlagen hatte: Es hat Wumm! gemacht.

Dass wir so lange zusammenbleiben würden, ahnte ich damals nicht. Ich wusste, das ist eine Beziehung, die ich zugesagt habe und in die ich investieren möchte. Aber ich war nicht so blauäugig, zu meinen, unsere Liebe müsse ein Rosengarten unter rosaroten Wolken sein. Das fing schon damit an, dass Rita meinen ersten Antrag rundweg ablehnte. Als ich damals in Paris zu ihr gesagt habe: »So, jetzt verloben wir uns.«, war Rita von dieser Idee überhaupt nicht begeistert. Sie fand es total kitschig. Da meinte ich zu ihr: »Ja, dann nimm es halt als Kitsch! Kitschiger, wie es nicht sein könnte!« Natürlich wollte ich sie ein bisschen provozieren, aber ich meinte es trotzdem ernst. Ich wusste ja, dass sie die bürgerlichen Konventionen hasste und nicht heiraten wollte. Aber dadurch fehlte mir als Mann die Möglichkeit, ein ähnlich fundamentales Bekenntnis zu geben, wie sie es in jener Nacht getan hatte. Also habe ich mich für den Kitsch entschieden. Ernsthaft: Ich wollte ihr damit schlicht sagen, dass unsere Geschichte für mich kein Ferienabenteuer war. Sondern dass sie hinter dem Horizont weiterging.

Zweifel an uns hatte ich nie, obwohl es schwierige Zeiten gab. Und unterdessen gibt es viel mehr Verbindendes zwischen uns als Trennendes. Es ging bei uns nie um die Kinder, auch nicht um diesen Eheschein oder das Haus. Sondern darum, dass wir uns als Geliebte verlieren würden, wenn wir uns trennten. Wir haben solch eine Geschichte hinter uns. Allein der Aufwand, Ende der Siebzigerjahre eine Beziehung über 2000 Kilometer hinweg zu führen, und das über Jahre. Damals gab es noch kein Skype und auch keine Billigflüge. Wir schrieben uns Briefe, wir telefonierten. Telefonieren war grauenhaft teuer. Wir mussten wortwörtlich für diese Liebe arbeiten, dadurch wurde sie wertvoll. Jetzt sind wir seit 31 Jahren verheiratet und werden gemeinsam alt. Was heißt schon alt – wir reifen gemeinsam, wie zwei Käse.

1968 hat unsere Vorstellung von Liebe radikal verändert

Willemijn de Jong, 66 Jahre

Willemijn de Jong schmunzelt zur Begrüßung und meint, dass es nur gerecht sei, wenn sie einmal selbst interviewt werde, schließlich befrage sie als Sozialwissenschaftlerin sonst immer die anderen. Befangen ist sie deswegen überhaupt nicht, sobald Willemijn de Jong mit ihrem melodischen holländischen Akzent zu sprechen beginnt, lacht sie viel und erzählt sehr offenherzig. Nur einmal schweigt sie plötzlich, als sie sich beim Namen einer vergangenen Liebe erinnert, um dann verlegen zu grinsen: »Was einem da alles in den Sinn kommt...!« Die Holländerin kam für die Matura* in die Schweiz und ist seither hiergeblieben. Wie sie – mit strengem Pagenschnitt und markanter Brille – ihre Sätze und Erkenntnisse relativiert, entspricht sie ganz dem Klischee einer sympathischen Wissenschaftlerin. De Jong hat einen sehr differenzierten Blick auf die Liebe, auch auf ihre eigenen Geschichten. Die Ethnologin hat ihr Leben lang zu sozialen Strukturen, Familie, Gender und weiteren Themen geforscht. Unterdessen könnte sie sich zur Ruhe setzen, doch gerade ist sie von einer längeren Reise nach Indonesien und einem Kongress in Österreich zurückgekehrt: Privat weiterforschen dürfe man schließlich, solange man wolle, lacht sie.

* Abitur

Meine Lebenspartnerschaften waren sehr unterschiedlich: Zuerst hatte ich hauptsächlich Beziehungen zu Männern, später zu Frauen – unterdessen lebe ich seit 23 Jahren mit einer Frau zusammen und finde das total gut. Doch keine Beziehung würde ich missen wollen, alle waren wichtig. Ich finde, es ist eine große Bereicherung, wenn man mit verschiedenen Menschen ein Stück seines Lebens teilen kann. Ganz abgesehen davon, dass es ja nicht nur die Liebe zu Menschen gibt, sondern auch zu Dingen, oder sagen wir, Phänomenen: Eine meiner großen Lieben war zuerst der Tanz, ich habe ursprünglich eine Tanzausbildung gemacht, später wurde es die Wissenschaft.

Aufgewachsen bin ich in Holland und mit der Vorstellung, dass man sich verliebt, zueinanderfindet und dann ein Leben lang zusammenbleibt. Das Jahr 1968 hat diese Vorstellung der Liebe radikal verändert, als viele begannen, mit seriellen Partnerschaften durchs Leben zu gehen. So vieles geriet damals in Bewegung, nachdem in den Fünfziger-, Sechzigerjahren alles sehr eingeengt war. Die Idee meiner Eltern, vor allem meiner Mutter, war ja, dass man keinen Sex vor der Hochzeit haben darf, bloß nicht! Nicht, dass ich selbst richtig politisch in der ganzen 68er-Bewegung aktiv gewesen wäre. Doch natürlich war ich davon beeinflusst. Dass sich neue Freiheiten entwickelten, das bekam man sehr wohl mit.

Immer wieder verliebte ich mich wahnsinnig. Nicht gleichzeitig, aber nacheinander. Erotische Anziehungen zu Frauen spürte ich schon früh. Das heißt, ich wusste, dass Frauen eine Option sein könnten, lebte das jedoch nicht voll aus. Die Liebesbeziehungen, die ich länger gelebt habe, waren zuerst mit Männern. Mit 14 Jahren erlebte ich die ersten kleinen Verliebtheiten. In jener Zeit, ungefähr von 16 bis zwanzig, waren vor allem zwei Männer wichtig. Der eine, Pieter, war eher verliebt in mich, und ich war mehr verliebt in Willem, einen angehenden Schriftsteller. Phasenweise war das durchaus gegenseitig, aber Willem, das merkte ich schnell, war einfach nicht geeignet für Einzelbeziehungen, sodass das mit ihm nicht weiter ging. Doch meine Faszination für ihn blieb. Weil er Grenzen überschritt und in Sachen Kreativität einen ganz besonderen Blick auf die Welt hatte. Seine Haltung begleitete mich über viele Jahre. Auch, weil ich in anderen Verhältnissen aufgewachsen bin. Mein Vater, ein Bauunternehmer, wollte mich in meiner Bewegungsfreiheit ständig eingrenzen. Willem und auch die Tanzwelt, wo ich meine erste Ausbildung machte, verkörperten eine ganz andere, für mich umso faszinierendere Welt. Die weit weg und viel freier war als jene beengte Welt, in der ich aufgewachsen war. Noch als ich später in der Schweiz studierte, schrieben Willem und ich uns regelmäßig Briefe.

Die Welt des Tanzes und allem, was dazugehörte, gefiel meinen Eltern nicht. Sie wollten, dass ich studierte. So kam ich mit 19 Jahren in die Schweiz, um hier die Matura nachzuholen und später Ethnologie zu studieren. Hier kam ich mit Iannis, einem Griechen, zusammen. Ich lebte bei Bekannten in der Nähe von Zürich und war zuerst einmal fremd. Es war relativ schwierig, mit Schweizern und Schweizerinnen in Kontakt zu kommen. So hatte man automatisch mehr Kontakt mit Ausländern. Durch den Sohn meiner Gastfamilie lernte ich eine Gruppe von Griechen kennen.

In dieser Zeit begann ich zu studieren, das war eine wichtige Zeit für mich. Tanz und körperliche Bewegung war die eine Liebe, die Wissenschaft die andere, besonders die Ethnologie oder Sozialanthropologie. Das wurde auch zu etwas sehr Zentralem in meinem Leben. Gerade groß in Mode war damals die Ethnopsychoanalyse, überhaupt war die Psychoanalyse wahnsinnig wichtig. Jeder, der intellektuell etwas auf sich hielt, machte eine Analyse. Auch mein damaliger Freund, er hatte Physik studiert und war lange Assistent für Mathematik an der ETH, interessierte sich sehr für Psychologie. Zusammen lasen wir immer Freud, die wichtigsten Werke von ihm … Ich liebte Iannis' Art zu denken. Und er war politisch sehr interessiert. Überhaupt politisierten die griechischen Studenten damals ständig, bis 1974 war ja die Militär-Junta in

Griechenland an der Macht. Wir wohnten nicht zusammen, aber er hatte eine Wohnung, und ich hatte ein Zimmer in der Stadt. Wir waren also in der Nähe voneinander, das war praktisch. Und er kochte sehr gut. Griechische Fleischgerichte zum Beispiel. Es gab sehr schöne Aspekte in dieser Beziehung. Und ich bin auch eine Person, die wahnsinnig gern mit jemandem zusammen ist, am liebsten in einer Zweierbeziehung. Während des Studiums eine feste Beziehung zu haben gab mir Ruhe in meinem Leben. Denn die Matura auf zweitem Bildungsweg zu machen war anstrengend. Und anschließend studierte ich in relativ kurzer Zeit. Da war es schön, mit jemandem zusammen zu sein.

Nach dem Studium ging ich mit ihm nach Athen. Doch es war sehr schwierig mit seiner Familie. Seine Mutter fragte mich jeden Tag, was ich für ihn kochen würde. Bald merkte ich, dass dieses Zusammenleben so unmöglich ging. Ich bekam Krach mit seiner Mutter, und nach neun Monaten packte ich eines Tages meinen Koffer und ging zurück in die Schweiz. Obwohl Athen als Weltstadt galt, war es mir viel zu eng, zumindest in den Familienverhältnissen, die damals noch viel enger waren.

Als ich von Griechenland zurückkam, lebte ich zuerst ein paar Monate in einem Studentenwohnheim. In dieser Zeit lernte ich Beat kennen. Ich kannte ihn von den Erdheim-Vorlesungen an der Uni, irgendwie kamen wir näher in Kontakt. Ich erinnere mich nicht mehr an unsere erste Begegnung. Ich erinnere mich überhaupt nie an den ersten Moment einer Beziehung, das ist ganz typisch. Es war nie diese Verliebtheit auf den ersten Blick, im Sinne von: »Wow!« Sondern meistens kannten wir uns von irgendwoher, und es entwickelte sich dann etwas.

Beat war Psychoanalytiker, eine faszinierende Person. Obwohl wir gänzlich unterschiedliche Ordnungsvorstellungen hatten, was ja elementar wichtig beim Zusammenwohnen ist, suchten wir eine gemeinsame Wohnung. Ich hätte nicht gedacht, dass das geht. Doch wir fanden eine Wohnung, und genau sieben Jahre lang funktionierte das auf Anhieb wunderbar. Bis ich nach ein paar Jahren meine erste große Feldforschung in Indonesien machen konnte. Der Plan war, dass Beat zeitweilig mitkam. Anfangs begleitete er mich ein paar Monate. Doch als er zurückging, verliebte er sich in eine andere Frau. Ich fiel aus allen Wolken.

Später warf er mir vor, dass ich mit meiner Arbeit verheiratet gewesen sei. Tatsächlich: Nachdem ich endlich meine Dissertation fertig hatte, begann ich ein Habilitations-Projekt. In diesem Zusammenhang machte ich jene Feldforschung in Indonesien. Er hatte wohl erwartet, dass ich ihm nach meiner Dissertation den Vortritt geben würde, damit er seine Dissertation schreiben konnte. Wir hatten zwar keine Kinder, aber er hatte doch den Anspruch, dass ich mich wenigstens ein bisschen zurücknehmen würde. Und mich nicht gleich in ein neues Projekt stürzte. Doch ich hatte für meine Feldforschung damals ein Stipendium des Kantons Zürich erhalten. Es war meine Chance – und vor allem auch meine Verantwortung –, das Stipendium anzunehmen. Und ich wollte unbedingt, denn das war das, was ich schon immer machen wollte. Weil ich dachte, dass ich sowieso nichts ändern kann, solange er verliebt war, blieb ich in Indonesien. Ich dachte: Wir werden weitersehen müssen, sobald ich zurück bin. Ich hoffte, dass sich vielleicht doch noch etwas machen ließe. Aber als ich schließlich zurückkam, ließ sich nichts mehr machen. Also zog ich aus. Das tat total weh, natürlich. Das war für mich eine ziemlich schwierige Situation.

Heute denke ich, dass ich ihm womöglich tatsächlich zu wenig zugewandt war. Dass ich mich zu wenig aufopfern konnte. Oder zumindest weniger, als er sich von mir wünschte. Andererseits war ich damals fest von meinem Vorhaben überzeugt und wollte das auch zu Ende bringen – einen Weg zurück gab es sowieso nicht. Ich bereue diese Entscheidung überhaupt nicht. Denn ab da entwickelte sich auch wieder mein Interesse für Frauen – und das hat sich ja schließlich als sehr positiv herausgestellt.

Meine jetzige Partnerin lässt mir sehr viele Freiheiten. Sie hat mir nie das Gefühl gegeben, ich müsste dies oder das oder ich würde ihr zu wenig geben. Solche Vorwürfe habe ich von ihr nie gehört. So gesehen, habe ich jetzt ein viel besseres Gefühl als vorher.

Wir lernten uns an der Bar auf einer Tanzparty kennen: Anders als bei den anderen, erinnere ich mich an unsere erste Begegnung sehr gut. Jeweils einmal im Monat fanden an einem Sonntagabend Tanzabende für Frauen und Lesben statt. Dorthin ging ich, nachdem es mit der einen Freundin nicht geklappt hatte, in die ich mich nach der Rückkehr aus Indonesien verliebt hatte. Jene Beziehung ging überhaupt nicht gut. Also dachte ich, ich müsste aktiv werden, um andere Frauen kennenzulernen. Oder jedenfalls Möglichkeiten für Begegnungen schaffen – Internet gab es ja damals noch nicht.

Ich war also an einem Abend im Dezember 1991 dort. Und sie kam spontan auf mich zu. Mit einer ganz offenen Art, sehr unüblich für eine Schweizerin. Sie wirkte lustig, mit einem Panther-Jäckchen, Leggings und Stiefel. Sie ist originell. Das gefiel mir gut, ihre so ganz eigensinnige Art. Und diese Offenheit imponierte mir sehr. Doch auch bei ihr war es nicht sofort die große Verliebtheit auf den ersten Blick. Zuerst dachte ich noch, dass sie eigentlich gar nicht mein Typ ist – was auch immer man sich darunter vorstellt. Überhaupt musste ich irgendwann feststellen, dass es sich nicht bewährt, die Vorstellungen von »meinem Typ« allzu dingfest zu machen. Das ist irgendwie Blödsinn. Es ist viel wichtiger, sich für Möglichkeiten im Leben zu öffnen und genauer hinzusehen, wie eine Person ist, als sich ein Bild zu machen, bevor man sich überhaupt kennengelernt hat. Gott sei Dank löste ich mich rechtzeitig von solchen Bildern.

Lou und ich, wir sahen uns später bei einem Fest in der Roten Fabrik wieder. Und trafen uns ab da hin und wieder, aber ganz langsam. Das zog sich über ein halbes Jahr hin. Gefunkt hat es dann am 13. Juni 1992, als ich bei ihr zu Hause eingeladen war. Das war ein schöner, langsamer Prozess, diese Verliebtheit. Jetzt sind wir seit 23 Jahren zusammen.

Wir wohnen nicht gemeinsam, was auch seine Vorteile hat. Sie wollte ihre Wohnung behalten, ich meine. Und wir sind beide beruflich sehr engagiert. Ich unterrichtete dreißig Jahre lang an der Uni, unterdessen bin ich pensioniert, forsche aber weiterhin. Wenn ich erst spät nach Hause komme, bin ich froh, wenn ich in Ruhe den nächsten Tag vorbereiten kann. Wenn ich sagen kann, nein, heute nicht. Was wiederum auch für sie einfacher ist. Sie ist Fotografin und arbeitet auch viel. Nicht so viel wie ich – an einer Uni arbeitet man einfach viel, besonders, wenn man noch versucht, wissenschaftlich auf einen grünen Zweig zu kommen ... Aber auch für sie ist der Beruf wichtig, wir haben diesbezüglich die gleiche Haltung, das schätze ich sehr. Bei ihr fand ich, was ich schon damals bei Willem gesucht hatte: dass man sich aufeinander verlassen kann, auch wenn jeder seinen eigenen Weg geht. Was mit Willem damals unmöglich war, mit Lou jetzt aber wunderbar funktioniert. Sie hat überhaupt eine starke Neigung zu Freiheiten, die ich früher bei anderen Personen vergebens gesucht habe. Das hat allerdings auch Spannungen und Konflikte mit sich gebracht.

Nach drei Jahren zum Beispiel hatten wir eine große Krise. Es sah so aus, als ob wir uns trennen würden. Durch ihre freiheitliche Art verliebte sie sich in jemand anderen. Damit konnte ich überhaupt nicht umgehen, das machte mich fertig. Dazu kam, dass es auch beruflich gerade schwierig war, weil ich ein Buch schreiben musste und mich von der Uni zurückgezogen hatte. Durch eine Paartherapie fanden wir schließlich wieder zueinander. Das war sehr gut, weil ich dadurch auch viele Erfahrungen für mich persönlich gemacht habe. Und mit der Zeit war es dann nicht mehr so ein großes Thema. Wenn man älter wird, ändert sich das Leben sowieso. Wenn sie sich in ihrer sehr lebhaften Art wieder einmal für jemanden begeisterte, konnte ich das lockerer nehmen und sagen: »Ah ja, jetzt ist es wieder so weit ...« Und ich wusste, selbst wenn jetzt etwas wäre: Deswegen geht die Welt nicht unter. Unterdessen stehe ich genügend gut auf meinen Füßen.

Wenn ich in Krisensituationen gerate, dann unternehme ich etwas, das war schon immer so. Und trotzdem sind es immer Kämpfe, einfach ist es nie im Leben.

Verheiratet sind wir nicht, obwohl es rechtlich sicher Vorteile gäbe. Ich bin da zwiespältig: Mit einer eingetragenen Partnerschaft gleicht man sich auch einer Form von Ehe an, die eigentlich eh obsolet ist, weil es derart viele Formen von Zusammenleben gibt. Mit der Pluralität, wie wir sie heute haben, ist das, was bis jetzt vom Staat vorgesehen ist, keine wirkliche sinnvolle Lösung. Und so wie die Ehe zum Teil heute gelebt wird, sehr konservativ, frage ich mich, ob ich diese Lebensform überhaupt möchte. Mich in ein solches konservatives Muster hineinpressen lassen? Abgesehen davon, dass ich bereits einmal verheiratet war: Beat und ich hatten geheiratet, allerdings nur mit den Trauzeugen – ohne Fest. Ich glaube, ich habe nicht einmal meinen Eltern davon erzählt. Heirat kam für uns eigentlich gar nicht infrage, doch nach meiner Dissertation verfiel meine Aufenthaltsbewilligung. Ich hätte nach Holland zurückkehren müssen. Also heirateten wir, damit ich in der Schweiz bleiben konnte – insofern war das keine freie Wahl. Und deshalb heirateten wir nur im ganz kleinen Rahmen mit Trauzeugen. Wir zogen das rigoros so durch, damit es eine administrative Angelegenheit blieb – obwohl es natürlich trotzdem immer mehr ist. Es holt einen dann später auch immer wieder ein. Das ist ja mit vielen Dingen im Leben so, bei denen man denkt, man könnte es so oder so machen.

Heiraten ist eben doch eine gesellschaftliche Sache. Wir lebten unsere Beziehung eigentlich freiheitlich. Natürlich war es toll, dass ich nach unserer Heirat den Schweizer Pass bekam, damals noch sofort. Davon profitiere ich bis heute. Aber für die Beziehung an und für sich … Diese Heirat war entgegen den Prinzipien, die wir lebten. Deshalb tat es unserer Beziehung wahrscheinlich auch nicht gut. Oder vielleicht entstanden durch die Heirat auch mehr Ansprüche: Jetzt sind wir ja verheiratet. Selbst wenn das unausgesprochen blieb. Es ist immer schwierig, im Nachhinein zu sagen, so und so war es. Gewisse Dinge weiß man ja für sich selber relativ genau. Aber ich will dem andern nichts in die Schuhe schieben, was man womöglich falsch verstanden hatte.

Dass ich mich auch für Frauen interessiere, war von Anfang an in meinem Leben wichtig. Angefangen hatte es mit der Tanzlehrerin, die ich anhimmelte. Warum ich mich trotzdem erst später auf Frauen einließ, kann ich nicht erklären. Heute bezeichne ich mich als lesbisch, nicht als bisexuell. Vielleicht wäre ich eher mit Frauen zusammen, würde ich heute aufwachsen, das kann durchaus sein. Heute sind Frauenbeziehungen gesellschaftlich akzeptierter.

Es war eine rechte Umstellung, wenn man zuerst Männerbeziehungen hat und dann plötzlich eine mit einer Frau. Gerade gegenüber von Freunden und Familie. Plötzlich musste ich sehr klar Stellung beziehen. Es ist interessant, wie man von der Gesellschaft dann doch gezwungen wird, solche Entscheidungen zu treffen. Man muss sich entscheiden, für oder gegen etwas zu sein. Die Leute erwarten von einem eine gewisse Loyalität, eine Gruppenloyalität. Gehört sie zu uns oder nicht? Natürlich gibt es immer Personen, die sich zwischendrin bewegen. Aber es ist nochmal etwas anderes, das nach außen zu tragen. Meine Eltern hatten damit überhaupt keine Mühe, meine Mutter mochte vor allem auch Lou sehr gern. Ihr gefiel ihr Charakter, und sie fand sie überhaupt eine sehr gute Person für mich. Anders war das mit meinen Exfreunden. Das war schwieriger. Was ich auch verstehe, denn sie hätten ja das Gefühl haben können, unsere Beziehung sei gar keine richtige gewesen. Ich persönlich glaube das nicht. Denn mich verband zu ihnen neben Verliebtheit auch Loyalität. Nur: Letztlich ist meine Erotik zu Frauen stärker als jene zu Männern. Vielleicht hat das auch mit dem Alter zu tun. Heute kann ich mir eine Beziehung zu einem Mann vor allem wegen der Körperlichkeit nicht mehr vorstellen. Aber damals, als die Körper von Männern noch jung waren, war das auch noch mal etwas anders, denke ich.

Doch dass ich jetzt lesbisch bin, haben alle Männer, mit denen ich länger zusammen war, akzeptiert. Sie stellten mir Fragen, manchmal, das schon, aber sie akzeptieren, dass ich jetzt mit einer Frau zusammenlebe. Mein Leben veränderte sich durch das Lesbischsein nicht grundlegend. Aber was interessant ist: Ich fühle mich seither total befreit. Weil ich nicht mehr das Gefühl habe, ich müsste den männlichen Vorstellungen entsprechen. Pieter bemerkte zum Beispiel einmal, dass es ihm besser gefalle, wenn ich mein Haar länger trüge. Da erkannte ich sofort wieder gewisse Weiblichkeitsvorstellungen, die Männer so haben.

Ich habe durch das Studium und später durch die Arbeit viel über Gender- und Familienfragen geforscht. Vielleicht hat mich das sensibler gemacht. Es ist schwierig, das an etwas ganz Konkretem festzumachen. Es ist einfach ein Grundgefühl. Nicht mehr nur rein abhängig zu sein von den Blicken von Männern. Vielleicht ist man dann abhängig von Blicken von Frauen, wer weiß – völlig loslösen von Gruppen kann man sich ja sowieso nicht, denn man ist immer ein soziales Wesen. Und auch als lesbische Frau gibt es ein breites Spektrum. Eine Zeit lang dachte ich, ich müsste mich besonders männlich verhalten. Bis ich merkte, dass ich so auch nicht bin und irgendwann meinen eigenen Stil fürs Leben entwickelte.

Ihre Forschungen haben ihr eigenes Weltbild durchaus stark beeinflusst, ist Willemijn de Jong überzeugt. Ihre eigenen Geschichten erzählt sie denn auch im Spannungsfeld von Liebe, Autonomie und Individualismus. Sie, die sich mit dreißig ziemlich bewusst gegen Kinder und für eine wissenschaftliche Laufbahn entschieden hat und die stets betonte: »Ich kann alles alleine«, weiß heute, dass soziale Beziehungen elementar sind. Nicht nur Liebesbeziehungen, sondern besonders auch Freund- und Nachbarschaften. Sie glaubt, dass die Art von Individualismus, wie wir ihn im Westen leben, ein Trugschluss ist. Denn: »Im Westen gilt eine Ideologie von Individualismus, bei der wir meinen, wir können sie so leben, tatsächlich aber sind wir sehr stark in soziale Zusammenhänge eingebunden. Und das ist auch wichtig: Denn nur so können wir überleben.«

Sie habe selbst keine Kinder, weil sie einfach kein Mami-Typ sei, sagt sie. Auch wenn ihr damaliger Partner sich bestimmt erzieherisch engagiert hätte, sie hätte sich beruflich einschränken müssen. Als ich ihr erzähle, dass ich die Kämpfe ihrer Generation nicht missen möge, weil sich unterdessen nicht nur die Frauen, sondern auch viele Männer verändert hätten, dass es heute mehr gleichgesinnte Väter gebe, sagt sie: »Es ist eigentlich verrückt, wenn man im Rückblick sieht, wie Geistesströmungen eine wahnsinnig wichtige Rolle spielen können. Frauen sind da heute in gewissen Beziehungen unbefangener, als wir es damals waren. Viele meiner Freundinnen und Kolleginnen haben ebenfalls keine Kinder. Denn als wir zwanzig, dreißig waren, war eben ganz klar, dass gemäß feministischer Ideologie und Simone de Beauvoir Kinder nur eine Falle für emanzipierte Frauen sind.« Auch deshalb hat Willemijn de Jong in den Achtzigerjahren in einer ostindonesischen Weberei-Region die Autonomie von Frauen untersucht: Die Weberinnen dort stellen unabhängig von ihren Männern Tücher her und verkaufen oder tauschen sie gegen andere Waren: »Ihre sehr starke Unabhängigkeit faszinierte mich. Aus meinen Beobachtungen entwickelte ich zuerst die These, dass es dort – lokal betrachtet – eine Geschlechter-Symmetrie gibt.« Doch vom Autonomiebegriff sei sie später wieder weggekommen, weil er sehr stark mit dem neoliberalen Individuum zu tun habe und daran wiederum eine ganze Ideologie hänge, erklärt sie mir.

So geraten wir schnell weg von der Liebe zu Robotern in Altersheimen, Reklameplakaten zu Gesundheitscoachs für Senioren und zu Social Freezing. Sie ist davon überzeugt, dass man mit sozialen Beziehungen sorgfältig umgehen sollte: »Nicht nur mit meiner Freundin, sondern überhaupt: Man muss da in einem weiter gefassten Sinn denken. Ja, das sollten vielleicht unsere neuen Liebesbeziehungen sein. Denn von möglichst vielen verschiedenen Arten von Beziehungen leben zu können ist ein Lebenselixier.«

Wenn da jemand ist, der dich liebt, ist auch das Älterwerden nicht so tragisch

Franz Freuler, 70 Jahre

Franz Freuler ist ein Mann, der mit festen Schritten in die verabredete Cafeteria kommt, sich eilig den Regen aus dem Mantel schüttelt, seine Geschichte geradlinig erzählt und sich lachend wieder verabschiedet, weil er weiter zu einem Aperitif muss.

Ich hatte mir immer vorgestellt, dass ich spätestens bis dreißig einen festen Partner habe, mit dem ich den Rest des Lebens verbringen möchte. Genau das passierte am 23. Dezember 1974, da war ich exakt dreißig Jahre alt. Und jetzt feiern wir nächste Woche unser vierzigjähriges Jubiläum. Das war buchstäblich ein Weihnachtsgeschenk, jawohl!

Kennengelernt haben wir uns in einer Bar am Zürcher Stadthausquai, wo er als Barman arbeitete. Wir sahen uns an, sprachen aber nicht viel, wechselten nur ein paar Worte. Als die meisten der Barbesucher nach Hause gegangen waren, kamen wir schließlich miteinander ins Gespräch. Bis spät saßen wir zusammen an der Bar, das war toll. Am nächsten Abend, das war Heiligabend, sollte ich zu meinen Eltern nach Schmerikon. Also verabredeten wir uns für den 25. Dezember, dieses Mal in einer anderen Bar. Dort funkte es. Bereits am nächsten Tag nahm er mich zum Weihnachtsessen seiner Familie am Bieler See mit. Das geschah alles ganz spontan: Wir kannten uns ja überhaupt nicht! Doch dass wir zusammengehören, das war sofort klar. Seine Familie hatte damit kein Problem. Nur der Großvater brummelte etwas, weil wir zu spät zum Essen kamen. So hat das angefangen.

Verliebt hatte ich mich in ihn wegen seiner Ausstrahlung. Diese sympathische Art, die er hat – und natürlich das Aussehen. Er ist acht Jahre jünger als ich. Tja, warum verliebt man sich? So genau kann ich das nicht sagen. Es ist die Anziehung zu einem anderen Menschen, die plötzlich dieses Kribbeln im Bauch auslöst. Uns erging es beiden genau gleich. Das ist kitschig. Aber genauso war das. Ich habe mich später noch oft gefragt, ob das wirklich so war. Aber doch, genau so war es. Übrigens zog er nur wenige Tage später, noch vor Ende jenes Jahres zu mir, in meine Wohnung am Greifensee.

Dass wir als zwei Männer zusammenwohnen, war nie ein Problem. Auch wenn es noch in den Sechzigerjahren teils recht schwer war, schwul zu sein. In den Fünfzigerjahren war es eine lockere Sache, in der Schweiz gab es ja keinen Strafartikel wie in Deutschland. Doch um 1960 gab es in Zürich Morde im Homosexuellenmilieu, die dieser gelockerten Stimmung ein Ende setzten. Alle Köpfe drehten sich, wenn man in eine Bar reinkam. Ich arbeitete damals als Zivilschutzinstruktor in der Stadtverwaltung. Natürlich hoffte ich ständig, dass ich nicht in eine Razzia geriet. Wenn mein Chef etwas erfahren hätte – das wäre nicht gut gewesen. Ich verheimlichte nie, dass ich schwul bin. Doch man muss sich ja auch kein Plakat an den Rücken hängen. Wurde ich eingeladen und gebeten, Begleitung mitzubringen, brachte ich immer meinen Freund mit. Wenn man offen und umgänglich ist, dann ist es eigentlich auch nie ein Problem. Nur einmal glaubte ein Chef, ich würde an seinem Stuhlbein sägen. Worauf er dem Stadtrat sagte, dass ich schwul sei. Es passierte aber nichts.

In meiner Familie wurde zwar nie, gar nie darüber geredet, dass ich schwul bin. Aber akzeptiert wurde es. Meinen Mann mochten sie sehr. Ich stellte ihn von Anfang an als meinen Freund vor. So, wie man eben seinen Freund beziehungsweise seine Freundin vorstellt. Wir tranken Kaffee und redeten. Meine Mutter sagte nur: »Ich hatte mir das schon immer gedacht.« Wie Mütter so sind. Dass ich die Freundin, die mir während der Rekrutenschule Päckchen schickte, eher beiläufig hatte, dass ich nicht so viel zu jener Beziehung beitrug, das merkten sie natürlich zu Hause.

Aufgewachsen bin ich stockschwarz katholisch. Mein Vater war 18 Jahre lang Kirchenpräsident in Schmerikon. Wenn ich in der Kirche mit jemandem gesprochen hatte, wusste das mein Vater, bevor ich nach Hause kam. Einmal behauptete eine Betschwester, ich würde den Pullover eines Kellners tragen, mit dem ich am vorigen Abend im Restaurant gearbeitet hatte. Das war ein schwarzer Rollkragenpullover. Man musste sehr genau hinschauen, um den Unterschied zu sehen. Sie hatte ihn gesehen. Und natürlich hatte sie recht! Ein paar Tage später meinte mein Vater: »Du musst vorsichtig sein, denk auch an die Familie.« Ich fragte, wie er das meine. Und er sagte: »Das weißt du schon.«

Einzig, dass wir nie Kinder haben werden, schmerzte meine Mutter. Oft fuhren wir mit ihr für einen Ausflug in die Flumser Berge. Bei diesen gemeinsamen Mittagessen konnte sie es nie lassen zu sagen: »Weißt du, es wäre schon schön gewesen, hättest du geheiratet, eine Frau und Kinder gehabt.« Ich lachte immer und verwies auf die anderen Geschwister. Wir waren ja schließlich zu sechst, und Enkelkinder hatte sie da auch schon!

Als mein Mann und ich endlich heiraten konnten, lebten meine Eltern nicht mehr. Wir heirateten, sobald es möglich war – und gleich zweimal. Zuerst 2003, als das kantonale Gesetz in Kraft trat. Schon damals hofften wir darauf, dass wir auch auf eidgenössischer Ebene heiraten könnten. Das geschah am 3. Januar 2007, als auch das eidgenössische Partnerschaftsgesetz in Kraft trat. Ironischerweise bei der gleichen Standesbeamtin, die uns bereits 2003 im Standesamt Dübendorf verpartnert hatte. Einen Heiratsantrag haben wir uns nicht gemacht, schließlich haben wir lange genug für die eingetragene Partnerschaft gleichgeschlechtlicher Paare gekämpft. Obwohl wir da schon über dreißig Jahre zusammen waren, waren beide Hochzeiten sehr schön. Das erste Mal war vor allem eine Bestätigung, dass wir jetzt »offiziell« nach dieser langen Partnerschaft die gleichen Rechte haben wie heterosexuelle Paare. Nicht alle Rechte, aber einige. Das war ein sehr, sehr gutes Gefühl. Dass wir gegenseitig Verantwortung übernehmen, das empfinde ich als etwas Wunderschönes und auch als etwas ganz, ganz Wichtiges. Beim zweiten Mal empfand ich die Hochzeit – abgesehen von den persönlichen Gefühlen – als große Genugtuung. Dass ich zum Beispiel als Mitarbeiter, der seit vierzig Jahren für die Stadtverwaltung arbeitete, das gleiche Geschenk wie die anderen frisch verheirateten Paare bekam. Ich weiß gar nicht mehr, was es war, aber das spielte auch keine Rolle. Wichtig war, dass unserer Ehe die gleiche Bedeutung wie bei heterosexuellen Paaren beigemessen wurde. In unserer Beziehung änderte sich dagegen nicht viel. Die eingetragene Partnerschaft hat letztlich bestätigt, dass wir Sorge füreinander tragen. Dass wir aufeinander achten. Aber schon vorher unterschieden wir nie, wem was gehörte. Wir hatten je unsere Lohnkonten, alle anderen Konten waren gemeinsam. »Zahlst du, oder soll ich?«, diese Frage stellten wir uns nie, wir bezahlten immer gemeinsam.

Die Verantwortung und der Respekt voreinander, das funktioniert nur, wenn sich aus der ersten Verliebtheit eine wirklich tiefe Liebe ergibt. Bei der sich auch Vertrauen entwickelt, sonst geht das nicht. Unter Männern sowieso nicht. Wenn man so lange zusammen ist wie wir, dann ist Treue wichtig. Ich persönlich war immer treu, wenn auch nicht immer sexuell. Wir hatten die Abmachung, dass Sex okay ist, solange man sich nicht verliebt. Über diese Eskapaden sprachen wir miteinander. Wobei man sich ja nicht alle Details unter die Nase reiben muss. Wir hätten beide sofort gemerkt, wenn etwas ernster geworden wäre. Alleine beim Sex hätte man das ja gemerkt. Nein, eifersüchtig war ich nie.

Auch wenn es Ausnahmen gibt: Ich weiß nicht, warum Männer größere Mühe haben, monogam zu leben, als Frauen.

Vielleicht, weil Männer mehr Gelegenheiten für einen raschen Quickie haben? Weil sie solche Geschichten schneller wegstecken? Oder weil Frauen mehr Scham haben? Ich weiß es nicht. Wahrscheinlich spielt sich etwas im Wesen und Art der Frau, in der Psyche, grundsätzlich anders ab. Auch bei lesbischen Frauen übrigens – zumindest bei denen, die ich kenne – ist Untreue seltener als bei den Männern. Ich habe schon oft mit meinen Schwestern und der Schwägerin darüber gesprochen, und wir sind uns einig: Es ist ein Phänomen.

Als in den Achtzigerjahren Aids aufkam, war das für uns fürchterlich. Das war eine sehr traurige Zeit, weil wir einerseits Freunde und Bekannte verloren. Aber auch, weil man uns weismachen wollte, diese Krankheit sei eine Schwulenseuche, eine Strafe Gottes. Unfassbar, dass es noch heute Menschen gibt, die diesen Blödsinn glauben. Selbst Angst hatte ich nie. Genau deswegen betone ich so sehr, dass es viel Vertrauen braucht. Mein Mann und ich, wir vertrauten uns da gegenseitig immer.

Wer wie ich in einer Großfamilie aufwächst, kann nicht alleine sein. Meine Kindheit war wunderschön! Ich bin auf dem Land aufgewachsen, zusammen mit fünf Geschwistern. Länger alleine war ich noch nie. Dass ich theoretisch trotz unseres Altersunterschieds einmal meinen Mann überleben könnte, daran habe ich auch schon gedacht. Doch was soll ich mich jetzt bereits sorgen? Man muss alles so nehmen, wie es kommt. Wichtig ist doch, dass man rechtzeitig darüber spricht. Denn irgendwann muss man ans Altern denken.

Unterdessen wohnen wir nicht mehr in jenem traumhaften Haus mit den fünf Treppen von der Garage bis zum Schlafzimmer und den tollen Nachbarn. Als mein Mann damals anmerkte, dass es klug wäre, sich nach einer praktischeren Wohnung umzuschauen, weil wir so selbstständiger im Alter wären, war ich entsetzt: »Dafür gibt es doch keinen Garantieschein. Ich hoffe, ich kann noch mit achtzig diese Treppe hinaufspringen!« Wichtiger ist mir die Nähe zu einem Bahnhof, damit ich mobil bleibe. Irgendwann bot sich aber die Gelegenheit, mit Freunden die Wohnung zu tauschen. Seither wohnen wir in einer Attikawohnung mit direktem Liftzugang – und in der Nähe des Bahnhofs. Mit ganz freundlichen Nachbarn, übrigens.

Gerade in der schwulen Gesellschaft ist Altern brutal. Die Jungen sehen einen in der Bar gar nicht erst an. Das beginnt schon früh, vielleicht mit vierzig Jahren. Natürlich gibt es Ausnahmen. Mir machte das nie viel aus, weil ich sowieso mit Freunden unterwegs bin. Aber es fällt mir auf.

Dass der Partner altert, das merkt man. Dass ich selbst altere, merke ich auch. Das ging ganz plötzlich, innerhalb der letzten fünf Jahre. Ich mag nicht mehr so wie früher. Doch wenn da jemand ist, der dich liebt, ist auch das Älterwerden nicht so tragisch. Ich muss halt jetzt auf den Körper hören, was man noch kann, was nicht mehr. Früher konnte ich mir problemlos drei Nächte um die Ohren schlagen. Das hat mir gar nichts ausgemacht. Heute geht das nicht mehr. Dass auch mein Mann altert, empfinde ich dagegen als schön. So muss ich nicht denken, dass ich alt und er noch so jung ist. Da geht es ihm genauso wie mir, obwohl er acht Jahre jünger ist!

Franz Freuler lacht nicht erst bei dieser letzten Bemerkung herzhaft. Zusammen mit seinem Mann lebt er in einem kleineren Ort auf dem Land, mindestens immer mittwochs hat er einen Termin in der Stadt. Wir sind uns einig, dass zu dieser Jahreszeit Schnee angemessener wäre. Der schlanke Mann im grauen Anzug mit kahlem Kopf und Brille zuckt mit den Schultern und grinst: »Aber so ist es eben Regen.« Nur schade, dass deswegen der Tages-Anzeiger, *den Freuler gefaltet unter dem Arm trägt, nass geworden ist.*

Der ehemalige Zivilschutzkommandant erzählt seine Geschichte ohne Umschweife. Genauso wie sein Vater war und ist auch er Mitglied in vielen Vereinen. So hat er etwa über Jahre das Zivilschutzmuseum der Stadt Zürich aufgebaut. Ein dreistöckiger Rundbunker aus dem Jahr 1941, der die Geschichte des Bevölkerungsschutzes während des Zweiten Weltkriegs zeigt.

Dort, sagt er begeistert, sehe man zum Beispiel die erste Infusionsflasche, »handgemacht!«, die je hergestellt worden sei.

Wirkliche Erdbeben, sagt er mir, hätten er und sein Mann nie erlebt, höchstens kleinere Krisen. Nie, weil ein anderer Mensch dazwischengetreten sei, sondern weil zum Beispiel gerade er oft beruflich abwesend gewesen sei. »Das war für meinen Mann sicher nicht immer freudvoll.« Auch wenn es zwei offizielle Hochzeitstage gibt, gefeiert wird jeweils der 23. Dezember, jener Tag, an dem sie sich kennengelernt haben. Immer mit einem speziell schönen Anlass, sagt Freuler. Mit einem Opernbesuch oder einem guten Essen zu Hause, mit Kerzenlicht, Musik und einem wunderbaren Wein. Natürlich klassischer Musik, am liebsten Opern. Franz Freuler und sein Mann lieben Opern. Schon 24 Mal waren sie in Verona. Auch in diesem Jahr, freut sich Freuler, würden sie für ihr vierzigjähriges Jubiläum dort hinreisen. Sein Geheimnis einer langen, glücklichen Liebesbeziehung? Man müsse nur tolerant sein: Leben und leben lassen. Nicht meinen, man müsse immer dasselbe machen oder ständig miteinander reden. Es werde nur langweilig, wenn man nicht zusammenpasse. Deshalb brauche es gemeinsame und genauso separate Hobbys. Sein Partner etwa bleibe gerne zu Hause. Lese, mach dies und das. Er aber gehe gerne raus. Zieht seinen Mantel an, lacht und sagt: »Langweilig wird uns so nie, es gibt ja nichts Spannenderes als eine solche Beziehung.«

Wir sind in unserem Alter viel freier

Claudius Rechsteiner, 89 Jahre

Ich sehe das Liebespaar an einem Montagmorgen im Zug nach Basel: Gleich wird der Zug in Zürich abfahren, eine ältere, rüstige Frau verabschiedet sich in verliebter Teenagermanier von ihrem mindestens ebenso alten Mann. Sie halten sich an den Händen und küssen sich immer wieder. Als er meinen Lederrucksack sieht, kichert er ihr zu: »So einen hatte ich auch einmal.« Sie fügt an: »Ja, wir haben viele Moden durchgemacht.« Sie lachen und schmunzeln sich vielsagend an. Zärtlich fragt sie ihn, ob er die Lektüre für die Zugfahrt auch wirklich eingepackt habe? Zwei Minuten bevor der Zug losfährt, steigt sie aus und winkt ihm von draußen noch nach. Er winkt zurück, setzt sich dann seine Sonnenbrille auf, nimmt seinen Stock in die Hand und blickt aus dem Fenster. Seine Freundin sei sie, nicht seine Frau, verrät er mir nachher. In seinen Erzählungen ist er unsicher, ob er sie Partnerin oder Freundin nennen soll, meistens spricht er deshalb von ihr in beiden Varianten.

Meine Freundin oder Partnerin und ich sind genau gleich alt. Das heißt, sie ist zehn Stunden älter als ich. Wir sind beide am gleichen Tag, im gleichen Jahr geboren. Jetzt sind wir 89 Jahre alt. Verliebt habe ich mich in sie vor vier Jahren, mit 85, ganz zufällig. Das ist ein schönes Gefühl, ein sehr schönes. Und auch ein unerwartetes. Wir waren ja beide einige Jahre alleine, seit unsere Ehepartner gestorben sind. Wir sind immer viel auf Reisen, und so haben wir uns auch kennengelernt. Wir saßen zufällig bei einer Reise nach Berlin im Zug nebeneinander.

Da ist es passiert: Auf einmal, aus heiterem Himmel – wir hatten's nicht bestellt, wir hatten uns nicht umgeschaut, wir haben uns einfach ineinander verliebt. Und dann haben wir das akzeptiert und dachten, wir probieren das aus. Sie wohnt in Zürich, und ich bei Basel. Im September sind es vier Jahre, dass wir zusammen sind.

Sich mit 85 Jahren zu verlieben ist gar nicht so anders als mit zwanzig, glaube ich. Mit zwanzig steht die körperliche Liebe viel mehr im Vordergrund. In unserem Alter nicht mehr so sehr, auch wenn es mitspielt. Der größte Unterschied aber ist: Wir sind in unserem Alter freier, viel freier als in jungem Alter, da man zwangsgebunden an den Beruf und an die Familie denken muss. Klar hat man mit fortschreitendem Alter auch höhere Ansprüche. Aber man weiß auch, dass man sie nicht alle erfüllen kann. Bei uns sind das zum Beispiel die Auslandsreisen, da ist einfach vieles nicht mehr möglich. Gleichzeitig unternehmen wir viel, meine Freundin ist vielseitig kulturell interessiert: Morgen zum Beispiel gehen wir auch wieder fort, ins Berner Oberland. Gerade erst waren wir eine Woche in Brienz. Und wenn ich von einem Konzert in Luzern lese, dann buche ich ein Hotel, und wir fahren hin – wir wissen ja nie, wie lange es noch geht. Gerade wenn man etwas angeschlagen ist wie ich. Wir müssen unsere Energien sinnvoll einteilen.

Sehen tun wir uns jedes Wochenende. Das heißt, von Freitag an, und am Dienstag oder Montag ist dann jeder wieder für sich. Mit diesem Modell haben wir sehr gute Erfahrungen gemacht. So sind wir in der Wohnung des einen oder anderen nicht zu nahe aufeinander und haben trotzdem noch unsere Freiheiten. So machen wir auch beide weiterhin viel mit unseren eigenen Freunden, das ist uns wichtig. Wir wollen uns nicht nur auf die Partnerschaft, sondern auch auf Freundschaften und die Nachbarschaften konzentrieren. Ich glaube, deswegen ist unsere Beziehung bisher so harmonisch verlaufen. Jeder von uns hat seine Eigenheiten, und wir müssen Kompromisse eingehen, das ist klar. Wir sind sehr zufrieden. Jetzt hoffen wir beide, dass wir gesund bleiben.

Früher war ich verheiratet. 57 Jahre lang und glücklich. Ich hatte mit meiner Frau drei Töchter. Eine lebt heute weit weg in Frankreich, die andere in meiner Nähe. Die dritte Tochter ist viel zu früh gestorben, im Alter von 52 Jahren. Ein Jahr später ist dann meine Frau gestorben. Das war eine harte Zeit. Meine Frau war sehr künstlerisch, sehr vielseitig. Sie war nicht so sprachbegabt wie ich, aber sehr intuitiv und unternehmungslustig. Zu Hause habe ich zahlreiche künstlerische Andenken an meine Frau, Bilder und Wandteppiche. Als sie starb, war das für mich sehr, sehr schwer. Auch oder gerade wenn es einem bewusst ist, dass man das durchstehen muss. Das ist nicht einfach, wenn man plötzlich alleine ist. Wir hatten ja auch immer eine Arbeitsteilung gehabt. Die Küche war für mich verboten. Nach ihrem Tod musste ich mir also vieles zuerst einmal aneignen und lernen. Die Haushaltung ist jetzt unterdessen bei mir aber in einem guten bis sehr guten Zustand. Auch dank meiner jetzigen Freundin oder Partnerin. Da kann ich nicht klagen. Nur meine Töchter fanden es nicht so gut, als ich mich nochmals verliebte. Das war schwierig für sie.

Bevor ich mich in meine jetzige Freundin verliebt habe, hatte ich schon einmal eine Bekanntschaft, ebenfalls von einer Reise. Sie war eine junge Frau, eine Lehrerin, sehr wissbegierig. Über ein Jahr lang hatten wir es sehr lustig miteinander. Da war ich noch busper*! Über diese Zeit rede ich freilich nicht mit meiner Freundin, wir sprechen generell nicht über unsere ehemaligen Liebschaften. Denn das könnte Eifersuchtsszenen geben, meine ich zumindest. Ich halte mich da lieber zurück, das hat sich bewährt. Nur über unsere verstorbenen Ehepartner reden wir manchmal. Das ist etwas anderes. Die Liebe habe ich in meinem Leben immer groß geschrieben. Ohne das geht's ja nicht. Man kann nicht neben jemandem leben, der einem wurscht ist. Und wenn man jemanden sympathisch

* munter

findet, kommt die Liebe von alleine. Auch wenn man immer gewisse Kompromisse eingeht, das ist klar.

Ich bin nicht traurig, dass das Leben bald vorbei ist. Nein, das bin ich nicht. Ich konnte immer auf etwas aufbauen, bin stets weitergekommen. Und das behalte ich auch bei. Ich habe noch immer viele Freunde. Einer – zwei Jahre älter als ich, er wurde gerade 91 Jahre alt – ist leider etwas gebrechlich geworden. Deshalb springe ich jetzt bei ihm ein, helfe ihm im Haushalt, kaufe für ihn ein. Er traut sich nicht mehr, Auto zu fahren. Ein hochintelligenter Typ, sehr vielseitig interessiert und begabt, wir kennen uns vom Geschäft her. Er ist für mich eine Bereicherung. Es war immer wichtig für mich, dass man sich austauschen kann. Auch in der Liebe. Wenn der eine den anderen dominiert – das kommt nicht gut.

Als meine Partnerin und ich uns damals vor vier Jahren kennenlernten, haben wir uns sofort, also schon nach ein paar Tagen, gesagt, dass wir uns ineinander verliebt hätten. Beide. Wir haben es einfach sofort gespürt. Und verglichen mit früher erleben wir jetzt vielleicht eine der schönsten Zeiten überhaupt. Das sagt sie übrigens auch.

Seine Geschichte erzählt mir Claudius Rechsteiner in gewählten Worten. Stelle ich ihm eine Frage, gibt er sie zurück – will zuerst von mir wissen, was ich denn dazu denke. Mit dieser Taktik schindet er Zeit, um sich selbst eine gute Antwort zu überlegen. Herr Rechsteiner ist schwerhörig, und ich muss meine – teils doch einigermaßen intimen – Fragen meist mehrmals in lautem Ton wiederholen. So romantisch der erste Blick auf das verliebte Paar war, nach diesem Gespräch geht mir die Frage durch den Kopf, ob man sich mit zwanzig, dreißig anders verliebt, weil man womöglich an die romantische Idee der großen Liebe glaubt – und nicht zuerst daran, dass man ohne einen Partner allein sein wird.

Als wir später nochmals miteinander telefonieren, erzählt er mir als Erstes, dass sein 91-jähriger Freund gestorben sei. Er erkundigt sich eingehend nach meiner Familie und fragt schließ-

*lich unvermittelt, wie es denn sei: »einfach so« zusammenzule-
ben, unverheiratet und mit Kind? Diese Frage, sage ich, könne
ich ihm schlecht beantworten, da ich ja nicht wisse, wie es sei,
verheiratet zu sein. Er lacht.*

Finden Sie wirklich, dass er mich anstrahlt?

R. K., 86 Jahre

Ich hätte nie gedacht, dass wir uns jetzt, 65 Jahre später, wieder begegnen. Damals wurden wir einander durch seine und meine Verwandte bekannt gemacht. Sie animierten uns, zusammen den Ball der Basler Wizo (Woman International Zionist Organisation) zu besuchen. Ich tanzte gern, also kam mir jede Gelegenheit recht. Ans Heiraten habe ich da nicht gedacht, ich war 21 und hatte gerade meine Arbeit als Sekretärin im Polizeidepartement begonnen. Wir stellten keine Bußgeldbescheide aus, sondern wir waren die Verwaltung und mussten vor allem viele Begründungen schreiben. Da ging einiges über meinen Schreibtisch.

Ich kann mich überhaupt gar nicht mehr recht an diesen Abend erinnern, auch nicht an Schmetterlinge im Bauch. Er übrigens auch nicht. Er hat damals vor allem viel an seiner Doktorarbeit gearbeitet. Nach dem Ball schickte er mir ein Foto, das damals entstanden ist. 65 Jahre lang lag es in einer Schublade, in einem Kuvert zusammen mit anderen Fotos, die sich im Leben so ansammeln. Doch ich habe es sofort wieder gefunden, als wir uns vor einem Jahr zufällig im Altersheim wiedersahen. Dort gehe ich ab und zu tagsüber, vor allem am Sabbat, vorbei. Eines Mittags saßen wir am selben Tisch, ich erkannte ihn sofort. Seine Frau lebte da noch – sie wurde an einem anderen Tisch von einer Pflegerin gefüttert. Kurz darauf starb sie. Danach saßen wir oft zusammen, er, ein Familienfreund und ich. Wir wurden ein Trio und bemühten uns sehr um ihn, weil er so traurig war. Wie es einem halt geht,

147

nach so langer Zeit: Er war immerhin 58 Jahre lang mit seiner Frau verheiratet. Vor ein paar Monaten erst gingen wir nach dem Essen vom Tisch, da legte er seinen Arm um mich. Einfach so, plötzlich. Das hatte ich überhaupt nicht erwartet. Aber es hat mich sehr gefreut. So hat es begonnen. Mehr kann ich dazu auch nicht sagen.

Seither ruft er mich täglich an. Wir diskutieren viel miteinander. Wir haben es überhaupt supernett miteinander. Große Liebe – ich weiß gar nicht. Man kann das nicht so einfach beschreiben. Es ist alles so anders, als es mit meinem Ehemann war. Anders... wie soll ich sagen: Das war keine Liebesheirat, die ich mit meinem Mann damals eingegangen war, sondern eine reine Vernunftehe. Seine Schwester kannte ich aus dem jüdischen Turnverein. Als unsere Mütter kurz nacheinander starben, zog sie bei mir ein. Wir waren beide froh, nicht mehr alleine zu wohnen. So wirtschafteten wir eine Weile zusammen. Bis sie mir sagte, dass ihr Bruder aus Solothurn nach Basel käme und sie zusammen eine Wohnung suchen würden. Ich hoffte, dass der Bruder lange nicht käme, damit ich meine Freundin nicht verlöre.

Der Bruder war abends ab und zu bei uns, so waren wir alle nicht alleine. Der erste Eindruck von ihm war alles andere als positiv. Ich hätte niemals gedacht, dass er einmal mein Ehemann werden würde. Es hat sich dann aber doch ergeben. Er sagte, in ganz Basel habe er noch in keinem einzigen Restaurant einen anständigen Grießbrei gegessen. Er hatte es mit dem Magen und sollte nur leichte Kost essen, zum Beispiel Grießbrei. Das traute ich mir zu, außerdem fand ich im Keller von meiner Mutter eingemachte Kirschen aus dem letzten Sommer. Er war begeistert und kam immer mehr zu uns zum Essen. Verliebt haben wir uns trotzdem nicht, auch wenn wir viel Zeit miteinander verbrachten. Doch irgendwann heiratete meine Freundin, also seine Schwester, und zog aus. So lag es nahe, dass wir auch heirateten. Wir bekamen zwei Kinder und lebten unser Leben.

Einfach war das nicht, aber die Kinder sind gut geraten. Und in der Ehe habe ich einfach meine Pflichten erfüllt. Ich dachte, jetzt hast du eine Familie gegründet, nun musst du diese Arbeit auch machen. Das gehörte halt dazu. Man macht's ja eigentlich gern. Alt ist er nicht geworden, vor 15 Jahren ist er gestorben. Er würde mir wahrscheinlich vorwerfen, ich werfe das Geld zum Fenster hinaus, wenn er wüsste, dass ich die ganze Familie jeden Winter zu einer Woche Skiferien einlade. Das kostet mich ein Vermögen. Unterdessen habe ich acht allerliebste Enkel. Sie sitzen in den Ferien alle um den Tisch, und mir lacht das Herz. Dann bin ich glücklich!

Dass mein Mann auf die Kinder eifersüchtig war, als der eine etwa Quantenphysik studierte, das habe ich mir damals gar nicht vorstellen können, das habe ich erst später realisiert. Nach seinem Willen und in jüdischer Tradition sollte ich drei Kinder bekommen. Doch als ich merkte, dass ihn die beiden Kinder ja doch nur störten, wollte ich kein drittes. Gesagt habe ich ihm das nicht. Verhütungsmittel habe ich schlecht vertragen, also schlug mir der Frauenarzt eine Totaloperation vor, damit ich gar keine Kinder mehr bekäme. Das tat ich dann auch. Mein Mann sagte nichts dazu. Doch wahrscheinlich war er insgeheim ganz froh darüber. Einmal fragte mich sein Psychiater: »Wie halten Sie das nur aus mit ihm?« Mein Mann war Mediziner und hat immer mehr Probleme mit Schlafmitteln bekommen. Da bestand der Psychiater darauf, mit mir zu sprechen. Es verwunderte ihn zum Beispiel, dass mein Mann mir kein Taschengeld zugestand, weil das moderne Ideen seien. Der Psychiater fragte mich ganz direkt: »Haben Sie noch nie an eine Trennung gedacht?« Nein, das hatte ich nie. Das war für mich unvorstellbar, weder mütterlicherseits noch väterlicherseits gab es jemals ein solches Familienzerwürfnis. Wir hatten Kinder, also nahm ich viel in Kauf. Natürlich ärgerte mich das manchmal, aber ich fand das auch nicht so ungewöhnlich.

Jetzt habe ich einen Freund, wer hätte das gedacht. Ich war sehr besorgt, dass mein Sohn davon von einer anderen Person erfährt. Ich habe versucht, es ihm ganz vorsichtig beizubringen, habe ihm das Foto gezeigt. Doch er sagte nur: »Warum zieht er nicht bei dir ein? Du hast doch eine so große Wohnung.« Das hat er gesagt. Unglaublich! Wie sich die Zeiten geändert haben. Er hätte also absolut nichts dagegen. Es wäre ihm wahrscheinlich womöglich noch recht! Klar, er merkt, dass ich glücklich bin, aber trotzdem. Ich war auch sehr besorgt, dass mich der Leiter des Altersheims rauswerfen würde. Dass man eine solche Verbindung in einem religiös geführten jüdischen Altersheim nicht wolle. Früher zumindest war das so. Aber heute ist das anders. Der Heimleiter bestellte mich um elf Uhr in sein Büro – nur um mir zu sagen, das gehe ihn überhaupt gar nichts an, wir könnten tun, was wir wollten. Das sei unsere Sache. Er müsse sich nur um die Einhaltung der Speisegesetze kümmern – was wiederum auch etwas einseitig ist, finde ich.

Vor zwanzig Jahren gab es einen ähnlichen Fall. Damals trafen sich zwei im Zimmer von dem Mann. Man stellte ihnen ein Ultimatum. Entweder sie würden heiraten, oder sie könnten sich nicht in ihren Zimmern besuchen. Also heirateten sie. Das aber kommt für uns beide überhaupt nicht infrage. Ich möchte auf keinen Fall, dass seine Familie denkt, ich würde von ihm finanziell etwas erwarten. Er ist sehr vermögend, wie ich so gemerkt habe. Allerdings bin ich nicht auf ihn angewiesen. Bloß weiß das seine Verwandtschaft nicht. Also ist das jetzt einfach eine rein persönliche Freundschaft, die sich per Zufall – doch heute nenne ich es nicht mehr Zufall – ergeben hat. Ich glaube nämlich nicht mehr an den Zufall, seit mich ein Rabbi davon überzeugt hat, dass alles Schicksal ist.

Mein Freund wünscht sich, dass ich zu ihm ins Altersheim ziehe. Das ist mein Dilemma. Ich möchte aber in meiner Wohnung bleiben, möchte noch nicht ganz ins Altersheim ziehen. Das muss ich ihm wohl demnächst sagen. Wir haben uns auch schon privat getroffen, natürlich. Schließlich hat er eine Wohnung, und ich habe eine Wohnung. Neulich hatte er Geburtstag. Seine Nichte bat mich an den Tisch seiner Familie, dort gab es Kuchen, und jemand spielte Klavier. Sie meinte, ich würde jetzt zur Familie gehören. Doch das geht mir zu weit, ich gehöre nicht zu dieser Familie. Auch wenn wir wirklich sehr große Sympathien füreinander haben. Ich möchte sagen, es ist mehr als nur Sympathie. Ohne jetzt ins Detail gehen zu wollen.

Als er kürzlich ein Neugeborenes auf den Armen hielt, merkte ich, wie sehr er sich freute. Dass er womöglich schon gerne Kinder gehabt hätte. Er strahlte lange das Kind an. Ich glaube, er wäre ein guter Vater geworden. Auch wenn ich das ja im Nachhinein nicht beurteilen kann.

Die zierliche alte Dame, die gerade im Krankenhaus einen Oberschenkelhalsbruch behandeln lassen muss, ist aus einer anderen Zeit. Mit vielen meiner Fragen kann sie nichts anfangen. Warum sie sich etwa in ihrer Ehe nicht mehr gewehrt habe. Stattdessen fragt sie interessiert nach: »Was verstehen Sie denn unter Liebe? Können Sie das definieren?« Als ich ihr erkläre, dass ich meine Liebe auf den ersten Blick erkannt hätte und dass sich dieser Blick wesentlich von den anderen Verliebtschaften unterschieden habe, nickt sie nur ungläubig und meint: »Ja, das ist ja schon schön, wenn man das so findet. Aber ich glaube, das ist bei den wenigsten so.« Ebenso wenig kann sie nachvollziehen, dass heute viele Frauen lieber alleine leben, statt mit jemandem aus Vernunftgründen zusammenzuziehen.

Sie zeigt mir das Foto, das 65 Jahre lang in einer Schublade lag und eine Stunde nach ihrer ersten Begegnung entstand. 27 sei er damals gewesen, sie 21 Jahre alt. »Finden Sie wirklich, dass er mich anstrahlt?«, fragt sie mich und antwortet gleich selbst: »Er strahlt ins Leere, finde ich.« Man erkenne ihn sofort, er sehe noch immer aus wie damals – auch wenn er heute weniger Haare habe. Ihr Freund will seine Version auf keinen Fall erzählen, sie allerdings findet: »Wer weiß, vielleicht nützt unsere Geschichte ja jemandem.« Beide sind sehr besorgt, dass die jüdische Glaubensgemeinde schlecht über ihre neue Liebesgeschichte sprechen könnte. Jene Glaubensgemeinde, die übrigens gerade vor zwei Monaten die berühmte amerikanische Sexberaterin Dr. Ruth zum Thema »Haben Juden ein glücklicheres Sexleben?« eingeladen hatte – ein Vortrag, den sie verpasst habe, leider.

Ein Ende kommt immer

Elsa Koltes, 82 Jahre

Die Bitte, mir ihre Liebesgeschichte zu erzählen, überhört Frau Koltes. Leider – denn sie war mir auf Anhieb sympathisch gewesen, wie sie täglich mit ihrer uralten Pudeldame, »34 Kinder hat sie geboren, wissen Sie«, um den Block spazierte und eines Tages beiläufig, aber mit strahlendem Lächeln ihren Mann erwähnte. In den Trümmern hätten sie gelebt, erzählt sie, Häuser wieder aufgebaut und nebenbei geheiratet – oder umgekehrt, jedenfalls in den Trümmern geheiratet. Schnell ist offensichtlich, dass die kleine zierliche Frau mit sorgfältig drapiertem Haar aus Liebe geheiratet hat und nicht aus Vernunft, wie viele Frauen ihrer Generation es mussten. Ich bin neugierig und will wissen, wie diese Liebe war, die ihr bis heute ein unglaubliches Lächeln ins Gesicht zaubert. Als ich sie schließlich besuche, stehen wir zehn qualvolle Minuten in ihrem winzigen Entrée mit rotem Teppichboden, dunklem Holz und kleinen Stickbildern mit Pudeln. Selbst an ihrem Gilet steckt ein Pudel in Form einer rotgoldenen Brosche.

Es tut mir leid. Ich kann darüber nicht reden. Ich verstehe es bis heute nicht. Warum das passiert ist, wo wir doch gerade mit dem Garten am See begonnen hatten. Wir haben ihn von den Eltern übernommen und ließen uns das Grundstück überschreiben. Wir haben so lange darauf gewartet, endlich im Grünen sein zu können. Da waren wir vierzig Jahre lang verheiratet. Mein Mann war Polier und arbeitete für meinen Vater. Er war die große Liebe in meinem Leben, die einzige.

Nie hatte ich einen anderen. Als er sechzig war, stand er eines Tages im Garten, am Nachmittag, es war Sommer. Ich stand in einem der Beete und zupfte Unkraut, er stand auf einer Leiter und schnitt die Hecke. Da hatte er diesen Blutsturz. Er ist verblutet, mitten in unserem Garten, auf dem Rasen, gleich bei dem Kirschbaum, in Anwesenheit von drei Ärzten. Ich stand nur daneben und konnte nichts tun. Seither frage ich mich: Warum?

Wissen Sie, vierzig Jahre vergehen so schnell. Klar, ein Ende kommt immer. Aber so schnell? So plötzlich? Ausgerechnet in dem schönen Garten, der endlich unser war, wo wir gerade begonnen hatten auszusäen? Niemand kann mir diese Fragen beantworten. Der da oben weiß ja auch nicht richtig Bescheid. War es Schicksal? Und wenn: Was heißt das schon? Sicher, hätte ich vorher gewusst, etwas Schreckliches passiert in einem Jahr, hätte mich das auch nicht ruhiger gemacht. Trotzdem: Warum?

Später habe ich mir einen Pudel zugelegt, er bedeutet mir alles. Seit zwei Wochen lebt er bei der Nachbarin, weil ich zu alt bin, um mich gut um ihn zu kümmern. Ihn vermisse ich sehr. Ohne ihn mag ich gar nicht mehr spazieren gehen. Ich könnte natürlich, aber da laufe ich dann nur einsam ums Karee. Das ist ja auch nichts. Meine Stiefschwester musste kürzlich ins Altenheim, das hat sie gar nicht gestört. Sie nimmt immer alles so, wie es kommt, und arrangiert sich. Ich kann das nicht. Entweder man ist so oder so. Sehen Sie, jetzt zittern mir schon die Knie, wenn ich auch nur an meinen Mann denke. Sein Tod wühlt mich noch immer so sehr auf, dass ich jedes Mal noch tagelang damit beschäftigt bin, wenn ich darüber spreche. Verzeihen Sie, aber ich kann das einfach nicht.

Weil sie sich zwar über meinen Besuch freut, wir uns sympathisch sind, sie aber ihre Geschichte nicht erzählen kann, fragt sie mich nach meinem Leben. Davon erzähle ich ihr gerne. Auch, dass ich mich frage, wie lange mein eigenes Glück blei-

ben wird. Sie lächelt und meint nur: »Manchmal ist es besser, man weiß es nicht.« Und ich denke, dieses Lächeln kann ihr niemand nehmen. Seit dieser Begegnung weiß ich: Am Ende erinnert man sich ans Glück, unabhängig davon, wie lange es gewährt hat.

Teil 3

Was nach dem Abschied bleibt

trennen, scheitern, loslassen

Ratzfatz gerieten wir in die klassische Rollenverteilung

Philipp Petzold, 68 Jahre

Meine Generation habe viel aufgebrochen, sagt man, die verknöcherte Sexualmoral, die Bürgerlichkeit, den Mief der Nazizeit. Doch wir haben bloß den Umgang damit verändert, haben neue Wohn- und Lebensformen ausprobiert.

Mit zwanzig zog ich aus meinem Elternhaus in München aus und gründete mit einem Schulfreund eine Zweier-WG am Schlesischen Tor in Berlin. Nach vier Jahren wechselte ich zu meiner späteren Ehefrau in eine ehemalige Hinterhoffabrik in Kreuzberg, in der Künstler und Lebenskünstler wohnten. Alleine gewohnt habe ich zum ersten Mal mit 54 Jahren. Diese Form gefällt mir unterdessen am besten.

In Berlin merkten wir schnell, dass die KPD/ML* nicht unser Ding war und die APO** für meine Generation sowieso nicht mehr. Interessanter, weil parteilos, war die heimatlose Linke. Neben Politik ging es um Sex, Drugs und Rock 'n' Roll. Alles ist erlaubt, alles ist möglich, das war die Devise. In den Szenelokalen trafen sich die Hippies, die Kiffer, die Musiker, die Künstler und auch die Möchtegernkünstler. Dort lebte ich mich am schnellsten ein – und auch am vergnüglichsten. Was die Liebe betraf: Hier wurden Liebe und Sex deutlich getrennt. Denkt man über die Liebe nach, muss man auch über

---

* Kommunistische Partei Deutschlands/Marxisten-Leninisten
** Außerparlamentarische Opposition

Sex reden. Ich glaube, er ist ein wichtiger Teil des Kennenlernens. Durch Sex erkennt man sein Gegenüber besser. Je jünger man ist, desto stärker spielt Sex eine Rolle. In der Pubertät sowieso, aber auch später. Und aus Männersicht wird er meistens problematisch, wenn es ums Kinderkriegen geht. Ein gleichaltriger Freund meinte neulich: In Bezug auf Sex sind wir die privilegierteste Generation überhaupt. Und das stimmt. Als wir in die Pubertät kamen, wurde gerade die Darstellung von Pornografie gelockert. Nackte Busen in Zeitungen wurden salonfähig. Danach kam die Antibabypille auf den Markt, just als es bei uns losging. Und spätestens als wir in Berlin ankamen, galt: »Wer zweimal mit derselben pennt, gehört schon zum Establishment.« Uns wurde also diese Offenheit, die neuen Freiheiten auch zu nutzen, mitgegeben. Und jetzt, da wir alt sind, hat man auch noch Viagra für uns erfunden…

Ich bin kurz nach dem Krieg geboren, erst 1955 sind die letzten Heimkehrer aus Sibirien zurückgekommen. Natürlich haben etliche Frauen zehn Jahre lang nicht ins Leere geträumt, sondern sich andere Männer gesucht und Kinder gekriegt. Das führte später zu Spannungen. Dann galten damals noch sehr restriktive Sexualparagrafen. Homosexualität war strafbar, und es gab den sogenannten Kuppelei-Paragrafen, der es verbot, dass man jemandem »die Gelegenheit zur Unzucht bietet«, wie es so schön hieß. Also etwa eine Party veranstalten und hinterher Leute übernachten lassen – damit hätte man, zumindest theoretisch, ins Gefängnis kommen können. Solche Gesetze wurden zwar immer weniger angewendet, aber sie existierten noch. Das prägte, auch wenn ich selbst liberal aufgewachsen bin und das Kind von Eltern bin, die sich liebten.

Als ich nach Berlin kam, war es plötzlich möglich, jemandem in der Disco zu begegnen und zusammen im Bett zu landen. Man hat sich sehr schnell darüber verständigt – es ist nicht die große Liebe, aber wir können eine traumhafte Nacht miteinander verbringen. Das war in beiderseitigem Einverständnis und kam der Männlichkeit natürlich sehr entgegen. Nur: Für Frauen, die ans Kinderkriegen denken, ist das keine gute Lösung. Andererseits: Zur Familiengründung lernt man sich besser auch nicht in der Disco kennen.

Zu meiner Jugendzeit galt noch, dass eine Frau abends nicht alleine irgendwo hingehen konnte. Ich glaube, gerade in sexueller Hinsicht war die Pille ein riesig befreiendes Gefühl für die Frauen. Und das hat man ihnen auch angemerkt. Sie konnten plötzlich selbst entscheiden, was sie machen, konnten überall hin, Beziehungen anfangen und beenden, wie sie wollten. Und abgesehen von den üblichen Geschlechtskrankheiten, gab es noch kein Aids.

Eine Zeit lang war das alles relativ unproblematisch mit der Liebe. Klar, irgendwann sprach man über Zukunft und Familie. Wie man sich das so vorstelle. Es gab das offene Modell der Kommune, weg von dieser miefigen Ehe und der Bürgerlichkeit, das aber, nüchtern betrachtet, ein sozialistischer Romantizismus war. Ich glaube nicht, dass das wirklich funktionierte. In einer Kommune zu leben, das konnte ich mir nicht vorstellen, weil ich grundsätzlich Mühe mit Gruppen habe. Ich verreise nicht mit Reisegruppen, ich bin in keinem Verein, ich bin in keinem Rotary Club, in keinem Lions Club. Sozial bin ich durchaus, das ist es nicht, und ich kann mich auch gerne verpflichten. Aber ich glaube, in einer Kommune muss man vernünftigerweise einen Teil seiner Entscheidungsfreiheit aufgeben wie in der Demokratie. Doch im Privaten möchte ich möglichst viel von meiner Entscheidungsfreiheit für mich behalten. Wohngemeinschaften waren damals völlig neu, weil der Kuppeleiparagraf gerade erst ad acta gelegt wurde. Man musste ja erst einmal einen Vermieter finden, der das überhaupt tolerierte.

Durch meine Frau kam ich mit dem Leben in einer sehr offenen Wohngemeinschaft, in einer alten Fabrik in der Waldemarstraße in Kreuzberg, verteilt auf vier Etagen, in Berührung. Wir begegneten uns, weil wir uns beide in der gleichen Kindergruppe auf dem besetzten Bethaniengelände engagierten. Zwei Jahre lang kümmerten wir uns dort um Kinder, die aus zerschlissenen sozialen Verhältnissen kamen, von Eltern, die Alkoholiker waren oder sonst wie auf der Straße rumflippten. Wir taten das, weil wir in Kreuzberg lebten, aber vor allem aus sozialpolitischer Überzeugung. Schließlich wollten wir die Gesellschaft erneuern. Die Bekanntschaft mit Monika war anders. Das merkte ich sofort.

In der Waldemarstraße wohnte sie zusammen mit einem Tross damals noch völlig unbekannter Künstler. Jeder machte irgendwie sein Ding. Alle wohnten individuell, aber man traf sich, tauschte sich aus, und wenn man keinen Bock mehr hatte, machte man einfach was anderes. Das fand ich total gut. Es wäre sicher ein Bruch gewesen, wenn man in diese Fabriketage irgendjemand neuen mitgenommen hätte und sich da offen verlustiert hätte. Das machte man besser einfach anderswo und redete nicht darüber. Meine Frau und ich, wir verständigten uns darauf, dass wir lose zusammenwohnten. Wir brauchten beide sehr wenig Geld, und jeder wurschtelte etwas vor sich hin. Auch im wirtschaftlichen Sinn: Einige Sachen besaßen wir miteinander, andere nicht. Wir reisten beide viel, aber nicht unbedingt zu zweit, sondern sie reiste mit denen, und ich reiste mit anderen oder allein. Diese fabrik-illustre Wohngemeinschaft zerfiel, als sich das Klima in der Waldemarstraße veränderte, weil sich Ende der Siebziger plötzlich Türkengangs und Rocker bekämpften. Viele zogen aus, auch wir fühlten uns nicht mehr wohl. Durch Zufall kamen wir an diese riesige Dachwohnung am Mehringdamm, ebenfalls eine ehemalige Fabrik. Dort wohnten wir dann wieder in einer Wohngemeinschaft mit der Cousine meiner Frau, und das war alles bestens.

Über Kinder hatten meine Frau und ich gesprochen, aber nichts geplant. Für beide war klar: Wenn wir Kinder kriegen, dann heiraten wir. Darauf hatten wir uns verständigt. Wir haben nicht verhütet, wir haben es einfach darauf ankommen lassen. Dass wir unbedingt Kinder haben wollten, das wäre bereits übertrieben. Aber wir wussten: Wenn sie kommen, kommen sie – wenn nicht, dann nicht. Ich spreche da aus meiner Sicht, vielleicht hat meine Frau da anders drüber gedacht.

Zuerst kam Daniela. Überraschend. Es war für uns beide überraschend. Wir waren im Urlaub in Österreich, als mir meine Frau mitten in der Steiermark eröffnete: »Ich glaube, ich bin schwanger.« Wir holten uns in Bad Aibling einen Schwangerschaftstest. Das Ergebnis hätte positiver nicht sein können. Wir kamen beide aus gutbürgerlichem Haus, und da war schon klar, es muss ein Nest her irgendwie. Wir hatten beide ein sehr positives Zuhause, das wollten wir weitergeben. Wir haben nie zu denen gehört, weder Monika noch ich, die sich gegen das Bürgerliche aufgelehnt haben. Wir hatten ja damit beide keine schlechten Erfahrungen gemacht. Es war nicht so, dass wir irgendetwas hätten kompensieren müssen. Und wir wussten ja, dass zur kleinen Zweierehe Streitereien und Konflikte dazugehören.

Meine Frau, die Soziologie studiert hatte, lebte damals davon, dass sie an einem Laden für Spielzeug und Bücher beteiligt war, nach einem bestimmten psychologischen Erziehungsmodell – pädagogisch Wertvolles, keine Panzer, keine Soldaten, keine Barbiepuppen. Und ich arbeitete in einer Schreinerei, die ich mit einem Österreicher zusammen gegründet hatte, aus einem ehemaligen Pleitebetrieb am Mehringdamm. Es gibt sie heute noch. Studiert hatte ich zuerst Jura, später Philosophie und Germanistik.

Plötzlich ein Kind zu haben, das war nicht einfach. Als Daniela zur Welt kam, arbeitete ich tagsüber und besuchte abends die Schule für den Meisterbrief im Tischlerhandwerk. Kam ich danach erschöpft nach Hause, empfing mich eine Mutter, die nur sagte: »Jetzt bist du mal dran, ich bin müde.« Wie das Leben mit dem ersten Kind eben so ist – das sagt einem keiner. Und wenn es einer sagt, dann glaubt man ihm nicht. Auch wenn wir beide von Daniela begeistert waren: Ein Kleinkind ist zuerst einmal ein ganz gewaltiger Störfaktor in einer Beziehung. Alles muss neu geordnet werden. Und klar, jetzt war ich plötzlich der, der durch die Schreinerei, die ich gerade aufbaute, am meisten verdiente. Ratzfatz, eh man sich's versah, gerieten wir in eine klassische Rollenverteilung. Die Frau sitzt zu Hause, macht den Haushalt, kümmert sich ums Kind – und der Mann ist draußen und verdient das Geld. Zufrieden waren wir damit beide nicht. Als Vater kriegt man so das Kind gar nicht richtig mit. Es dauerte zwei Jahre, bis wir merkten, das haut überhaupt nicht hin.

Wir bewarben uns beim Deutschen Entwicklungsdienst, DED, denn die Entwicklungsarbeit faszinierte mich seit meiner Reise im VW-Bus von Berlin nach Kathmandu. Arbeiten wollten wir beide, doch schnell war klar, dass sie zwar einen Tischler brauchten, aber keine Soziologin. Wir entschieden uns trotzdem zu gehen und kamen nach Lesotho in Afrika. Diese Zeit veränderte viel in unserer Beziehung. Der ganze Stress mit der Meisterausbildung, dem Aufbau der Werkstatt, dem Funktionierenmüssen fiel von mir ab. In Afrika war alles anders: Verglichen mit der Arbeitsbelastung in Berlin, verteilte sich dort auf den Tag, was ich vorher in wenigen Stunden erledigt hatte. Fertig wurde, was im Tempo der dortigen Werkstatt möglich war, und das war okay so. Die Jahre in Afrika waren unsere glücklichste Zeit. Wir hatten dort alles. Das ganze Puzzle, was wir an Einzelteilen bislang erlebt hatten, kam dort zusammen. Wir lebten in einem eigenen Haus, aber ähnlich wie in der Fabrik in der Waldemarstraße: Ständig kam und ging jemand. Und plötzlich waren wir mit Holländern, Engländern, Italienern, Franzosen, Norwegern und Dänen, der ganzen *international community* befreundet. Nachbarn riefen an: »Daniela ist bei uns und bleibt auch über Nacht.« Ah ja, klar, und morgen eben Nele und Klara bei uns. Dazu die Exotik: In Afrika funktioniert so vieles ganz anders. Später konnte meine Frau auch noch durch einen Kontakt an soziologischen Studien teilnehmen. Sie war Feuer und Flamme. Und Daniela sowieso, sie wurde dort eingeschult und ist zwei-, teilweise dreisprachig aufgewachsen. Buchstäblich am letzten Tag dieser vier Jahre, beim

Packen für einen letzten Roadtrip mit dem Landrover, sagte Monika: »Ich glaube ich bin wieder schwanger.« Das war Meret, unsere jüngere Tochter. Da war die Freude riesig.

Zurück in Deutschland, lebten wir zuerst bei Monikas Eltern in Frankfurt, in einem Hinterzimmer. Ich hatte keinen Job, nichts. Zuerst begann ich auf freiberuflicher Basis ein Entwicklungsprojekt bei der GTZ, heute GIZ (Deutsche Gesellschaft für internationale Zusammenarbeit). Durch Freunde, die wir in Lesotho kennengelernt hatten, zogen wir als Untermieter auf ein ehemaliges Klostergut, das ihre Eltern einst für die kinderreiche Familie gekauft hatten. Ein paar Kilometer südlich von Mainz, in einer wunderschönen Gegend, dort sieht es ein bisschen aus wie in der Toskana. Wir hatten viel Platz und einen riesigen Garten. Die ersten paar Jahre, drei bestimmt, hatten wir dort ein tolles Leben. Mir machte mein Job Spaß, ich arbeitete freiberuflich und hatte genügend Zeit. Wir wussten inzwischen, wie das geht mit Kindern, und der Schwung von Afrika war auch noch da. Doch ich wusste, ich brauche mir nur das Bein brechen, dann fällt dieses ganze Gebilde in sich zusammen. Also bewarb ich mich für eine Festanstellung, Teilzeitoption gab es nicht und hätten wir uns finanziell nicht leisten können. Ab da war ganz klar, dass ich eine »Karriere« mache, die einerseits genügend Geld bringt und andererseits mich nicht verrückt macht. Strukturen mochte ich nicht, und ich war es gewohnt, mein eigener Chef zu sein. Konkret hieß das, dass ich, der als 41-Jähriger in einen Betrieb reinkam, erst mal strampeln musste.

Es war nicht einfach. Wir wohnten auf dem Land. Monika fuhr die Kinder hin und her, versorgte sie. Während ich das Geld mit einem Job verdiente, bei dem ich auch noch häufig auf Dienstreise im Ausland war. Als unsere Vermieter aus Afrika zurückkehrten, zogen wir nach Niederhöchstadt. Etwas nördlich davon liegt Kronberg mit der größten Millionärsdichte Deutschlands. Und da, wo wir wohnten, da waren die, die es nicht geschafft hatten. Das kümmerte uns zuerst wenig, denn wir waren ja nur zufällig da.

Anfänglich sagte die Vernunft noch, das muss so sein, dass ich als Einziger das Geld verdiente. Und wir beide fanden ja durchaus auch unsere Nischen: Ihr gefiel es mit den Kindern – und ich freute mich über einen Beruf, der mich morgen nach Guatemala und übermorgen nach Hanoi brachte. Und doch war irgendwann der Erschöpfungsgrad auf beiden Seiten wahnsinnig hoch. Ganz abgesehen davon, dass auch der Gemeinschaftsgrad gegen null tendierte. Wir hatten ja nichts mehr gemeinsam. Jeder versuchte zu funktionieren.

In jener Zeit starb meine Schwester an Krebs. Wir waren uns sehr nah gewesen. In ihrem letzten Vierteljahr fuhr ich jedes Wochenende von Frankfurt nach München und kümmerte mich um sie. Auf jeder Rückfahrt fragte ich mich: Was wäre, wenn du da liegen würdest? Was war dir eigentlich immer wichtig im Leben? Ich dachte zurück an meine Träume, erinnerte mich an die lockere, unabhängige Zeit in Berlin. Während meine Frau ein Haus in Niederhöchstadt kaufen wollte – was ich bis heute eine stockspießige Gegend finde. Je mehr ich darüber nachdachte, was ich eigentlich wollte, umso weniger kam ich weiter. Bis ich darüber nachdachte, was ich eigentlich nicht wollte. Dazu fiel mir schon wesentlich mehr ein. Mit meiner Frau konnte ich darüber nicht reden, es gab nie die Zeit oder die passende Situation dafür. Wir eckten nur noch an. Gleichzeitig waren wir als Ehepaar eingespielt, wir waren da schließlich seit 25 Jahren zusammen. Außerdem entschied sich bei mir beruflich gerade einiges: Die Entwicklungszusammenarbeit war durch den wirtschaftlichen Abbau Ende der Achtzigerjahre in Verruf geraten, noch stärker durch die Wiedervereinigung Anfang der Neunziger. Die Wirtschaft weigerte sich, Geld »irgendwo dort« in Entwicklungsländer zu investieren, wo wir doch hier genügend Probleme hatten. Ich wechselte in einen Bereich, in dem ich zusammen mit der Geschäftsführung einen Weg finden sollte, um mit der Wirtschaft zusammenzuarbeiten.

Dann starb meine Schwester. Plötzlich passte nichts mehr zusammen. Und ich konnte nichts mehr tun. Nur noch in meinem Büro an die Decke schauen und hoffen, dass es vorbeiging. Ich war nahe dran, zu denken, da kommst du nicht mehr durch. Es war zu früh, um ans Berufsende zu denken, aber schon nahe genug, um sich zu fragen: Will ich das wirklich? Darüber dachte ich damals sehr, sehr viel nach. Durch den Tod meiner Schwester merkte ich, dass ich das mit dem Hauskauf eigentlich nicht wollte – ich wollte wieder raus in die Welt und weg von den Zwängen. Also bewarb ich mich für eine interne Stelle in Bangkok. Mein bisheriges Projekt mit der Geschäftsleitung lief gerade aus, und alle warteten darauf, dass ich jetzt die Karriereleiter hochkletterte, Abteilungsleiter wurde oder ein Büro im Ausland übernahm. Doch ich wollte vom Management weg und wieder in die praktische Arbeit. Meine Chefin versuchte, mir schonend zu erklären, dass eine Rückkehr in die Projektarbeit mein Karriereende bedeutet. Denn Bangkok, das bedeutete mehr Autonomie, aber mit der Geschäftsführung hatte man dort nichts mehr zu tun. Sie fragte: »Und Sie wissen auch, dass es da keinen Weg zurück gibt?« Das wusste ich. Und als ich in Bangkok zum ersten Mal ganz allein lebte, merkte ich sofort: Dieser Lebensstil, das ist genau das, wonach ich immer gesucht hatte. Ich entscheide selbst und spontan, worauf ich Lust habe.

Meine Frau und ich, wir trennten uns letztendlich nicht im Streit. Wir waren uns beide einig, dass das Ganze nicht funktioniert hatte. Sie dachte noch eher, wir kriegen das wieder hin. Während bei mir das Gefühl sagte: Probier's erst gar nicht, du musst hier einen Schlussstrich setzen. Auch wenn wir nicht mehr groß miteinander redeten, waren wir uns bewusst, wir müssen uns gemeinsam um die Kinder kümmern. Unsere jüngere Tochter war damals knapp zwölf. Das bereitete mir am meisten Sorgen. Ich fürchtete, dass man da verliert. Dass man als Vater irgendwann zu hören bekommt: Papa, du warst vielleicht mein Erzeuger, mehr aber nicht. Sie ist ein intelligentes Kind, ich glaube, sie verstand, was ungefähr abging. Wir sind trotz der Trennung immer eine Familie geblieben. Damit haben wir unseren Kindern erspart, dass sie in irgendeinen Loyalitätskonflikt geraten. Die Konflikte versuchten wir vor den Kindern zu vermeiden, versuchten, nie schlecht vom anderen zu sprechen. Charakterisieren kann man den anderen auch liebevoll, sodass sich die Kinder ihr eigenes Urteil bilden können. Das taten sie im Übrigen auch, und das ist gut.

Erstaunlicherweise hat mir meine Frau vor gar nicht langer Zeit und zum ersten Mal gesagt, dass sie nachträglich froh sei, dass ich damals den Schritt aus der Ehe und nach Bangkok gegangen sei. Das erste Gespräch mit meiner Frau fand etwa acht Jahre nach der Trennung statt. Wir sprachen darüber, wer was wie empfunden hatte. Da war keine Spannung mehr zwischen uns. Und wir wussten ja auch beide, dass es gut gelaufen ist, was etwa die Kinder anbelangt oder das Geld. Denn darüber stritten wir nie. Über eine Scheidung haben wir bis heute nie gesprochen. Zum einen, weil ich mich ihr wirtschaftlich nach wie vor verpflichtet fühle. Zum anderen, weil mir bei unserer Trennung ganz schnell klar war, dass ich keine zweite Partnerschaft will. Nie wieder Ehe, nie wieder Zweierkiste. *Forget it, it's not me.* Nicht, dass ich Freundschaften und Beziehungen nicht mag, aber zu zweit zusammenleben, das möchte ich nicht mehr.

Verliebt habe ich mich seither häufig. Also ich verliebe mich einfach schnell. Weil ich finde, dass Frauen wunderbare Wesen sind. Mit dem Alter wird vieles leichter. Denn die Kinderfrage fällt weg. Doch mir ist wichtig, dass keine Missverständnisse entstehen. Ohne zu pauschalisieren – ich habe schon oft erlebt, dass Frauen sagen: »Männer reden immer viel von Freiheit, das kriege ich schon hin.« Das kann aber auch in die Hosen gehen. Ich habe gemerkt, dass selten Freundschaften zwischen Männern und Frauen entstehen. Auch wenn ich selbst mit einigen Frauen gut befreundet bin. Ich finde, man muss das andere Geschlecht auch als anderes Geschlecht wahrnehmen. Mann und Frau sind auf dieser Erde zwei Pole. Wir Männer werden nicht anders, wir können uns höchstens in einer gewissen Art und Weise zügeln. Und

Frauen sind in vielerlei Dingen anders, oft emotionaler. Ideal ist, wenn man das akzeptieren und sagen kann: Ja, ich reite auf deiner Welle mit. Nur lass uns ab und zu tauschen. Und falls wir uns wirklich auf den Keks gehen, dann gehen wir uns eben für einige Zeit aus dem Weg. Wenn man das irgendwie hinkriegt, dann ist es wunderschön. Wenn man lernt, das aufeinander abzustimmen, ist es wunderbar – denn das ist es, was die Liebe ausmacht: die Harmonie zwischen diesen beiden Gegensätzen. Allerdings können zwei Gegensätze genauso aufeinanderprallen, und dann wird es furchtbar.

Die Teetassen stehen bereits parat, als ich zu Philipp Petzold in die Wohnung komme. Um 13 Uhr komme heute der Liftinstallateur, meint er und erklärt mir kopfschüttelnd das Prozedere, weshalb er von der Verwaltung als Liftverantwortlicher auserkoren wurde. Wir setzen uns ins Wohnzimmer, Philipp Petzold stellt die Tassen auf Unterteller, die er aus einer Vitrine nimmt, dazu gibt es Kekse und Pralinen. Gerade letzten Montag sei er 68 Jahre alt geworden, erzählt er, ein großer Mann in elegantem dunkelblauem Hemd und Pullover zur hellen Hose. Ich hätte ihn gut zehn Jahre jünger geschätzt. An den Wänden der aufgeräumten Wohnung hängen Bilder, die Freunde von ihm gemalt haben. Nach seinen Jahren in Afrika, Asien und Niederhöchstadt wohnt er jetzt wieder in Berlin, allerdings nicht mehr im verrückten Kreuzberg, sondern in Wilmersdorf, einem typischen Rentnerviertel, wie er sagt: »Hier wohnt meinesgleichen.« Besonders falle ihm das beim Einkaufen im Supermarkt auf. Hier spüre man sofort, wenn eine Frau verwitwet sei: »Dieses Heer von Frauen, die sich irgendwie zurechtwurschteln – die freuen sich, wenn sie mal wieder als Frau wahrgenommen werden. Das finden sie schon toll.«

Sein erster Satz führt mitten ins Thema: »Ich glaube, getrennt zu wohnen ist ein Modell, das funktioniert. Es ist schön.« Glücklich getrennt, wie das geht, will ich wissen, und Philipp Petzold hebt und senkt seine imposanten Augenbrauen, um zu erzählen, wie er sich verliebte, entliebte und vor knapp 14 Jah-

ren zum ersten Mal alleine eine Wohnung einrichtete. Seine Beziehungen und Freundschaften funktionierten gerade deswegen so gut, ist er überzeugt, weil er seine Tür zumachen könne. »Aber ich würde vermutlich nicht so locker hier sitzen, wenn meine Frau oder Dauerbeziehung oder Lebensabschnittsgefährtin oder wie auch immer da drüben säße und gerade ein Buch läse.« Das rote Sofa dort drüben, auf das er zeigt, ist leer.

Vergangene Weihnachten sei seit Langem wieder das erste gewesen, das sie zu viert verbracht hätten. Gut sei das gewesen, meint er und sagt: »Sobald wir wieder länger miteinander zusammen sind, gibt es immer die Situationen, wo wir alle merken: Ah ja, mhm. Kenne ich noch. Aber im Unterschied zu früher weiß jeder, wenn man jetzt da weitermacht, wird es grauenhaft. Und jeder bremst. Und jeder sagt, komm, wir wissen, was passiert – und sind froh zu wissen: Übermorgen gehen wir alle wieder eigene Wege.« Überpünktlich vor 13 Uhr kommt der Liftinstallateur und unterbricht unser Gespräch. »Deutsche Gründlichkeit«, seufzt Philipp Petzold nur und beendet zuerst noch in aller Ruhe seinen Satz.

Mit einem Kind kann man keinen Mann halten

Hildegard Müller, 83 Jahre

Ich bin die Müllerin, Hildegard Müller, geboren 1931 in Apolda, im Weimarer Land. Dort bin ich groß geworden. Ich wollte damals einen schönen Beruf ergreifen, einen, mit dem ich um die Welt komme, das war aber dann nur in der Fantasie so. Schließlich war ja Krieg. Später, zu DDR-Zeiten, fuhr ich auch nie nach Ungarn in den Urlaub. Ich kam im Gegenteil überhaupt nicht in der Welt herum, sondern bin immer bei meiner Mama geblieben. Meinen Mann traf ich mit 17 und heiratete ihn gleich. Walter hieß er. Kennengelernt hatten wir uns in einem Tanzlokal in Apolda. Wie habe ich gerne getanzt! Und herrliche Musik war das. Meine Musik war immer der Walzer. Der Mann muss führen können, freilich. Aber mittlerweile führe ich auch gern.

Meine Freundin Hella und ich, wir schworen uns einst: Wir heiraten nur den Mann, den wir lieben und sonst keinen. So wie es heute ist, dass man da mit jedem hinausgeht zum Küssen und dann wieder hinein zum Tanzen, so was gab's bei mir nicht. Und dass man mit einem nur für eine Nacht, also Gewohnheitsstands oder wie man das nennt, sowieso nicht. Da war nie etwas zuvor. Nicht einmal ein Kuss. Und so hatte ich nur diesen einen Mann in meinem Leben, den Walter. Das war mein Mann. Bis dann alles vorbei war. Meinen Mann habe ich natürlich gleich geküsst. Wir haben uns gesehen und wussten: Wir wollen uns alle beide. Oder sagen wir, ich wollte ihn. Was er damals dachte, das weiß ich nicht.

Liebe machten wir überall. Auf dem Küchentisch, drunter und drüber, auf der Waschmaschine. Das mit der Aufklärung war kompliziert. Aber wir haben uffjepasst. Mein Mann organisierte mir Kautschuk aus dem Westen, das man sich in den Gebärmutterhals steckte. Schön war das nicht. Aber man wollte ja nicht jedes Mal ein Kind bekommen. Ich bin dann doch schwanger geworden, und wir haben geheiratet, in der Dorfkirche, und ich im weißen Kleid. Nach der Hochzeit meinte der Schneider, dass sei die schönste Hochzeit gewesen, die er je gesehen habe. Dabei bin ich nur noch hin und her getaumelt, weil ich im siebten Monat war und die Predigt so lange dauerte – obwohl ich dem Pfarrer extra gesagt hatte, er soll keine lange halten. Es war eine schöne Hochzeit, aber am Ende war ich froh, als der Tag vorüber war und wir ins Bett konnten. Wir waren doch nur müde. Und Champagner gab's damals sowieso keinen.

Leider bereute ich diese Heirat dann schon nach einem Vierteljahr. Denn mein Mann nahm sich, wie soll ich sagen, enorme Freiheiten heraus. Er erlaubte sich alles. Er war in einem Spielmannszug, machte tatkräftig Musik, mit Trommeln, Trompeten und allem. Außerdem war er leidenschaftlicher Fußballer. Dazu noch Mittelstürmer. Und wenn er nicht unterwegs war, saß er in der Kneipe. Am Ende habe ich das dann 16 Jahre lang ausgehalten. Was hätte ich auch machen sollen? Zuerst kam unsere Tochter zur Welt, nach zwölf Jahren kriegte ich noch einen Jungen. Man soll als Frau allerdings nicht denken, dass man mit einem Kind einen Mann halten kann. Wenn er fortwill, dann geht er fort.

Als ich meinen Jungen bekam, stellte sich heraus, dass Walter zeitgleich ein Kind von einer anderen Frau bekam. Da hatte ich genug und wollte mich schließlich scheiden lassen. Der Richter riet mir zwar damals: »Frau Müller, Sie müssen sich nicht scheiden lassen. Machen Sie einfach dasselbe wie ihr Mann.« Aber das fand ich falsch. Ich bin doch diese Ehe eingegangen, um gemeinsam alt zu werden. Treu war ich immer und hatte auch nie eine andere Absicht. Obwohl ich genügend Gelegenheiten gehabt hätte. Als ich meinem Mann damals sagte, dass ich mich scheiden lasse, meinte er nur: »Ja, dann muss ich jetzt halt die andere heiraten.« Heirate die ruhig, sagte ich ihm, und er heiratete sie. Zwei Jahre später stand er dann wieder in meiner Wohnung und sagte: »Frau, wenn ich mich scheiden lasse, nimmste mich dann wieder?« Da war ich natürlich erst mal gerührt. Wie eben eine Frau ist, gell.

Danach habe ich mich vor Männern nicht retten können. Immer wieder bin ich auf sie hereingefallen, einmal auf einen verheirateten Mann, der viel Geld hatte und den ich während der Kur kennengelernt hatte. Da hatte ich einen richtigen Kurschatten. Doch auch das ging nicht gut. Und einmal meldete ich mich auf eine Annonce: Auf »Wassermann-Mann sucht eine Frau« antwortete ich mit »Wassermann-Mann, hier schreibt dir die Jungfrau-Frau«. Aus dreihundert Zuschriften hat er meine herausgepickt! Als ich ihn in Fürstenberg auf dem Bahnsteig traf, dachte ich, mein Mann Walter von einst stünde da. Sie sahen einander wirklich ähnlich. Und so blieb ich bei ihm in der Uckermark hängen, obwohl der Wassermann-Mann eine fürchterliche Wohnung hatte. Erst war es so, als hätten wir uns schon immer gekannt. Und heiraten musste man dann auch nicht mehr. Wobei ich sowieso nicht wieder geheiratet hätte. Doch mit der Zeit ging es ihm zu gut bei mir, und er ließ sich nur noch bedienen. Ein richtiger Pascha war das! Und ich war so blöd, ich machte das mit. Erst nach zwölf Jahren merkte ich, dass das mit dem Wassermann-Mann nicht klappt. Die Trennung war hart, ich habe vieles falsch gemacht. Aber wir telefonieren immer noch.

Heiratsanträge bekomme ich bis heute. Als ich hierher ins Wohnheim kam, kriegte ich einen großen Strauß roter Rosen von einem Mitbewohner, dem Herrn Dhanis. Und drei Glücksbringer, die habe ich immer noch. Wie habe ich mich gefreut! Zum ersten Mal in meinem Leben habe ich einen richtig großen Strauß Blumen gekriegt! Und nachher noch einen Brief. Er meinte, er habe mich gesehen und sofort gewollt. Jetzt tanzen wir manchmal zusammen. Ja, das sind schon die gleichen Schmetterlinge wie damals im Tanzlokal von Apolda. Aber ihn deswegen heiraten? Nee, in meinem Alter nicht mehr. Ich mach mich doch nicht lächerlich. Früher konnte er richtig schön singen, hat man mir gesagt.

Die Müllerin, die von ihren Mitbewohnern im Altersheim nur die schöne Müllerin genannt wird, will seit vierzig Jahren sterben. Immer wieder sagt sie das, nicht ohne dabei herzhaft zu lachen. Sie spricht gern über die Liebe, auch wenn sie findet, dass sie vom Leben betrogen wurde. Besonders gerne erzählt die kleine Frau mit Kurzhaarschnitt die schlüpfrigen Details, betont aber stets, wie anständig man damals war – im Gegensatz zu heute, wo es in Liebesdingen ja kaum mehr Regeln gebe. Meine Einwände nimmt sie wohl zur Kenntnis, will mir aber nicht so recht glauben. Wenn ich sie nach der großen Liebe frage, weiß sie ganz genau, wovon ich spreche: Das war ihr Walter, ihr erster Mann. »Der Mann«, wie sie ihn nennt.

Wenn sie erzählt, wechselt ihre Stimme zwischen theatralischer Entrüstung und hellem Lachen. Es ist eine Freude, ihr zuzuhören: »Ich habe das Leben eigentlich ganz gut hinbekommen, nicht?« Traurig ist sie, dass sie mit ihrer großen Liebe letztlich nicht glücklich geworden ist. Auch wenn sie sich später immer wieder in andere Männer verliebt hat. Das letzte Mal vor einem Jahr, als sie gerade neu ins Altersheim gezogen war und von ihrem galanten, dreimal verheirateten Zimmernachbarn rote Rosen geschenkt bekam. Dieser Mann, inzwischen ganz offiziell ihr Freund, hört den Ausführungen aus ihrem früheren Leben aufmerksam zu und kichert bei intimen Details genauso verschmitzt wie sie. Erzählt sie von Walter, sitzt er neben ihr und hält ihre Hand.

Ich bin aus einer Welt in eine komplett andere geraten

Carola Graf, 72 Jahre

Carola Graf besuche ich in einem alternativen Wohnprojekt in Berlin. 53 Frauen wohnen hier, jede in ihrer Wohnung, gemeinsam besuchen sie Kurse, bewirtschaften den Garten, treffen sich im Foyer. Lauschig könnte man die Atmosphäre nennen, und doch befindet sich das Haus mitten in der Stadt. Es wächst viel Grün nach vorn zur Straße und noch mehr hinten, wo sich auch ein riesiger Schulsportplatz versteckt. Natürlich kümmert auch Carola Graf sich um den Garten, schließlich ist sie studierte Gartenbauingenieurin. Auch wenn sie nie in ihrem Beruf gearbeitet hat, Gärten sind ihre große Leidenschaft. Entsprechend viele Bücher zur Gartenkunst stehen im Bücherregal ihrer Wohnung. Sehr glücklich sei sie hier, sagt sie gleich zu Beginn, denn so zu wohnen, habe sie sich schon immer gewünscht. Sie wohnt hier allein in einer hellen, schönen Wohnung, in direkter Nachbarschaft zu anderen Frauen, die sie je nach Laune besucht oder zu sich einlädt. Unten beim Hauseingang sind viele bunte Zettel für Aktuelles, Kreistanzen, Kleidersammlung und Gruppentreffen an ein Brett gepinnt. Hier hängt auch mein Inserat, auf das sich Carola Graf gemeldet hat.

In ihrer Wohnung brüht sie Zitronengrastee. Sie freut sich darauf zu erzählen. Denn das Thema ihres Ausbruchs beschäftigt sie seit geraumer Zeit. Nur reden könne sie hier in Berlin darüber nicht mit allen. Sie ist keine 68erin, obwohl sie von der Generation her dazugehörte. Sie komme aus einem bürgerlichen Umfeld, sagt sie und lacht verlegen, wenn sie sich vorstellt, wie gleich-

altrige Frauen, die in andere Verhältnisse hineingeboren wurden,
ihr früheres Leben als unemanzipiert bezeichnen würden.

Ich lebte lange in einem Lebensentwurf, den ich sehr spät hinterfragte. Erst jetzt habe ich langsam das Gefühl, eine autonome Persönlichkeit zu werden. Mein Traum ist es, noch mehr zu lernen, wie man in sich selber ruht. Ein gesundes Selbstbewusstsein im Sinne von: Ich bin gut, und das, was ich mache, ist richtig – ich kann eigentlich alles, ich bin autark. Sodass man auf Augenhöhe auf den anderen zugehen und sagen kann, jetzt tun wir uns zusammen – aber wir können auch gut alleine.

Mit zwanzig war das anders. Da habe ich mir die Liebe klassisch vorgestellt: Ich finde den Partner, der zu mir passt. Natürlich gibt es nur einen auf der Welt, und weiß der Himmel wie, aber wir werden uns finden, verlieben, eine Familie gründen, und alles ist gut. Meine Rolle wird eine im Hintergrund sein, ich sorge für das behagliche Heim und für die Kinder, während der Mann raus ins feindliche Leben geht, kämpft und erfolgreich ist. So hatte ich mir das vorgestellt – wenn schon, denn schon. Tatsächlich verliebte ich mich in den Mann meiner Träume und erlebte die ganz große Liebe. Kennengelernt hatten wir uns auf einer Fete. Auf beiden Seiten funkte es ziemlich rasch. Zusammen haben wir drei Kinder, alle drei sind aus Liebe entstanden, absolut.

Mein damaliges Leben gefiel mir sehr lange. Ich weiß auch, warum: Mein Vater war ein sehr erfolgreicher, streng arbeitender Mann, ein Chefarzt an der städtischen Klinik. Er musste sich – und besonders seinem längst nicht mehr lebenden Vater – stets von Neuem beweisen, dass er gut war. Der Preis dafür war, dass er zu Hause sehr erschöpft war und gepflegt werden musste. Und das taten wir auch, nicht nur meine Mutter, sondern auch ich, die Tochter, hingebungsvoll – im Gegensatz zu meinem fünf Jahre jüngeren Bruder. Ich wusste, wie man einem erschöpften Mann jeden Wunsch von den Augen abliest, bevor er auch nur sagt, was er braucht. Das hinterfragte ich auch gar nicht.

Mein Mann und ich, wir hatten die gleichen Interessen, wir hörten klassische Musik, gingen gern ins Theater, unser Leben war schon sehr bürgerlich. Wir hatten immer viel Verständnis dafür, was der andere machte. Mein Mann war Mitinhaber einer Weinkellerei. Nach dem Studium suchte ich mir nicht etwa eine adäquate Stelle in meinem Beruf, sondern kümmerte mich um die Kinder und zog mich ins Haus zurück. Obwohl ich Gartenbau studiert hatte, arbeitete ich später in der Weinkellerei mit. Dieser Lebensentwurf der bürgerlichen Kleinfamilie – ich glaube, so lange gibt es ihn noch gar nicht, seit vielleicht zweihundert Jahren? – passte durchaus gut. Das war, was ich kannte. So hatte meine Mutter gelebt und auch meine Großmutter, wirklich andere Beispiele gab es nicht. Auch unserer Freunde lebten ähnlich.

Vielleicht 18 Jahre lang funktionierte dieses Leben wunderbar. Bis irgendwann das Gefühl auftauchte: Das kann nicht alles gewesen sein. Da fehlt etwas. Also trennte ich mich. Im Nachhinein ist es schwierig, zu sagen, wie ich das gemerkt habe. Ich erinnere mich nur, wie ich immer dann, wenn alles besonders gut funktionierte und alle glücklich waren, irgendetwas anstellte, damit es aufregender wurde. Etwas in mir war da, das für mehr Action sorgte. Mit zu viel Harmonie kam ich nicht klar. Heute denke ich, dass ich noch etwas anderes wollte – was ich mir natürlich nicht zugestehen konnte. Denn ich hatte ja dieses Leben gesucht, ich hatte den richtigen Partner dafür gefunden, und ich hatte alles getan, damit es funktionierte. Seit wir uns getrennt haben, habe ich mich stark verändert. Das heißt, verändert will ich gar nicht sagen, sondern: Das andere war schon immer in mir. Nur gefunden habe ich es erst nach und nach. Früher war ich die Angepasste, die ideale Gattin, die Frau an seiner Seite. Aber dieses verdammte Selbstständige habe ich wahrscheinlich schon immer irgendwo ein bisschen gehabt.

Während jener Umbruchszeit ließ ich mir einmal ein Horoskop erstellen. Das ist eigentlich nicht so mein Ding, aber ich habe es gemacht. Dazu gab es zur Interpretation ein zweistündiges Gespräch. Der Astrologe meinte: »Frau Graf, Sie hätten um Gottes Willen nie heiraten sollen, Sie brauchen immer mehrere Menschen als Resonanzboden Ihrer vielfältigen Persönlichkeit um sich herum. Sie sollten sich nicht auf einen allein konzentrieren.« Ich war perplex, dachte, er habe mein Horoskop mit einem anderen verwechselt. Denn ich war da noch das brave Mütterchen. Doch womöglich hatte er recht.

Damals dachte ich, schuld an der Trennung sei die psychische Erkrankung meines Mannes. Heute bin ich mir sicher: Die Krankheit erleichterte mir, mich von ihm zu trennen. Sie half mir, aus diesem Rollenverständnis, von dem ich geradezu genetisch geprägt war, auszubrechen. Bei Manisch-Depressiven ändert sich über Nacht alles. Was gestern schwarz war, ist heute weiß. Und es wird nicht erklärt, warum. Ich wusste nie, was sich geändert hatte. Nur wusste er es ja selber nicht, denn das ist ein krankhaftes Geschehen. Es war schmerzhaft für mich, zu erleben, dass diese Krankheit unser Leben dominierte und dass Beruf und Firma immer an erster Stelle standen. Ich merkte, dass es nicht die Familie sein kann, die das aufzufangen hat. Ich sah meine Einflussmöglichkeiten und meine Wirkung schlicht begrenzt. Wenn sich etwas fünf- oder sechsmal wiederholt, dann gehe ich davon aus, dass es sich auch zehn-, zwölf- und zwanzigmal wiederholt. Und da war ich nicht mehr bereit mitzumachen. Ich machte den Schnitt und ging. Weil ich mir sagte, dass es nicht sein kann, dass sich einer für den anderen opfert, wenn dieses Opfer doch gar keinen Sinn macht. Nicht nur er, ich wäre mit ihm zusammen daran zerbrochen.

Das hat Jahre, Jahre, Jahre gedauert. Seine Krankheit hätte professionell behandelt werden können, doch das wollte er nicht. Detaillierter möchte ich das nicht erzählen, denn ich spüre noch immer eine gewisse Loyalität zu meinem Exmann. Diesen Schlussstrich zu ziehen war schwierig. Extrem schwierig. Ich war immerhin in der beneidenswerten Lage, dass ich finanziell einigermaßen unabhängig war. Doch emotional war es enorm hart. Auch für die Kinder, die zwischen 13 und 16 Jahre alt waren. Eine gescheiterte Ehe ist für jedes Kind ein Trauma.

Trotzdem glaube ich, habe ich es ganz gut hinbekommen. Ich bin quasi aus einer Welt in eine komplett andere Welt geraten. Denn es ging ja nicht nur darum, dass ich mich von einem Menschen trenne, sondern für mich war das auch der Beginn, mich selber als Person neu zu definieren. Wer bin ich? Was steckt noch alles in mir? In dieser neuen Welt musste ich mich allein zurechtfinden. Beispiele gab es auch da keine für mich. Es half, dass ich mich bereits vor der Trennung ehrenamtlich engagiert hatte. Ich hatte schon vorher eine Aufgabe gesucht, die ich als sinnvoll erachtete, sobald die Kinder irgendwann aus dem Haus sein würden. Das war eine gute Erfahrung, denn sie machte mich unabhängiger. Ich erlebte, dass ich auch noch andere Kompetenzen habe und nicht nur die anpassungsfähige Gattin, die gute Gastgeberin, Chefin und – ich glaube auch – ganz patente Mutter bin. Allerdings hatte ich nie den Druck, damit Geld verdienen zu müssen, das war ein großer Vorteil.

Meine Scheidungsanwältin sagte mir einmal, dass die Verarbeitung einer Trennung so lange dauert, wie die Beziehung selbst gedauert hat. Zum Glück hatte sie nicht recht. Aber natürlich dauerte es ein paar Jahre, bis ich wieder Boden unter den Füßen hatte. Nach der Trennung zog ich vom Land in die nahe Stadt. Dort hatte ich bereits Freunde, und es war leicht, neue zu finden. Allerdings war ich froh, alleine zu sein. Ich signalisierte auch klar, dass ich überhaupt keine Ambitionen hatte, mir einen neuen Ehegatten zu schnappen.

Vielmehr entdeckte ich in jener Zeit – bis heute übrigens – meine eigenen Interessen und Talente. Ein gutes Beispiel ist das Wandern: Mein Mann war Pfadfinder und Bergsteiger. Sportlich machte ich alles gut mit, ich hatte immer eine gute Kondition, spielte Tennis und ritt. Aber die Planung lag immer bei meinem Mann. Jahrelang machte ich mich über ihn lustig, wenn wir im Schwarzwald bei jeder Hinweistafel ste-

hen blieben. Ich hatte ja nichts anderes zu tun als hinterher-
zulaufen. Und nach der Trennung merkte ich tatsächlich: Oh
verflixt, das wird mir fehlen. Wie finde ich denn jetzt meinen Weg? Man glaubt es nicht, aber ich habe gelernt, Wan-
derkarten zu lesen. Unterdessen bin ich selbst Besitzerin von
einem großen Stapel Karten für Radtouren. Wenn mir heute
einer kommt und sagt: »Du, ich erklär dir mal, wie du von
hier nach da kommst«, lächle ich nur leise. Das kann ich jetzt
auch selbst. Das ist ein gutes Gefühl. Das klingt vielleicht ganz
lustig. Aber ich meine das ernst: Ich habe viel über mich selber gelernt.

Ein anderes Beispiel sind die englischen Gärten. Auf einer
14-tägigen Rundreise durch Südengland hörte ich, dass sie
zum Teil vom National Trust als Nichtregierungsorganisation
betreut werden und dort Ehrenamtliche arbeiten. Ich meldete
mich und arbeitete im Jahr darauf sechs Wochen in einem
Garten in Südengland. Ich stellte fest, dass die englische Küste
traumhaft schön ist – und dass es einen Wanderweg gibt, der
Southwest Coast Path, der durchgängig rund um Cornwall
führt. Das sind insgesamt rund 1100 Kilometer. Wieder ein
Jahr später, machte ich einen Teil dieses Weges, allein. Weil
ich mir unterdessen klargemacht hatte, dass man das auch allein machen kann. Drei Wochen lang bin ich etwa 300 Kilometer gewandert, von B&B zu B&B. Immer weiter und nur
mit dem Rucksack. Und ein Jahr später gleich nochmals.

Das sind Dinge, auf die ich im Familienrahmen gar nicht
gekommen wäre. Seit ich diese Unabhängigkeit entdeckt
habe, weiß ich, dass es Dinge gibt, die ich lieber allein mache.
Weil ich mich dann ganz darauf konzentrieren kann. Andere
Dinge wiederum mache ich lieber mit anderen. Einsam jedenfalls fühle ich mich nie. Deswegen bin ich auch nach ein
paar Jahren in dieses Wohnprojekt hier gezogen. Die Stadt zu
wechseln, das war das einzig Richtige in meinem Alter. Das
fiel mir überhaupt nicht schwer. Ich kannte Berlin nur daher,
wie ich – bereits im Ruhestand – meine Töchter besuchte,
die hier studierten. Bei meinen Besuchen gingen sie zur Uni,

während ich mit dem Kiezführer durch die Stadt lief. Unterdessen kenne ich mich in Berlin viel besser aus als sie, die sagen: »Mein Gott, Mama, wo du überall rumkommst.« Klar, sie hatten ja auch was anderes zu tun. Das ist meine neue Freiheit. 120 Jahre alt müsste ich werden, und das bei bester Gesundheit, um alles zu sehen.

Neulich starb hier im Haus eine Nachbarin. Bei meinem letzten Besuch fragte sie mich, ob ich mich jemals nach meiner Trennung wieder verliebt hätte. Nein, habe ich nicht. Nur etwa ein Jahr nach meiner Trennung war ich mal ganz kurz verliebt. Doch: Gerade als mir klar wurde, dass ich mich verliebte, erzählte mir jener Mann, dass er womöglich seiner nächsten Depression entgegengehe. Ab da habe ich mich zurückgehalten. Ich wollte nicht wieder in dieselbe Falle tappen. Stattdessen sagte ich mir: Konzentrier dich mal lieber auf dich selbst und guck, dass du dein Selbstwertgefühl nicht aus der Einfühlsamkeit anderer gegenüber ziehst. Man soll ja nie nie sagen – vielleicht heirate ich mit neunzig nochmals, wer weiß, das schließe ich nicht aus. Aber ich habe das überhaupt nicht auf dem Schirm. Ich habe so viele Dinge, die mich gerade faszinieren. Und ehrlich gesagt, interessieren mich gleichaltrige Männer wenig. Ich finde sie oft verschnarcht und langweilig, besonders, wenn sie sich während ihrer Berufszeit ausgepowert haben. Ich habe auch oft das Gefühl, dass sich Männer meiner Generation von selbstständigen Frauen in ihrer Machtposition bedroht fühlen. Das ist schade.

Dass ich mich nie mehr richtig verliebt habe, stört mich nicht. Schließlich habe ich ja meinen Exmann geliebt. Er war meine große Liebe. Es war schön mit ihm. Das Leben mit ihm war, was ich mir immer gewünscht hatte. Ganz zu schweigen von unseren Kindern! Das Schönste mit ihm war unsere erste gemeinsame Reise. Da waren wir noch längst nicht verheiratet und sind nach Italien gereist. Zusammen entdeckten wir Verona und Venedig, uns und den anderen. Es war wunderschön, immer wieder diese Übereinstimmung zu spüren, ach, das macht dem anderen auch Spaß. Und dann die Freude an den Kindern, unsere Wochenendausflüge ... Wir waren das ideale Paar und eine schöne Familie. Wenn ich an das Sprichwort denke, dass wir im Leben verschiedene Aufgaben haben, die es zu erleben gibt, dann war das rund und abgeschlossen. Es war schmerzhaft, sich davon zu lösen – aber es war wichtig.

Mein Mann reagierte zuerst fassungslos auf die Trennung. Er glaubte, es sei doch alles bestens. Er verstand mich überhaupt nicht. Und irgendwann war auch keine Gesprächsbereitschaft mehr von mir da. Danach hat er ziemlich rasch dafür gesorgt, dass die alten Verhältnisse wiederhergestellt wurden. Er tauschte praktisch das Personal aus, lebt immer noch im selben Haus, im selben Ort, nach derselben Weise, hat nur ein etwas größeres Auto und eine andere Frau. Ich bin zwar die, die gegangen ist. Aber natürlich schmerzt es, zu sehen, dass man so einmalig für diesen Menschen dann doch nicht ist.

Ich glaube, in den ersten fünf, zehn Jahren einer Beziehung geht es um die Person, aber danach geht es bald auch einfach um die Funktion einer Person. Das ist auf der einen Seite schmerzhaft, aber auf der anderen Seite habe ich dadurch erkannt, dass ich nicht weiter bereit bin, nur in dieser Funktion als perfekte Gattin zu leben. Wenn sich nicht beide einigermaßen parallel entwickeln, dann geht das nicht gut.

Seit der Trennung haben wir uns zwei-, dreimal gesehen. In diesen Momenten traue ich mir selbst nicht über den Weg. Denn da kommen schnell wieder eingefahrene Verhaltensmuster hervor. Eine gehobene Augenbraue seinerseits, und schwups, läuft bei mir ein kompletter Film ab. Dass ich ihn nicht mehr liebe, kam erst mit seiner Krankheit. Es gab Jahre, als mein Mann schon zunehmend kränker wurde, da fühlte ich mich wie in einem Tunnel. Da ging es nur ums Überleben. Doch die Vorstellung, dass am Ende eines Tunnels Licht ist, ging mir nie verloren. Warum bleiben die einen stecken, und warum wühlen sich die anderen unverdrossen wie ein Maulwurf durch? Dass ich nie aufgegeben habe, schiebe ich auf meine bäuerlichen Vorfahren. Die unberechenbare Natur, der meterhohe Schnee im Winter, noch immer Schnee im Frühjahr – und dann ist da plötzlich eine kleine Lücke, in der bereits etwas blüht. Das ist Hoffnung. Die einen sehen das, die anderen nicht. Ich bin so glücklich, dass ich diese Lebenskraft habe. Sie hat mir viel geholfen.

Bei meiner Trennung lebte mein Vater nicht mehr. Meine Mutter fragte mich zuerst: »Muss das sein – glaubst du wirklich, dass das der richtige Schritt ist?« Ich sagte ihr: »Ja, das muss so sein.« Das war schwierig. Doch am nächsten Morgen rief sie an und überraschte mich: »Ich habe nachgedacht. Du und die Kinder, ihr könnt jederzeit zu mir kommen. Wir haben hier alle Platz, und die Schulen hier im Ort sind auch passabel.« Boah, dachte ich, Mensch, Mutti. Gemacht habe ich das natürlich nicht, aber diesen Vorschlag fand ich, in Anbetracht ihres doch sehr bürgerlichen Weltbildes, stark.

Ich bin froh, dass ich beide Lebensentwürfe so intensiv erlebt habe. Dass ich zuerst den Entwurf, den ich mit zwanzig hatte, bis zur Neige lebte. Aber auch, dass ich das beendet habe. Obwohl da immer noch ein Schmerz ist, wenn ich meine Kinder sehe und daran denke, was ich – beziehungsweise wir – ihnen mit unserer Trennung angetan haben.

Wir waren nicht das einzige Paar in unserem Umfeld, das sich trennte. Noch dreißig Jahre früher wäre das bestimmt anders gewesen. Dass ich mir nicht auch noch Gedanken darüber machen musste, ob sich das jetzt gehört oder nicht, hat mir die Trennung erleichtert. Noch immer aber sind die Hälfte meiner Freunde Paare. Manche verbringen den Tag jeweils mit ihren eigenen Interessen und treffen sich dann abends, um sich zu erzählen, was sie den ganzen Tag über gemacht haben. Andere übertreffen sich gegenseitig damit, wer der Kränkere ist. Das ist bei manchen zum Hauptinhalt ihres Lebens geworden – ein regelrechter Wettbewerb darum, wem es schlechter geht. Oder Frauen, die sich in Krankheit zurückziehen, weil sie in ihrer Partnerschaft mit einem starren Gegenüber völlig vereinsamen.

Was mich befremdet, ist, wie viele Paare in ihren großen

Häusern hocken. Früher mit den Kindern war das ohne Zweifel toll. Jetzt aber wohnen sie da noch immer und erzählen mir, dass der Garten verwildert, dass sie dies und das nicht mehr schaffen und die Treppen nicht mehr hochkommen. Wenn ich dann frage, warum sie nicht in eine kleinere Wohnung ziehen, antworten sie: »Ja aber das Haus! Das haben wir doch gemeinsam gebaut.« Das sind Luxusprobleme, doch ich höre das oft. Dann bin ich immer froh, dass ich nur eine Wohnung habe, in der ich mich wohlfühle. Ich mache hier die Tür hinter mir zu, bin für mich und entscheide selbst, was ich mache. Wenn ich Lust habe, Rad zu fahren, um neue Gegenden zu entdecken, dann habe ich zwei, drei Frauen, die ich anrufen und fragen kann: »Gehen wir los?« Andere rufen mich an, um ins Kino zu gehen oder ins Theater. Das ist schön. Die rasante Veränderung unserer Welt, die Flüchtlingsfrage, die Umweltzerstörungen, die nicht zu akzeptierenden Zustände in der Massentierhaltung, um nur ein paar Missstände zu nennen, bedrücken mich sehr, auch mit Blick auf die Zukunft meiner Kinder und Enkel. Ich habe hier im Haus Frauen gefunden, die ähnlich denken. Mit ihnen tausche ich mich aus, wo wir uns engagieren können, wo es Informations- und Vernetzungsmöglichkeiten gibt. Das gibt mir ein sehr wichtiges Gefühl von Gemeinschaft, von Nichtalleinsein mit Ängsten und Zweifeln.

Ich weiß unterdessen, dass ich reagieren kann, egal, in welche Situation ich morgen oder übermorgen gerate. Das beruhigt mich. Und ich habe gelernt, dass ich bekomme, was ich möchte, wenn ich klar sagen kann, was ich mir wünsche oder brauche. Ich habe nicht jemanden, sondern viele, die ich um Hilfe bitten kann. Das ist mehr, als ich es in einer Zweierbeziehung hatte.

Ihr Leben sieht Carola Graf als einen Prozess, sich selbst zu finden. Wie das geht? Sie rührt in ihrem Tee und schmunzelt: »Dann sucht man, man strampelt. Aber finden, was man sucht, muss man immer bei sich selber.« Ihre Zufriedenheit ist ansteckend, wenn sie schulterzuckend meint: »Ich kann nur sagen: Macht's nach!« Was nicht heißt, dass sie ihre Trennung nicht auch als ein Scheitern begreift. Schließlich habe sie das eheliche Versprechen »Bis dass der Tod euch scheidet« gebrochen, was ihr viel Kraft abverlangt habe. Erst jetzt im Rückblick sieht sie dieses Scheitern als Chance. Wobei das Versprechen eines an sich selber gewesen sei, nicht etwa eines an die Kirche, berichtigt sie meine Vorstellung: »Das ist eine Verpflichtung – nicht von außen, sondern die hatte man verinnerlicht. Dieses Versprechen brach man nicht, auf gar keinen Fall – es war für mich stark bindend«, sagt sie und schaut mich an: »Ich frage mich, wie man ohne dieses Versprechen zusammenleben kann. Ja, was bedeutet das? Dass die Beziehung jeden Tag neu zur Disposition steht, oder wie funktioniert das?« Immer wieder sprechen wir über die Unterschiede zwischen ihrer Generation und meiner. Anders als ich, die die Werte der 68er in die Wiege gelegt bekommen hat, hat sie sich selber hinterfragen müssen, um ihren eigenen Weg zu finden. Das bewundere ich. Und ich frage mich, ob das vielleicht der Grund ist, warum viele junge Frauen heute scheinbar wieder konservativer leben: weil sie schlicht ihren eigenen Weg entdecken und es anders als ihre Mütter machen wollen?

Carola Graf hat es erst spät nach Berlin verschlagen. Der süddeutsche Dialekt ist geblieben und tritt besonders dann zutage, wenn sie emotional wird. Sie lacht immer wieder laut und besonders auch herzhaft über sich selber. Sie wirkt heute sehr selbstbewusst, sie weiß, was sie will. Ich kann mir nicht vorstellen, dass diese sportlich gekleidete Frau mit beeindruckenden tiefbraunen Augen einmal ein braves Hausmütterchen war.

Männliche Gesprächspartner übrigens vermisse sie wenig. Was sie im Freundeskreis mitkriege, sei viel Rechthaberei. Auch das habe mit der Generation zu tun, und sie findet dies bei ihren (unverheirateten) Partnern nicht wieder: »Ich muss es mir immer noch beweisen, dass ich es auch alleine kann. Ich glaube, Männer spüren das. Womöglich bräuchte ich weitere zwanzig, dreißig Jahre, um diese Selbstständigkeit noch weniger demonstrieren zu müssen.«

Am Ende sagt sie in die Stille: »Da gibt's noch einen Nachtrag:

Es geht nicht um Egozentrik.« Denn dieser Satz »ich kann nicht ohne dich« klinge schön, aber letztlich sei man dennoch für sich selbst verantwortlich. Niemand wisse besser als sie selbst, was ihr guttue. Ein Satz, der deutlich macht, dass wir Generationen auseinander sind: Für mich ist das selbstverständlich. Sie lacht und sagt: »Sehen Sie, und für mich gar nicht. Ich muss das ständig betonen, auch für mich selbst. Mir wurde immer etwas ganz anderes gesagt.«

Lieber ein Ende mit Schrecken
als ein Schrecken ohne Ende

Anna Messner, 65 Jahre

Verheiratet war ich nie, denn ich sah keinen Sinn darin, mich zu binden. Klar, das war damals in den Siebzigerjahren eher außergewöhnlich und warf Fragen auf bei Verwandten und in der Familie. Dass man unverheiratet zusammenlebte, das gehörte sich einfach nicht. Vor allem, wenn man Kinder hatte. Das war schwierig, aber ich wollte das eben so. Und ich wusste ja, was ich tat. Dem Vater der Kinder war das nicht recht, er hätte lieber geheiratet. Er kommt aus einem nicht europäischen Kulturkreis, aus der Türkei – und dort heiratet man eben.

Kennengelernt haben wir uns im Bus auf dem Weg zur Arbeit, wir fuhren täglich die gleiche Strecke. Er war noch nicht lange in Berlin und lernte zu jener Zeit gerade Deutsch. Irgendwann setzte er sich neben mich und fragte mich ab da regelmäßig nach deutschen Wörtern: Was heißt dies, was heißt das? So sind wir ins Gespräch gekommen und haben uns ab da fast immer im Bus getroffen. Er auf dem Rückweg von der Spinnstofffabrik, ich auf dem Hinweg zur Arbeit. So war das.

Wir gingen nicht zum Tanz, sondern in Pizzerias. Die kamen damals gerade neu auf, in der Kantstraße in Charlottenburg gab es viele. Bezahlt hat er, so klassisch waren wir – allerdings war es ja auch billig. Danach gingen wir mit seinem dunkelblauen Opel Kadett ins Autokino. *Kramer gegen Kramer* mit Dustin Hoffmann sahen wir da zum Beispiel.

Ich zog zu ihm nach Wilmersdorf, dort wohnte er bei einem Freund zur Untermiete. Das war alles recht kompliziert, zumal ich nach kurzer Zeit auch noch schwanger wurde.

Seine Familie lernte ich erst Jahre später kennen, als wir sie in der Türkei besuchten. Vier Tage lang waren wir unterwegs. Wohl war mir dabei nicht, wie wir da mit einem unehelichen Kind ankamen – in ihren Augen war das komplett ungezogen. Wobei mein Mann zuerst einmal seiner Mutter leise zuflüstern musste, dass wir ja in Berlin noch ein zweites Kind hätten ...! Das war erst zehn Monate alt, und wir hatten es bei meinen Eltern in Berlin gelassen. Obwohl wir zwei gemeinsame Kinder hatten, durften wir nicht in einem Zimmer schlafen. Und mein Mann schämte sich bei seiner Familie und vor den Nachbarn. Die Kinder trugen ja meinen Namen und dazu deutsche Vornamen. Das verstanden sie erst recht nicht. Denn in der Türkei galten Kinder von einem türkischen Vater, selbst wenn sie unehelich sind, automatisch als türkisch. Doch sie mussten es akzeptieren, wie es war. Was blieb ihnen denn anderes übrig? Viel mehr Verständnis hatten meine Eltern übrigens auch nicht, auch da war die Begegnung eher steif.

Türkisch habe ich nie gelernt, wir sprachen immer deutsch miteinander; auch er mit den Kindern. Er hätte mir die Sprache beibringen können, dazu aber hatte er keine Lust. Also hätte ich in die Volkshochschule gehen müssen, und dafür blieb mir schlicht keine Zeit. Auch mit den Kindern habe ich immer in meinem Beruf gearbeitet. Zwei Monate nach der Entbindung musste ich wieder zur Arbeit, ab da kamen die Kinder in eine staatliche Krippe. Das ist früh, aber es gab eben keine andere Möglichkeit. Und ich wollte immer auf eigenen Beinen stehen, das war mir wichtig. Als Kinderkrankenschwester hatte ich Früh- und Spätdienst, erst nach dem dritten Kind haben sie mir die Nachtwache erlassen. Mein Mann arbeitete selbstständig als Schneider und hatte seinen Laden in Charlottenburg. Er brachte die Kinder jeweils zur Krippe, ich holte sie nach Dienstschluss ab. Das war anstrengend, klar, aber es ging. Ach, wir waren schon Familie. Aber eben eine etwas andere Familie. Und wir waren glücklich.

Wenn ich jetzt daran zurückdenke, war es eine schöne Zeit. Bis die Streitigkeiten begannen. Insgesamt zehn Jahre hat diese Liebe gehalten. Schließlich aber passten wir einfach nicht zusammen: er zu türkisch, ich zu deutsch. Er ging später zurück in die Türkei, regelmäßig kommt er nach Deutschland – zufällig gerade heute. Wir haben zwar noch Kontakt, aber ich weiß nicht, ob ich ihn dieses Mal treffen werde.

Traurig war ich nach der Trennung nicht. Es gibt da diesen blöden Spruch: Lieber ein Ende mit Schrecken als ein Schrecken ohne Ende. Wir haben uns einfach überhaupt nicht mehr verstanden, und es passte nicht mehr. Danach habe ich keine Männer mehr kennengelernt. Das heißt: ja doch. Aber auch der Nächste war ein Türke. Das wollte ich dann nicht noch einmal. Außerdem hatte er ein Kind.

Meine Entscheidung, nicht heiraten zu wollen, bereue ich nicht. Höchstens, dass ich nicht vorher wusste, worauf ich mich einließ. Denn angemacht wurde ich vor allem von den türkischen Nachbarinnen: Eine schlechte Frau sei ich, sagten sie – auf Deutsch übrigens. Hätte ich das vorher gewusst, hätte ich es vielleicht besser verstanden. Doch ich war stur und machte immer das Gegenteil von dem, was man machen sollte. Einmal verlor ich sogar die Wohnung. Denn damals bekam man eine Wohnung durch einen Wohnberechtigungsschein. Da drin stand, dass man nur zusammenwohnen durfte, wenn man sich verpflichtete zu heiraten. Und da wir diese Verpflichtung nicht einhielten, schickte man mir eines Tages die Kündigung: weil die Frau Messner nicht gewillt war zu heiraten!

Die echte Berlinerin und ehemalige Kinderkrankenschwester erzählt zurückhaltend. Bei Nachfragen packt Anna Messner ihre Antworten in so kurze Sätze wie möglich – freut sich aber ungemein über meine Besuche in der Senioren-WG und hört die Gespräche der anderen Bewohner gerne mit. Regelmäßig betont sie, dass sie auch mit den Kindern immer in ihrem Beruf gearbeitet hat (was die schöne Müllerin aus dem Osten, ihre Nachbarin in der Senioren-WG, kommentiert mit: »Du hast ja gelebt wie bei uns, hättest so richtig gut in die Partei gepasst!«). Und regelmäßig stellt sich heraus, dass ihre Zeit bereits eine andere war als jene ihrer Mitbewohnerinnen, die mit ihr Backgammon spielen. Dass sie nicht geheiratet hat, verstehen etwa die älteren Bewohnerinnen ebenso wenig, wie dass sie drei Kinder mit einem türkischen Mann hat. Dass diese Liebe mit »dem Araber« nicht geklappt hat, ist für die anderen ziemlich klar. Kommen solche Vorurteile zur Sprache, verteidigt sie ihren Exfreund resolut.

Gescheit sei sie, sagen die anderen Bewohner, sie lese hauptsächlich Wissenschaftliches. Sie selber sitzt dann dezent schweigend daneben und lacht bei solchen Bemerkungen laut und rau. Als auf dem Tisch einmal ein Zeitungsartikel mit der Schlagzeile »Deutsche schlecht zu Vögeln« liegt, kommentiert Anna Messner kichernd: »Diesen Titel kann man ja auch sehr zweideutig verstehen.« Alle lachen.

Und doch hat mich jede Trennung weitergebracht

Jochen Keller, 70 Jahre

Ich kann nicht sagen, welche Beziehung die wichtigste war, jede war wichtig. Und jede hat mich weitergebracht. Jeder Mann hat was für sich gehabt, jeder. Wegzugehen tat immer weh, klar. Aber wenn ich merkte, dass es beim anderen nicht weiterging, dann *musste* ich gehen.

Es gibt so wahnsinnig viel zu erzählen. Dafür, dass ich so erbärmlich aufgewachsen bin, habe ich eine verhältnismäßig gute Karriere als Koch gemacht. Lange war ich das Aushängeschild eines der besten Häuser der Welt. Als ich bekannt wurde und die ersten Fernsehberichte über mich erschienen, riefen plötzlich Bekannte und Nachbarn aus meiner Heimat an: »Mensch, toll!« Nur von meiner Familie kam nichts. Sie ließ mich buchstäblich im Dreck leben. Mein erster Freund, in den ich mich mit zwölf fast verliebt hatte, holte mich da raus. Heute sage ich, *fast* verliebt, weil das auch eine gewisse Abhängigkeit war. Von diesem Freund habe ich zum ersten Mal Nähe und Zärtlichkeit bekommen, die ich nie hatte. Denn meinen Eltern war ich vollkommen wurscht.

Unsere Beziehung versteckten wir, nach außen waren wir einfach gute Freunde. Vielleicht mit elf Jahren war ich das erste Mal zu seinem Geburtstag eingeladen. Er zeigte mir, wie man mit der Gabel isst – denn man muss sich vorstellen, ich bin praktisch aufgewachsen wie ein Tier. Das ist fast peinlich, aber erst mit 13 Jahren habe ich zum ersten Mal mit einem

Messer und einer Gabel gegessen. Ungewohnt war das zuerst einmal.

Von klein auf wusste ich, dass ich unerwünscht bin. Vater im Krieg, zum Urlaub daheim, und so bin ich halt auf die Welt gekommen. Das habe ich zeitlebens zu spüren bekommen. Mein ältester Bruder war 23 Jahre älter als ich. Meine Eltern mochten sich nicht, trotzdem waren sie zusammengeblieben. Viele Sachen habe ich verdrängt. Wie meine Mutter versucht hat, mir sexuell nachzusteigen, wie mein Vater mich blutig geschlagen hat wegen Nichtigkeiten. Ich musste bergeweise Wäsche bügeln, ich musste Milch holen. Ich musste einkaufen, putzen, spülen, umgraben für die Hühner – für jede Arbeit musste ich herhalten. Um mir das Geld zu verdienen. Denn kaum begann ich zu lernen, hieß es: Kostgeld abgeben. Ich habe gelitten, geschwiegen, geduldet, wie ich ausgebeutet und geplagt wurde. Ich bin fast vor die Hunde gegangen, aber für meine Cousine, die drei Reitpferde hatte, sammelte meine Familie Geld, damit sie sich ein weiteres kaufen konnte. Während ich nicht wusste, ob ich den Kitt von den Fenstern fressen sollte oder nicht. Ich besaß nur zwei Pullover und zwei Hosen, doch das hat keinen interessiert.

In dieser Zeit, in der kein Mensch an mich glaubte, verliebte ich mich. Dass ich homosexuell bin, das wusste ich bereits als Kind. Homosexualität war damals ein Tabu: All so'n Schand! Also habe ich geschauspielert. Erst im Laufe der Zeit habe ich über meine Schwester mitbekommen, dass es in der Verwandtschaft mütterlicherseits bis zu vier Homosexuelle gab. Und einmal hängte sich ein gut aussehender Mann auf dem Dorfplatz auf, warum, das erfuhr ich erst viel später. Auch wenn es eine wahnsinnig schwierige Zeit war, ich wusste irgendwie immer, dass es weitergeht. Ich kann noch nicht mal sagen, wie. Anvertrauen konnte ich mich niemandem. Ich habe alles in mich hineingefressen, war verschüchtert und brav. Die Volksschule verließ ich früh, weil ich die Demütigungen vor der versammelten Klasse nicht mehr aushielt. Statt einen Beruf zu lernen, kam ich zu einem Bauern, der mich arbeiten ließ wie ein Knecht. Später erst absolvierte ich eine Lehre zum Einzelhandelskaufmann, sehr erfolgreich übrigens. Ging ich aus, machte ich mit Mädchen rum. Ich musste mich ja schützen, schließlich stand Homosexualität damals noch unter Strafe. Und ich kann mich noch gut entsinnen, wie vorsichtig ich war. Denn da war ein schwuler Friseur bei uns in der Straße, der ging deswegen einen Spießrutenlauf, es war grausam. Mein Gott, sagte meine Mutter da immer, du kannst alles tun, nur das ist das Schlimmste, was passieren kann.

Ich war einer der Ersten, der sich outete – irgendwann zwischen 18 und 21 Jahren. Ich wollte nicht mehr lügen. Ich werde nie vergessen, wie ich einfach zu den anderen sagte: »Ich habe gestern wieder meinen Schönheitstag gemacht, habe meine Augenbrauen gefärbt und die Haare und meine Backen gemacht. Mit Sahne, Mandelkleie und Sesam meinen Körper eingecremt.« Und meine Freunde, die nicht schwul waren, waren erst mal ruhig. Bis eine sagte: »Hör endlich auf!« Und eine andere, die mich mochte, fragte: »Könnte es sein, dass du homosexuell bist?« Da sagte ich nur: »Ja, natürlich bin ich das.« Und plötzlich, »ach!«, waren wir alle befreit.

Homosexualität war zwar ein Tabu, man muss sich aber vorstellen: Ich kam in die Lehre und begann, meine Augen zu schminken. Es gab Standardbücher, *Bleibe jung und lebe länger* von Gayelord Hauser etwa, die haben heute noch Gültigkeit. Da gibt es zum Beispiel diese bestimmte Greta-Garbo-Diät. Schminken und Haare färben, das war mein Ausbruch aus der Unterdrückung, die ich erlebte hatte. Von meinem Trinkgeld kaufte ich mir billigen Augenbrauenstift. Verrückt in einer Kleinstadt, aber im Grunde genommen hat sich kein Mensch dafür interessiert. In meiner Familie sowieso nicht: »Lass ihn Verrücktes machen, soll er sich doch die Haare färben.«

Als ich das erste Mal alleine in den Urlaub nach Spanien fuhr, lernte ich zuerst eine Frau kennen und versuchte mit ihr Geschlechtsverkehr. Das war ganz wunderbar. Am nächsten

Tag lernte ich einen Spanier kennen, etwas älter, das war noch besser. Er nahm mich mit zum Strand, ich war sehr nervös und zitterte ... Mit ihm verbrachte ich anschließend drei Tage in Barcelona. Danach wusste ich, was los war: Meine Liebe gehört einem Mann. Ob jemand schwul ist, dafür hat man einen Blick. Das kriegt man raus. Da bin ich sensibel. Bei der Bundeswehr lernte ich einen Freund kennen, mit dem ich heute noch Kontakt habe. Mir gefielen die Männerfreundschaften, und ich machte auch die härtesten Ausbildungen mit. Es ist paradox: einerseits feminin, schöngeistig und Ästhet, andererseits fasziniert vom rauen Leben.

Zurück im Dorf, arbeitete ich selbstständig, verkaufte im eigenen Spezialitätenladen Wurst und Käse, spezielle fränkische Waren. Als die Leute mitbekamen, dass ich schwul bin, bekam ich nachts Anrufe: »Du schwule Sau.« Und sie haben versucht, das Fenster einzuschlagen. Als ich beim Pfarrer anrief, weil ich dachte, irgendwo musst du dir ja Hilfe suchen, sagte der zu mir: »Dann schmeißen Sie sich doch ins Wasser.« Tja, das ist alles passiert. Es haben sich damals auch tatsächlich viele Leute umgebracht.

Zu trinken begann ich etwa mit 13, aber richtig los ging es mit der Trinkerei erst so mit zwanzig. Ich merkte, dass ich mehr vertrage als die anderen. Und dass das Trinken ein wunderbares Mittel ist, um manche Sachen wegzutränken. Weil ich trank, wandten sich selbst schwule Freunde von mir ab. Bald stand ich ganz alleine da. Und bald war ich pleite. Ich war hoch verschuldet und richtig unten. Der Kommentar meiner Familie war lediglich: »Wir können nichts für dich tun.« Aber der Hund bekam Tartar und Leberwurst. Wirklich wahr.

Ich fuhr ein paar Jahre zur See. Bis ich in München einen Freund kennenlernte, einen Berliner, der in Nürnberg lebte. Als ich ihn das erste Mal gesehen hatte, wusste ich: Der gefällt mir. Mit ihm war ich vier Jahre zusammen. Wir hatten eine tolle Partnerschaft. Er war Koch, ich Handelskaufmann, wir haben sehr harmoniert miteinander. Und wir bauten zusammen ein Party-Catering für alte Leute auf, das war sehr gut. Ich war wieder wer, hatte einen guten Namen und konnte meine Schulden abbauen. Freie Tage und Urlaube nutzte ich für Weiterbildungen, denn ich dachte mir: Ist das eigentlich alles? Du kannst noch mehr aus deinem Leben machen.

Das war die erste Beziehung, die ich offen lebte. Die anderen vorher waren immer versteckt gewesen. Aber mit ihm wohnte ich vier Jahre in Nürnberg zusammen. Auch meine Familie wusste Bescheid. Die konnten das nicht begreifen, dass ich mit einem Mann zusammenlebte. Gewusst haben sie es schon immer, sie wollten es bloß nicht wahrhaben. Als wir zusammenzogen, da soff ich bereits. Ich wusste auch, ein Alkoholiker trinkt nicht, der säuft. Und da gab es dann auch Schwierigkeiten mit ihm, denn er trank ebenfalls und hatte deswegen auch Probleme. Bis ich nach vier Jahren zu den AA* ging, weil ich wusste, dass es so nicht weitergehen konnte. Ich wurde trocken und trennte mich, denn er machte weiter. Als ich ihn später einmal besuchte, sagte er nur: »Du hast es geschafft.« Er nie. Ich konnte ihm bei meinen Besuchen lediglich mein trockenes Leben vorführen. Doch nach der Trennung war ich zuerst richtig unten. Ich hatte nichts mehr. Keine Wohnung, lebte im Nebenzimmer einer Fahrschule und wusste nur, dass es irgendwie weitergehen würde. Dass es weitergehen musste.

Erst als ich die Feinkostabteilung eines größeren Unternehmens übernahm, ging es steil aufwärts. Durch regelmäßige Meetings bei den AA war ich trocken. Ich lernte einen Amerikaner kennen, und auch mit ihm lebte ich vier Jahre lang zusammen. Ihn hatte ich im Geschäft, nein, an der Straßenbahnhaltestelle gesehen und gedacht: Das ist ein netter Typ. Er wusste, wo ich arbeitete, und besuchte mich immer im Geschäft. Fragte, ob ich Lust hätte, mich mit ihm zu treffen. Das ging gut, bis er wieder zurück nach Amerika musste. Er war

* Anonyme Alkoholiker

Lehrer, zuerst in Japan und dann in Deutschland, und wollte gerne in Deutschland bleiben. Doch er musste zurück in die USA, ob ich wollte oder nicht. Das war eine sehr intensive Beziehung, eine sehr nahe, sehr schöne Beziehung. Er sagte mir damals schon: »Weißt du, mit dir kann ich in die Oper und ins Theater gehen, so einen wie dich finde ich nicht mehr.« Er hat mir viel beigebracht. Weil ich praktisch ohne Bildung aufgewachsen bin, habe ich noch heute einen Hunger nach Bildung, überhaupt nach Liebe und Zärtlichkeit. Nach allem Drum und Dran, weil ich ja nichts lernen durfte. Ich musste so viele Sachen nachlernen und erleben, weil ich es einfach nicht kannte. Dieser Hunger nach allem hat mir das Leben gerettet.

Als dieser Freund nach Amerika zurückkehrte, ging ich nach Berlin und bewarb mich in einem bekannten Restaurant. Dort begann ich als Koch, da war ich 38 Jahre alt. Es gefiel mir nicht, es waren viele Idioten dort. Doch vorne im Service arbeitete eine Lesbierin, die kam aus Ungarn. Sie sagte zu mir: »Hör mal, du bist doch schwul.« Ich bejahte, und sie sagte: »Und ich bin lesbisch.« Und als ein anderer vorbeiging, sagte ich: »Und der ist auch schwul.« – »Ach so«, meinte sie, »der von der Bar – er gefällt dir doch, oder?« Er hat uns angeschaut, und wir waren uns sofort sympathisch. Ich schlug ihn im Telefonbuch nach und rief ihn an.

Es ging acht Jahre gut. Wir haben acht Jahre lang auf dreißig Quadratmetern gelebt und auch noch zusammen gearbeitet! Erst viel später gingen wir auseinander. Es war ein wunderbarer Sex, es war sehr viel Nähe und Zärtlichkeit, aber auf der anderen Seite gab es praktisch nur Fernsehen und Illustrierte, die uns verbanden. Das war mir persönlich zu wenig. Alle Beziehungen sind im Prinzip auseinandergegangen, weil ich immer weiterging. Er zum Beispiel wollte keine Freunde und Bekannte haben, nur mich; ich aber wollte durchaus Freunde und Bekannte und auch einen festen Partner haben. So ging unsere Beziehung auseinander. Freundschaftlich sind wir miteinander verbunden geblieben. Als die Aids-

Welle kam, sagte ich ihm immer: »Wir sind alles keine Engel, aber schütz dich bitte.« Doch er war stur. Und als ich einmal aus dem Urlaub zurückkam, hieß es: Ferenc sei im Krankenhaus, dem gehe es gar nicht gut. Er habe stark abgenommen und wolle auch niemanden sehen. Also rief ich an. »Ja, sind Sie Verwandter, oder wer sind Sie?«, wurde ich gefragt, worauf ich antwortete: »Nein, ich bin der langjährige Intimpartner von ihm.« Sie meinten, sie dürften mir nicht sagen, was er habe. Da habe ich gesagt: »Ich weiß doch, was da geht, Sie brauchen mir nichts zu sagen: Er hat Aids.« Im Krankenhaus legte ich mich zu ihm ins Bett. Ich habe den Mann geliebt, wir haben uns gemocht, wir mochten uns immer noch, und das war das Einzige, was ich für ihn tun konnte. Dass ich für ihn da war. Und ich habe mit ihm geschimpft. Er kannte meine etwas derbe und direkte Art zu antworten – und er war genauso. Kurz darauf ist er gestorben.

Als die Kollegen davon erfuhren, lief einer sofort zur Geschäftsleitung. Erzählte, dass Herr Keller aus der Küche mit dem Herr Szabo von der Bar befreundet war und dass Herr Szabo nicht an Krebs gestorben ist, sondern an Aids. Das ist gemein, oder? Und ein paar Kollegen fragten beim Chef, ob sie jetzt Angst haben müssten. Die Devise lautete: Am besten nicht mehr die Hände geben. Eine sagte mir sogar direkt: »Bei dir muss ich fürchten, dass ich Aids kriege, du bist doch auch schwul.« Da waren heftige Sachen. Aids war furchtbar. Ich hatte etliche Freunde, die sich umbrachten, nur weil sie Angst hatten, dass sie Aids haben könnten. Sie brachten sich um, ohne dass sie es genau wussten! Es war grausam. Viele wollten es aber auch nicht wahrhaben und haben weiter ihr Sexualverhalten gepflegt. Ungeschützt.

Treue war mir anfangs wichtig, aber später ließ das nach. Ich muss ganz ehrlich sagen, ich war nie treu. Von meinem Partner habe ich es stets verlangt, aber selbst war ich es nie. Zugegeben habe ich das lange Jahre nicht. Es war einfach so. Tatsächlich sind in unseren Kreisen nur ganz wenige wirklich treu. Ich weiß nicht, warum. Es liegt so in der Natur. Ein

Mann ist anders als eine Frau. Trotzdem sprach ich mit meinen Freunden nie darüber. Es war ein Tabu – obwohl jeder es machte. Alleine wollte ich trotzdem nicht leben, denn man braucht jemanden. Ohne Liebe oder Nähe kann man nicht leben. Auch wenn man sich sexuell auslebt, braucht man einen gewissen Halt. Und ich hatte das ja nie gehabt. Als ich aufgewachsen bin, hat sich niemand für mich interessiert. Selbst als ich trocken wurde oder etwas erreicht hatte: Es war egal. Das Einzige, was interessierte, war, als ich in den Medien war. Da war ich plötzlich jemand, europaweit bekannt. Doch das war mir zweitrangig, wichtiger war, dass ich Freude an meinem Beruf hatte und selbstständig arbeiten konnte. Ich habe Gerichte erfunden, durch die wir sehr bekannt wurden. Heute stehe ich da drüber. Ich kann sehr gut auch alleine leben. Oder es stört mich nicht mehr, wenn mein Partner fremdgeht. Das sehe ich unterdessen lockerer, verstehe, dass das rein sexuell ist. Doch das hat Jahre gebraucht. Früher sah ich das nicht so locker.

Später lernte ich Siegfried kennen. Das ist auch ein verrückter Vogel, Gott sei Dank. Ich zog zu ihm in die Nähe. In die Spießerecke da am Hausvogteiplatz. Dort haben wir acht Jahre lang gewohnt – bis ein anderer aus Hamburg dazwischenkam, weswegen mir der Siegfried die Zähne rausgehauen hat.

Der Hamburger wäre der Ideale gewesen. Man kann noch so alt werden, und es kann einen erwischen. Beide opernbegeistert, saßen wir händchenhaltend in Bayreuth – mit 68 oder siebzig Jahren, das muss man sich mal überlegen! Der musste sein Unterhemd drei Tage lang anlassen, damit ich es mit seinem Duft drin in den Schrank legen konnte, wenn er wieder weg war. Und wenn er anrief, stellte ich mein Diktiergerät auf, damit ich seine Stimme immer und immer wieder hören konnte. Mit 68 Jahren – ist doch herrlich, oder? Diese Liebe hielt zwei Jahre. Bis ich herausfand, dass er eine wunderbare Gabe hatte, die Leute zu benutzen. Er wusste genau, wie man Leute manipuliert. Durch ihn bin ich beinahe verrückt geworden. Er ist ein Schmarotzer. Heute bin ich dankbar dafür, dass ich dazugelernt habe.

Das Schöne mit zunehmendem Alter ist, dass man teils über fünfzig Jahre gewachsene Freundschaften hat. Die zählen halt mehr. Sie sind haltbarer und beständiger als früher. Denn heute kann ich über verschiedene Sachen hinwegsehen. Wie ich früher aus Eifersucht zerplatzt bin, stört mich heute überhaupt nicht mehr. Im Moment bin ich mit niemandem zusammen – ich will auch gar nicht. Ich unternehme sehr viel. Gestern war ich mit einer Gruppe im Schwulen Museum. Bald fahre ich in Urlaub, da mache ich keine Fotos, sondern zeichne nur Skizzen. Dann bin ich in zwei Malgruppen, ich habe früher einiges Talent gehabt. Das ist alles verschütt gegangen. Da weitermachen, einfach, weil es etwas Herrliches ist, das will ich gerade. Gemacht habe ich schon immer viel: Abenteuerurlaube in Afrika, mit dem Kanu in die Drakensberge, Leben auf dem Dorfe in Südindien, Chi-Gong im Himalaja, Kamelsafaris – und Vergangenheitsbewältigung, viele Leute kennen- und lieben gelernt. Denn trotz aller negativen Erfahrungen bin ich nicht böse und verbittert geworden. Nach dem Tod meines damaligen Freundes bin ich den Jakobsweg nach Santiago de Compostela gegangen. Das war für mich ein Weg der Vergebung. Ich habe meinen Freunden und meiner Familie vergeben, auch mir. Ich habe ja auch viele Fehler gemacht. Habe auf dem Weg überall Steine aufgelegt und an den Stellen gesagt: »Ich vergebe euch, ich will nicht böse und verbittert sein.«

Ich hatte großes Glück, dass alles so gut gelaufen ist in meinem Leben. Es war ein langer Weg, mich selbst zu lieben – aber woher soll man Selbstliebe kennen, wenn man Liebe nie kennengelernt hat? Unterdessen bin ich vorsichtiger geworden, wenn ich mich verliebe. Ja, das passiert hin und wieder. Dann benehme ich mich wie ein 14-Jähriger. Und das ist herrlich! Letzte Woche zum Beispiel, als ich vor dem Fitnessstudio mein Fahrrad abstellte, kam jemand raus, rief: »Jochen!«, und fiel mir um den Hals. Das war ein Trainer,

vielleicht 25 Jahre alt, mit wuscheligen Haaren und Dreitage-
bart. Er freute sich sichtlich, mich zu sehen. Das war ein schönes Gefühl. Ohne dass ich was von ihm wollte – der wär mir
viel zu jung. Sondern wegen des Gefühls, dass es noch andere
Leute gibt, dass sie gerne mit mir zusammen sind, ohne dass
sie etwas von mir wollen – und auch noch verdammt gut aussehend! Das passiert mir in letzter Zeit häufig, das ist schön.

*Zum frisch aufgebrühten Kaffee legt mir Jochen Keller ein Nuss-
hörnchen auf einen Teller und verabschiedet sich zuerst eilig in
die Waschküche, weil er dort die Wäsche vergessen hat. Bei der
Geschichte über seinen Missbrauch, die er mir anschließend detailliert erzählt, bleiben mir immer wieder die Bissen des Nuss-
hörnchens im Hals stecken. Doch Jochen Keller zuckt nur mit
den Schultern: Schlimme Geschichte, klar, aber er habe sich damit arrangiert. Lieber erzählt er mir von seiner Arbeit, die ihn
bekannt gemacht hat – aber auch Neid einbrachte.*

*Stolz zeigt er einen prall gefüllten Ordner mit Zeitungsarti-
keln. Man sieht: Er war der Star, er war das Original, den Neid
anderer auf seine glänzende Karriere kann man sich gut vorstellen. Viele Artikel habe er weggeworfen, winkt er ab. Über
den Ort, den er berühmt gemacht hat, soll ich nicht schreiben,
denn dass er trockener Alkoholiker ist, das möchte er nicht jedem erzählen: »Diese Krankheit macht mich verletzlich. Es gibt
so viele böse Leute. Da bin ich vorsichtig, wenn das jemand mit-
kriegt.« Den letzten Rückfall hatte er vor zwanzig Jahren. Es
sei ein Wunder, sagt er heute, dass er es überhaupt noch einmal geschafft habe. »Ein Rückfall ist eigentlich ein Todesstoß.
Die meisten kommen da nicht mehr raus. Trocken zu sein ist
Glückssache.« Das sei ihm gerade wichtiger als ein fester Partner, sagt Jochen Keller, der es liebt zu flirten. Verpartnert hätte
er sich eigentlich gerne, doch gepasst habe es nie. »Vielleicht
aber«, sagt er heute, »war das besser so. So waren keine Ansprüche da.«*

Das Wunderbare ist:
Verlieben kann man sich immer wieder

Gerda Klein, 90 Jahre

Verpasst habe ich in der Liebe nichts, nein. Ich sage immer wieder zu meinen Söhnen, die übrigens allesamt das zweite Mal verheiratet sind: »Das ist das Wunderbare am Leben – man kann sich immer wieder verlieben. Man weint einmal, ist traurig, weiß nicht mehr weiter, aber da kommt wieder eine Liebe.« Das ist doch schön, nicht? Ich kann mir nicht vorstellen, dass man ein Leben lang mit jemandem verheiratet ist und am Ende immer noch behauptet: »Ich liebe meine Frau, oder ich liebe meinen Mann ganz genauso wie am ersten Tag.« Man ist zuerst verliebt, dann liebt man, und schließlich gewöhnt man sich aneinander. Irgendwann weiß man, was der andere gerade macht, kennt jede Bewegung des anderen. Eine Ehe wird immer zu einer Gewohnheit. Das verleidet doch, nicht? Überhaupt: Was heißt schon »eine gute Ehe«?

Verliebt habe ich mich mit 17 Jahren, da wurde ich gerade konfirmiert. Das war meine erste Liebe. Aufgeklärt hatte uns niemand. Wie auch? Die Eltern sahen wir ja noch nicht einmal nackt. Das war ein Tabu. Dass ich schwanger war, merkte ich, als die Regel ausblieb. Damit war ich nicht gerade ein Schandfleck, aber heiraten mussten wir trotzdem. Ich war 21 Jahre alt und hatte von der Ehe keine Ahnung. Nach vier Jahren merkten wir, dass die unsere nicht funktionieren würde. Dass wir uns scheiden ließen, entschieden wir gemeinsam. Die Herren Richter hörten uns an und entschieden, dass wir uns scheiden könnten. Und dass mein Exmann mir und unserem Sohn achtzig Franken pro Monat bezahlen müsse. Nach der Scheidung zog ich mit meinem Sohn zurück zu meinen Eltern, suchte mir Arbeit, und meine Welt war wieder in Ordnung. Gut rechnen konnte ich, und so habe ich bald Arbeit als kaufmännische Angestellte gefunden.

Später hat mein Exmann wieder geheiratet, insgesamt war er fünfmal verheiratet. Fünf Mal. Er war ein toller Mann, natürlich, und ein schöner Mann – damals schaute man auf so was, da musste ein Mann noch schön sein, muss man wissen. Auch ich habe wieder geheiratet, allerdings nur noch einmal. Diese zweite Ehe dauerte bis vor 22 Jahren, als mein zweiter Mann starb. Wir waren also ... fünfzig Jahre verheiratet! Jawohl. Auch mit ihm habe ich einen Sohn.

Allerdings war das bereits mein dritter Sohn, denn zwischen meiner ersten und zweiten Ehe gab es noch eine andere Liebesgeschichte, aus der ich ebenfalls einen Sohn habe. Etwa drei Jahre nachdem ich mich von meinem ersten Mann geschieden hatte, verliebte ich mich in einen neuen Mann. Wieder wurde ich schwanger. Wir wollten heiraten, unbedingt, waren beide sehr verliebt ineinander. Nur war er aus Liechtenstein, und dort war es bis in die Siebzigerjahre verboten, eine geschiedene Frau wie mich zu heiraten. Das war schrecklich: Liechtenstein war ja stockkatholisch, und wir hatten keine Chance gegen dieses Gesetz. Obwohl wir dem Fürst sogar einen Brief geschrieben haben. Doch wir bekamen eine Absage und waren untröstlich. So lernte ich kurz darauf meinen zweiten Ehemann kennen, mit dickem Bauch und traurig wegen dem Liechtensteiner. Ich machte in einem Lederwarengeschäft die Buchhaltung. Als der Sohn der Besitzer einmal ins Geschäft kam, verstanden wir uns sofort. Das war natürlich nicht wie die erste Liebe, ist ja klar. Doch er wollte weg von seinen Eltern, und so meinte er: »Ich möchte dich heiraten, jetzt sofort, gleich mit dem Kind in deinem Bauch.« Etwa ein halbes Jahr nach der Geburt heirateten wir, er nahm meine beiden ersten Kinder wie seine eigenen an, wir bekamen zusammen noch einen dritten Sohn und wurden eine schöne Familie.

Diese Liebe war anders, aber sehr schön. Am Schluss nannten wir uns gegenseitig Omi und Opi, denn das waren wir leidenschaftlich: Großeltern. Ich bin mit drei Söhnen eine Bubenmutter, das sagte mir damals schon mein Arzt – umso mehr freuten wir uns über unsere erste Enkelin. Unterdessen sind es sieben Enkel und sechs Urenkel. Und mehrere Ex-Schwiegertöchter, denn alle meine Söhne haben ein zweites Mal geheiratet. Das haben sie der Mutter nachgetan. Ja, warum nicht?

Mir persönlich war es immer wichtig, möglichst unabhängig zu sein. Hätte ich gekonnt, ich hätte bis zu meinem achtzigsten, noch lieber bis zum neunzigsten Geburtstag gearbeitet! Nachdem ich die Kinder großgezogen hatte, bin ich mit 48 Jahren nochmals ins Berufsleben zurückgekehrt; mit sechzig habe ich gelernt, mit dem Computer zu arbeiten. Damals kamen diese Geräte gerade erst auf, alles war mit Diskette. Erst als ich mit der Maus arbeiten sollte, da ging es nicht mehr, das habe ich nie gelernt. Aber bis ich 79 war, habe ich in einem Treuhandbüro gearbeitet. Habe die Buchhaltungen und die Abschlüsse gemacht, dazu noch die Warenumsatzsteuer, später die Mehrwertsteuer alle drei Monate. Das waren wunderschöne Jahre.

Wenn mein Mann und ich stritten, dann haben wir zwei bis drei Tage nicht miteinander gesprochen. Irgendwann fanden wir dann plötzlich wieder den Faden. Natürlich wusste ich von meinem Mann, dass er ab und zu ein Gschpusi* hatte, wenn er als Vertreter länger unterwegs war. Frauen sind ja nicht blöd. Und natürlich war ich deswegen manchmal wütend. Wir sprachen auch darüber. Aber letztendlich waren wir beide sehr großzügig zueinander. Das ist wichtig für eine gute Ehe. Wegen einer Affäre auseinandergehen? *Jä, näi.* Sowieso: Eifersucht kenne ich eigentlich nicht. Denn ich dachte stets: Niemand isst gerne jeden Tag Spaghetti.

* Liebschaft

Als mein Mann noch lebte und es uns noch gut ging, sagte er jeweils zu mir: »Oma, also ich bin keine Krankenschwester, ich kann dich auf keinen Fall pflegen.« Und ich antwortete jedes Mal: »Ich auch nicht. Das kommt nicht infrage, dass ich dich pflege.« Dann bekam er Krebs und musste ins Krankenhaus. Dort sagte er: »Oma, nimm mich wieder nach Hause.« Dann nahm ich ihn heim und pflegte ihn, bis er starb. Das ist jetzt 22 Jahre her. Ein Jahr vorher ist meine Mutter gestorben, so habe ich den Tod kennengelernt. Auch sie wollte zu Hause sterben, nicht im Krankenhaus. Bereits da dachte ich: Das kann ich nicht. Ich hatte große Mühe, meine eigene Mutter zu pflegen, sie zu waschen. Die Spitex* zeigte mir, wie das geht. Meine Mutter wünschte sich, dass ich ihr die Zähne nach dem Tod einlegte und das Gebiss hochband. Ich fürchte mich vor Gebissen, habe selber immer noch meine eigenen Zähne. Doch als sie starb, lernte ich, wie das geht: sofort das Kinn hochbinden. Als mein Mann starb, waren gerade einer meiner Söhne und seine Frau zu Besuch. Wir wussten natürlich nicht, dass er starb, das war reiner Zufall. Plötzlich atmete er seltsam, hatte Mühe. Wir saßen bei ihm, ich hielt ihm die Hand. Und danach banden wir ihm das Kinn hoch, möglichst schnell, wie ich das bei meiner Mutter gelernt hatte. Er sah uns, er merkte, dass wir da waren. Er spürte uns. Aber er konnte nicht mehr sprechen. Auch ich wusste nicht, was ich ihm hätte sagen sollen. Überhaupt: Was will man zu jemandem sagen, der gerade stirbt? Später erst denkt man, hätte ich ihm doch gesagt: »Ich danke dir für alles, was du für mich getan hast ...« Man möchte gerne etwas sagen, aber im Moment selbst, da schnürt es dir den Hals zu. Das war wahnsinnig, noch einmal jemanden zu verlieren, der einem so nahe war. Wie er einfach so daliegt und nichts mehr macht. Dir keine Antwort mehr gibt und nicht mehr reagiert. Darunter habe ich sehr gelitten – gerade weil ich bei seinem Tod dabei war.

* Ambulanter Pflegedienst

Alleine bin ich jetzt seit 22 Jahren. Traurig bin ich deswegen nicht, denn ich war schon immer eine Einzelgängerin – und ich habe meine Söhne, die mich oft täglich anrufen. Sie arrangieren auch, dass wir uns regelmäßig treffen. Manchmal holen sie mich ab, und wir fahren irgendwo hin. Hier im Altersheim möchte ich keinen Kaffee trinken, lieber will ich woanders hin! Meine Söhne begreifen das. Wenn ich sehe, wie hier im Altersheim Geburtstage gefeiert werden, bekomme ich Gänsehaut. Das ist traurig. Warum fährt man diese Mütter und Väter nicht aus?

Meine Söhne glauben trotzdem, ich müsse mehr unter die Leute, müsse mit anderen Menschen reden. Das möchte ich aber nicht, ich bin lieber alleine in meinem Zimmer. Das ganze Geschwätz über die Operationen, diese Krankheiten und jene Gebrechen – das mag ich nicht hören. Alle, die wir hier im Altersheim wohnen, haben schließlich ein Gebrechen und warten auf den Tod. Das ist so. Das ist das Normalste auf der Welt. Also, ich kann sehr gut alleine sein – bis auf die sonntäglichen Mittagessen mit einem Freund, der mir sehr ans Herz gewachsen ist: Kennengelernt haben wir uns über den Rot-Kreuz-Fahrdienst, den ich Jahre nach dem Tod meines Mannes immer wieder in Anspruch genommen habe. Weil ich einen Fahrer wollte, der nicht raucht und nicht nach Rauch oder nach Schweiß stinkt und der nicht so viel redet, bekam ich einen älteren, sehr sympathischen Herrn zugeteilt. Ich verlangte immer wieder nach ihm.

Nachdem seine Frau und auch der Mann meiner jüngeren Schwester gestorben war, sagte ich zu meiner Schwester: »Jetzt sind drei Menschen alleine. Wenn wir uns zusammentäten, könnten wir gemeinsame Ausflüge unternehmen.« Das gefiel ihr auch, und so fragte ich ihn, ob wir zwei, meine Schwester und ich, ihn jeweils mieten könnten für eine sonntägliche Ausfahrt mit Mittagessen. Wir würden ihm das Mittagessen und das Benzin bezahlen. Auch er fand das eine gute Idee, und wir machten die schönsten Ausflüge. Fuhren immer in gute Restaurants, sind an den Bodensee gefahren, überallhin. Das war wirklich herrlich! Seit 15 Jahren begleitet mich dieser Freund. Es ist eine wirklich enge Freundschaft entstanden. Keine Liebschaft! Nein, nein. Er ist jetzt 81 Jahre alt, und ich werde bald neunzig. Vor einigen Jahren musste er sein Auto abgeben, seither kommt er jeden Sonntag zu mir ins Altersheim zum Mittagessen. Unsere Altersheime haben ein Abkommen: Er hat einen Gutschein, und wenn er nicht in seinem isst, darf er hier bei mir essen. Nach 15 Uhr geht er wieder nach Hause, damit er zum Abendessen zurück ist. Meine Herren Söhne wissen gar nicht, was für ein Glück sie haben, dass die Mutter nicht jeden Sonntagabend anruft, weil sie sie beanspruchen muss! Das hören sie nicht gerne. Aber ich verstehe sehr gut, dass sie ihr Privatleben wollen. Und so ist es wunderbar, dass ich sonntags meinen eigenen Besuch habe.

Mir ist klar, dass diese Besuche einmal aufhören. Gerade gestern habe ich zu ihm gesagt: »Irgendwann kannst du nicht mehr laufen.« Er kommt ja mit dem Bus und Zug und dann nochmals mit dem Bus bis zu mir. Dabei muss er auch laufen, und er hat es unterdessen mit der Hüfte. Ich kann ohne meinen Rollator ja gar nicht mehr gehen. So ist eben das Alter. Wenn wir zusammen essen, sprechen wir über den Alltag, reden darüber, was hier bei mir passiert, was bei ihm geschieht.

Mit neunzig Jahren hat man genug gesehen. Ich habe das Leben gelebt, die Liebe erlebt, ich habe alles gehabt, Schönes und weniger Schönes. Ich habe einiges falsch gemacht, vieles richtig – es ist alles drin in diesem Leben! Irgendwann wird es genug sein.

Mit neunzig Jahren, warnt mich Gerda Klein, habe man zwar viel erlebt, aber über die Liebe könne sie mir nun wirklich nicht viel erzählen. Ihr kleines Zimmer im Altersheim entkräftet diese Warnung: An jeder Wand hängen Farbausdrucke und Foto-abzüge von Hochzeiten, von Enkelkindern, von ihren Söhnen mit und ohne ihre Frauen. Weitere gerahmte Bilder stehen vor dem großen Fernsehbildschirm, den sie nicht mehr benutze, weil sie nur noch wenig sehe. Auch wenn sie nicht mehr gut sieht und kaum noch hört: Rechnen kann sie immer noch wie ein Taschenrechner, jedenfalls schneller als ich, und die Jahreszahlen hat sie faszinierend präzise im Kopf, das beweist sie mehrmals während unseres Gesprächs. Trotz ihrer Vorwarnung erzählt sie mir sprudelnd, mit galoppierender Stimme und ungebremster Lebensfreude aus ihrem Leben, und ich bekomme den Eindruck, dass die Probleme von Liebenden damals dieselben waren wie heute, dass einzig heute anders – und mehr! – über die Liebe geredet wird. Die Neunzigjährige schüttelt ihr sorgfältig frisiertes Haar und fügt an, geheiratet habe man eben in ihrer Zeit auch, weil man damit als Frau versorgt gewesen sei. Das sei ein wesentlicher Unterschied zu heute. Und die jungen Leute, verrät sie mir, hätten heute viel mehr Druck auszuhalten als ihre Generation. Schließlich seien auch die Ansprüche gewachsen: Einmal Ferien pro Jahr genüge nicht mehr, möglichst oft und möglichst weit weg würde man heute wollen. Deshalb müssten auch die Frauen mehr arbeiten. Ich schmunzle bei dieser abenteuerlichen Begründung, muss ihr aber recht geben, dass man sich schnell aus den Augen verlieren kann, wenn jeder und jede seinem eigenen Glück nachjagt. Nach unserem Gespräch klatscht sie erwartungsvoll in die Hände und fragt, ob sie mich noch zu einem Kaffee unten in der Cafeteria einladen könne. Diese Einladung werte ich als besondere Ehre, verbringe sie doch »dort unten« möglichst wenig Zeit.

Vom Liechtensteiner erzählt mir Gerda Klein erst am Abend nach unserem Gespräch am Telefon: Sie ruft mich an und gesteht, dass sie mir nur die halbe Geschichte erzählt habe. Sie selbst habe damit kein Problem, aber ihr unehelicher Sohn sei Direktor einer erfolgreichen Firma, und ihm sei der Liechtensteiner immer fremd geblieben. Auch als er sich nach vielen Jahren einmal bei Gerda Klein gemeldet hatte und sie sich alle zusammen in einem Restaurant getroffen haben, um sich kennenzulernen: der Sohn und sein leiblicher Vater, Frau Klein und ihr Mann, der für den Sohn der »Vati« war. »Begeistert war mein Sohn nicht, aber er machte mit. Doch ich habe gemerkt: Sie finden den Faden nicht zueinander, alle beide. Also haben wir Adieu gesagt, und das war's dann.« Und sie, was hat sie gefühlt, als sie ihre Liebe nach Jahren wiedertraf? Ein »netter Kerli«, erklärt sie mir, sei er damals, als sie sich kennengelernt hätten, gewesen. Aber als sie ihn in jenem Restaurant wiedergesehen habe, habe sie gedacht: »Gott sei Dank habe ich den nicht geheiratet. Tja. Wie die Liebe kommt und geht, das stimmt schon. Sie geht eben auch.«

Wenn das Leben anklopft,
werde ich aufmachen und nachschauen

Christine Loiseau, 67 Jahre

Im langen, schmalen Korridor bei Christine Loiseau verabschie-
det sich gerade ein Überraschungsbesuch: Christines Enkelkin-
der, ihr Sohn und seine Frau sind spontan vorbeigekommen. Be-
vor Christine die Wohnungstür schließt, zeigt sie auf das von der
Enkelin gezeichnete Schaf, das an der Türe hängt, und erklärt
lächelnd: »Wir befinden uns im chinesischen Jahr des Schafes,
der weiblichen Energie.« Sie offeriert mir Verveine-Tee und führt
mich ins Wohnzimmer mit Büchergestellen, die bis fast an die
hohen Decken reichen. Christine Loiseau seufzt wegen Rücken-
schmerzen. Tage später wird sich herausstellen, dass der schmerz-
hafte Hexenschuss ein ernsthafter Bandscheibenvorfall ist. Trotz
der Schmerzen lacht Christine in ihrem Korbsessel viel. Über
sich, über ihr Leben, über die Zufälle, die sie immer wieder ent-
deckt. Zufälle, da ist sie überzeugt, die eben doch keine Zufälle
sind: »Ich hatte nie Pläne und bin damit bisher immer an den
richtigen Ort zur richtigen Zeit geraten.«

In meinem Leben gab es viele Hals-über-Kopf-Geschichten.
Man muss sich nicht auf einen Menschen fixieren, obwohl
mir das durchaus auch passiert ist. Die größte, tiefste meiner Lieben lernte ich mit 44 kennen: Nils. Andererseits kann
man das so nicht sagen, jede Liebe hatte ihre Qualität. Der
erste, Michael, war ein Geschenk des Himmels. Diese Liebe
war tief, aber anders – eine Kindergeschichte, ganz vorsichtig. Luc war wild. Auch das war wunderschön. Und genauso

alle die anderen, so charmanten, so interessanten ... Aber das Tiefste, was ich erlebte, das war mit Nils. Und das ist es immer noch. Denn diese Liebe war kein Klammern, sondern die Art Liebe, die noch größer wird, wenn man sie gehen lässt. Er ist heute mein bester Freund.

Doch zuerst gab es Michael. Ihn lernte ich mit 14 auf der Eisbahn kennen. Er war 15. Von der Liebe hatten wir nur vage Vorstellungen. Er gefiel mir sehr, und ich gab ihm einen Kuss am ersten Abend, und das war's dann, bis ich zwanzig war. Kurze Zeit später saßen wir in derselben Klasse. Auf den ersten Klassenfotos standen wir links und rechts im Bild, später in der Mitte wie Mama und Papa.

Ich bin mit den Schlittschuhen zu ihm hingefahren und habe gefragt, ob er mich nicht besuchen komme auf ein Bier? Mit 14. Das wollte er. Ich wohnte, bis ich auszog, mit meiner Mutter bei meinen Großeltern in Berlin, weil sich meine Eltern kurz nach meiner Geburt scheiden ließen. Sie gaben mir viel Freiheit, aber sie wollten immer wissen, mit wem ich zusammen war. So saßen wir in meinem Zimmerchen und tranken ein Bier. Als ich ihn die Treppe runterbrachte, gab ich ihm einen Kuss. Das war nicht geplant, das kam einfach so. Er war sehr schüchtern. Später sagte er mir, dass dieser Kuss für ihn unfassbar war. Wir gingen oft miteinander tanzen. Er tanzte zwar nicht besonders gern, aber gemeinsam eroberten wir die Welt. Und ich war fasziniert von seiner Familie, besonders von seiner Mutter. Sie waren eine ziemlich arme Familie. Im Gegensatz zu meiner: Mein Großvater war Obermedizinalrat. Bei uns gab es keine Margarine, sondern Butter, und Gemüse ausschließlich aus Büchsen. Bei Michaels Mutter sah ich zum ersten Mal, wie man Rotkohl selber macht. Michaels Mutter war Kommunistin, eine musische, total interessierte, lustige, offene Frau. Viele Dinge, die bei mir zu Hause ganz klar waren – Gut und Böse zum Beispiel –, brachte sie so sehr ins Wanken, dass ich oft heulend nach Hause kam, weil ich nicht mehr wusste, wo oben und unten war. Dafür hatte meine Mutter überhaupt kein

Verständnis, sie sagte nur: »Warum gehst du dort hin und kommst weinend zurück? Du bist jung, geh tanzen!« Doch diese fremde Welt war für mich lebenswichtig geworden, ich hatte mit dieser Familie ein großes Los gezogen. Durch Michael bekam ich nie das Gefühl, etwas sein zu müssen, was ich nicht bin. Er sagte mir, ich bräuchte nicht auf hohen Schuhen zu laufen oder mir Farbe ins Gesicht zu schmieren, er finde mich wunderschön, so wie ich sei. Ihm verdanke ich diesen ungeheuren Luxus, mich bis heute mit ungefärbtem Haar und ungeschminkt wohlzufühlen!

Bis er irgendwann während des Studiums meinte, er brauche Platz. Ich verstand: Er will mich nicht mehr. Das war das erste große Liebesdrama in meinem Leben. Die Welt brach für mich zusammen. Ich aß nicht mehr. Nach zwei Monaten rief ich einen Freund an und fragte, ob er irgendwo abends singen würde, und er bejahte. Der Club war rappelvoll, nur noch ein Stuhl war frei im ganzen Laden. Auf den setzte ich mich. Neben mir saßen zwei junge Männer. Auf die Schuhe des einen schüttete ich während des Konzerts das Wachs einer Kerze – und war ganz begeistert, als ich seinen charmanten französischen Akzent hörte. Benoît wurde mein neuer Freund, später mein Mann. Es war eine komische Situation, denn beide Herren waren sehr bemüht um mich. Als ich zur Toilette ging, kam mir Benoît hinterher und wollte mich küssen. Theatralisch rief ich auf Französisch: »*Ça suffit maintenant!*« Das ist jetzt genug! Ich konnte nicht französisch fluchen. So was lernt man ja nicht in der Schule, sondern nur hochliterarische Sätze von Racine und Molière…

Ich fand das alles total entzückend, diesen Franzosen, seinen süßen Akzent, seine lockere Art. Bei unserem ersten Rendezvous am Europa-Center klemmte an seinem Auto ein Visitenkärtchen mit dem Vermerk: »Ich mache Pipi.« Das gefiel mir. Oder einmal lag auf der Straße in Paris eine Kristallkugel von einem Lüster. Er zog eine Kette durch den Anhänger und band sie mir um. Aber Benoît war nicht die große Liebe auf den ersten Blick. Und Michael mochte ich immer noch. Gleich so hundertprozentig umspringen, das konnte ich nie. So ging das erst ein bisschen hin und her. Als Benoît nach Frankreich zurückmusste, telefonierten wir fast jede Nacht, stundenlang. Damals gab es noch keine Flatrates. Es kostete Unsummen. Ein halbes Jahr später stand er mit einem kleinen Laster vor meiner Tür – die Ferngespräche seien zu teuer. Ich verabschiedete mich von meiner Familie und kam erst nach acht Jahren mit meinem kleinen Sohn aus Frankreich zurück.

Ich kann nicht sagen, dass es so war wie mit Michael. Da kam ganz viel anderes dazu: Vor allem meine Neugier, das fremde Land, die andere Kultur… Ich liebe die französische Sprache, die Musik, das Essen, den Wein. Zuerst lebten wir in Paris, aber schnell zogen wir aufs Land. Plötzlich hatte ich, Stadtkind, groß geworden am Tempelhofer Flughafen, ein Bauernhaus am Waldrand mit einem 6000 Quadratmeter großen Bauerngarten. Wir starteten mit 500 geborgten Francs und verkauften Secondhandkram auf dem Wochenmarkt. Ich bereue überhaupt nichts, auch wenn ich mit Benoît auf die Dauer nicht klarkam. Er war in seiner eigenen Welt unterwegs. Einmal fragte ich ihn, wie er leben möchte, und er sagte, dass er gern mit seinem Hund und einer Zahnbürste in einem Wohnwagen am Baggersee wohnen würde. Da hätte ich besser gleich sagen sollen: »Okay, dann mach das mal!«

Geheiratet haben wir nicht kirchlich, sondern im Rathaus. Benoît in einem Cordanzug, der ihm viel zu kurz um die langen Glieder schlabberte und mit einem Tuch um den Hals, sodass meine Familie in Deutschland vorsichtshalber erzählte, mein Schwager sei mein Mann, weil dieser auf dem Foto einen dunklen Anzug und Krawatte trug. Ich selbst trug eine große, etwas seltsame Mütze zu einem weißen Matrosenanzug aus dicker Wolle, den die Freundin meines Schwagers, die Modedesignerin in Perugia war, mir geschenkt hatte. Er sah chic aus. Warum sollte ich mir da ein Hochzeitskleid kaufen? Weil Benoîts Großmutter nicht nur sehr streng katholisch, sondern auch sehr schwerhörig war, brüllte sie während der Zeremonie mit ihrer sonoren Stimme entrüstet: »Ich habe noch nie eine Braut in Hosen gesehen!«

Natürlich erfuhr man als Deutsche in Frankreich Ressentiments. Mein Schwiegervater war immer sehr stolz auf seine deutsche Schwiegertochter, doch es gab auch Leute, die auf dem Flohmarkt die Ärmel hochkrempelten und mir ihre KZ-Nummer zeigten. Als 1948 Geborene hatte ich die Gnade der späten Geburt. Wir hatten in der Schule alles bis in die fürchterlichsten Details über die Nazizeit erfahren. Und wir haben die riesige Chance, daraus zu lernen, nicht verpasst. In dem Ort oder in meiner französischen Familie fragte mich nie jemand nach meinen Eltern oder Großeltern. Vielleicht auch, weil ich so anders, eine 68erin inmitten von bourgeoisen Kleinstädtern war, und trotzdem mit vielen befreundet. Im Sommer, in dem ich schwanger war, lief ich im Bikini herum. Dass man den Bauch zeigt, war damals noch nicht üblich. Man versteckte ihn verschämt in Zeltkleidern. Aber wer meinen Bauch nicht sehen wollte, der konnte ja weggucken.

Als ich mit unserem frisch geborenen Sohn aus dem Krankenhaus zurückkam, fand in unserem Haus gerade eine Party statt. Es waren viele Leute da, die ich nicht kannte. Auf der Fensterbank in der Küche saß ein junger Mann mit Locken, der mich freundlich anlächelte. Das war Luc. Luc kümmerte sich rührend um meinen Sohn. Dass er das tat, war schön und gefährlich. Denn Benoît hatte eine klassische Vorstellung von Familie, die mit der Realität nicht viel zu tun hatte. Überhaupt hatten wir eigentlich nicht viel gemeinsam.

Zu Weihnachten dann, da war mein Sohn gerade knapp drei Monate alt, hatte ich meine Schwiegerfamilie zu einem echten deutschen Heiligen Abend eingeladen. So richtig mit Tannenbaum, Lametta und Gänsebraten, hübsch eingepackten Geschenken. Meine Schwiegereltern kamen, auch mein Schwager, mein Sohn lag im Bettchen und schlief, und die drei Hunde knabberten am Weihnachtsknochen. In Frankreich werden nach dem Weihnachtsessen mit Freunden Partys gefeiert, Silvester ist eher ein Familienfest. Als alles verputzt war, verabschiedeten sich meine müden Schwiegereltern. Aber auch mein Schwager und mein Mann verschwanden zu einer Party. Ich saß in der Küche mit den drei Hunden vor den abgenagten Knochen, nebenan schlief unser Baby, und ich dachte: Nee, so möchte ich nicht leben! Zu lange hatte ich darauf gewartet, dass sich etwas ändert. Dieser zauberhafte junge Luc, der auf dem Fensterbrett gesessen hatte und sich seit ein paar Wochen so liebevoll um mein Baby kümmerte, half mir beim Ausstieg. Dass er sieben Jahre jünger war als ich, spielte überhaupt keine Rolle – ich bin mit 180 Stundenkilometern über die Landstraße gefahren, um bei ihm zu sein.

Benoît weinte, als ich ihn verließ. Danach kämpfte er noch ein bisschen um sein Bild einer Ehe. Eines Abends kam er sogar mit einem Gewehr zu Luc und mir und wollte unseren Sohn mitnehmen. Das war alles ganz schön heftig. So heftig, dass ich irgendwann mein Kind ins Auto legte und zu den beiden sagte: »Das ist mir hier alles zu viel. Ich brauche meine Ruhe, und mein Kind braucht mich.« Ich fuhr zu einem Bekannten ans Meer in die Normandie. Doch dann kam an einem Wochenende Benoît, am nächsten Luc, und dann wieder Benoît. Bis ich auch davon genug hatte und nach Berlin zurückkehrte.

Es dauerte zwei Wochen, bis Luc nach Berlin kam. Er konnte kein Deutsch, hatte keinen Job – und war damit für mich wie ein zweites Baby. Und so kam die nächste Halsüber-Kopf-Geschichte. Ich sprang ins Auto und fuhr zurück zu Benoît nach Frankreich. Weil ich dachte, ich muss jetzt endlich Ruhe in mein Leben bekommen. Weil ich mit meinem Kind und einem Mann in einer ruhigen Situation sein wollte. Doch das ging natürlich nicht mehr. Auch weil Benoît unterdessen eine neue Freundin hatte.

Ich war traurig, weil nichts mehr zusammenpasste, was ich ja eigentlich längst wusste. Aber dann ging das bunte Leben weiter. Zusammen mit meinem Schwager fuhr ich zu einer Antiquitätenausstellung in ein wunderschönes kleines Schloss in der Bourgogne. Dort wurde alles improvisiert: Ausstellungen, Konzerte, Theater, Tanzen im Weinkeller. Man konnte im Schloss wohnen, es gab ein Restaurant. Die Besitzerin, die meine Geschichte kannte, meinte: »Ich kann dir kein Geld geben, aber du kannst hier arbeiten, wohnen und essen.« Den ganzen Sommer über arbeitete ich in diesem schrägen Restaurant.

Und wieder passierten ein paar Hin-und-Her-Geschichten. Ich hatte ja immer so viele kleine, ungewöhnliche, aber wunderschöne Liebesgeschichten. Da war zum Beispiel ein Kameramann, als Alain Delon und Kinski auf dem Schloss einen Film drehten. Seinen Namen habe ich vergessen. Aber sein Foto hängt drüben an der Wand. Wieder einer mit dunklen Locken. Er wollte eigentlich mehr, aber so einfach ging das bei mir nie. Wir haben eine Nacht lang nur geredet und getanzt, nicht einmal getrunken. Wir waren uns sehr nah. Es war sehr schön. Morgens fuhr er zurück nach Paris, und mittags rief er an, um sich zu bedanken. Für ihn sei das eine seiner schönsten Nächte überhaupt gewesen.

Im Schloss lernte ich Paul kennen, ein weiterer aparter Abschnitt in meinem Leben: Mit ihm zog ich in den Wald von Fontainebleau, ein ruhiges Jahr lang. Er lebte dort in einem kleinen Reihenhäuschen mit Minigarten. Jeden Tag ging er arbeiten, und ich mit meinem kleinen Sohn in den Wald, um zu wandern, Beeren und Pilze zu sammeln. Bis eines Tages Luc aus Berlin zu Besuch kam. Es passierte etwas Großartiges. Luc sagte: »Ich liebe dich, ich werde dich immer lieben, du kannst machen, was du willst.« Das ist Liebe. Bedingungslos jemanden lieben. Nicht dieses: Ich hänge an dir, ohne dich kann ich nicht leben … und deshalb musst du … Das ist Bullshit. Ich fuhr zurück nach Berlin zu Luc.

Von Benoît ließ ich mich scheiden. Wir waren uns in allen Punkten einig. Zum Glück, denn es gab ein Gesetz, dass ein französischer Vater fordern konnte, dass sein Kind auf französischem Territorium blieb. Anfangs wohnten Luc, mein Sohn und ich bei meiner Großmutter, später in einer großen

Kreuzberger WG. Luc war kein Kind von Traurigkeit. Er hatte sicher kleine andere Geschichten. Ich war in Beziehungen immer treu, aber ich habe auch viel geflirtet. Ich verstand das gut, und deshalb hielt sich meine Eifersucht in Grenzen. Luc sagte immer, ich sei die Frau seines Lebens. Und ich fühlte, dass es stimmte – über lange Zeit. Wir blieben sieben Jahre zusammen. Er war herrlich. Es war ein Feuerwerk. Aber da ist sie drin, die Dialektik des Lebens: Manchmal verbrennt man sich eben dabei auch die Finger. Verliebt hatte ich mich in ihn, als er da auf der Fensterbank saß, in sein Lächeln und seine schönen dunklen Locken. Es gab viele andere Gründe, ihn zu lieben. Er ist so musisch, kann alle Instrumente spielen, die er in die Hand nimmt, singt, malt. Und wenn er etwas sagt, dann weißt du, das stimmt hundertprozentig, da ist kein Kalkül dahinter. Wenn er wütend ist, ist er wütend, und wenn er froh ist, dann lacht er. Er ist authentisch. Und sexy, mein lieber Schwan! Er lebt noch heute in Berlin, hat vier Kinder, ist Schauspieler, macht Musik. Wir lieben uns noch immer, nur jetzt eben anders. Genauso liebe ich noch immer alle Männer, die ich je geliebt habe. Denn als ich aus Frankreich zurückkam, kam Robert dazwischen: Ich musste Geld verdienen und arbeitete als Hostess im ICC. Ich kümmerte mich um die VIPs, aber auch um einen jungen Mann, der auf einem Sessel herumsaß. Er wirkte nett. Ich fragte ihn, was er hier mache. Er war sehr charmant – wieder ein Franzose! Wir verbrachten zwei schräge Monate miteinander. Danach musste er zurück nach Paris, um weiterzustudieren. Wir hörten nie wieder voneinander. Ein Freund von ihm erzählte mir, dass er gleich danach geheiratet und seine Frau ihm verboten hatte, jemals wieder mit mir zu sprechen. Während dieser zwei Monate mit Robert bat ich Luc, zu warten, bis es vorbei sei. Komisch, er, der selbst so bunte Geschichten hatte, konnte diese »befristete Kurzbeziehung« plötzlich nicht ertragen. Er fuhr mir hinterher, weinte. Das tat mir furchtbar leid. Aber was sollte ich tun mit meinen Emotionen? Was hätte er davon gehabt, wenn ich so getan hätte, als wäre nichts?

Ja, und da gibt es noch eine faszinierende französische Parallelgeschichte, die ziemlich lange dauerte – die eigentlich nie aufgehört hat. Ich weiß nicht, wer davon wusste, nicht viele. Er lebt auch in Frankreich, war zweimal verheiratet. War ich bei ihm, war ich immer Mme. S. Ganz selbstverständlich, fast wie Alltag, jeweils zwei-, dreimal im Jahr. Ansonsten lebte jeder von uns sein Leben. Ich brauche wie Sartre und de Beauvoir viel Platz, um zu lieben. Deshalb lehnte ich auch dankend seinen Heiratsantrag ab. Befreundet sind wir immer noch. Gerade war ich als »Familienmitglied« bei der Hochzeit einer seiner beiden Söhne, den ich fast so wie meinen eigenen liebe.

Wenn es nicht mehr ging, war ich ziemlich hart oder eher konsequent. Denn was bringt es, so zu tun, als ob, wenn der *point of no return* erreicht ist? Ich habe viele Spielarten von Trennungen erlebt, auf beiden Seiten. Als mich eine meiner größten Lieben verlassen hatte, sagte eine Frau diesen Satz zu mir: »Keiner verlässt einen Menschen, um ihm wehzutun.« Das ist so ein wunderbarer Satz, der hilft gegen den Schmerz genauso gut wie gegen Wut. Es ist so dumpf, wenn Leute sagten: »Ach nee, das finstre Arschloch, der lässt dich jetzt einfach sitzen?« Keiner hat mich »einfach« sitzen lassen, und ich habe es auch nicht »einfach« mit anderen gemacht. Wenn man leidet, muss man genauer hinsehen und herausfinden, warum. Der Mensch liebt mich nicht mehr, dafür kann er überhaupt nichts. Was hätte ich denn davon, wenn er bei mir bliebe?

Mit 44 Jahren lernte ich die vielleicht größte, tiefste, schönste, verrückteste Liebe meines Lebens kennen. Nils war 24 Jahre alt, Student. Zehn Jahre lang waren wir zusammen. Wir arbeiteten beide in einem Architekturbüro. Er kam in den Raum, und es roch nach Cacharel, ein Wahnsinns-Aftershave. Ich wusste, ich musste vorsichtig sein, denn es erinnerte mich an eine andere Episode in meinem Leben. Eines Morgens fragte er mich, mit wem ich heute zu Mittag essen würde.

Er wusste, dass ich traurig war, weil mein Untermieter Tom, der auch sein Kollege war, nach Amerika zurückgekehrt war. Wir mochten uns sehr, mehr als sehr, aber Tom hatte eine Freundin. Das respektierte ich immer. Und Tom war zehn Jahre jünger. Das ging gar nicht, dachte ich. Bei seiner Rückkehr stellte sich heraus, dass seine Freundin durchgebrannt war ... Noch heute schreiben wir uns zauberhafte Mails und bedauern beide, dass wir so vernünftig waren. Jedenfalls erzählte ich Nils bei unserem ersten gemeinsamen Mittagessen, dass ich keinen »Minderjährigen« verführen wollte. Worauf er lediglich meinte, seine »halbe« Freundin sei auch zwanzig Jahre älter als er. Ich staunte noch. Aber dann ging es ganz schnell, und ich war mit Nils zusammen.

Er war ein Geschenk, und das ist er immer noch. Ich liebe diesen Mann im wahrsten Sinne ohne Ende. Zusammengekommen waren wir vier Jahre nach dem Mauerfall. Auf unserem ersten Spaziergang wühlte er einmal im Schutt einer abgerissenen alten Apotheke und schenkte mir ein altes Glasfläschchen. Ich liebe kluge Männer, die keine Angst davor haben, mit bloßen Händen im Schutt nach Schätzen zu suchen. Er, »ein Wessi«, wohnte schon in Ostberlin, wo noch alles total wild war. Er lud mich zum Essen zu sich ein, kurz vor Weihnachten. Es war wie im Märchen: Durch die Eisblumen am Fenster sah ich im Kerzenlicht einen kleinen Kindertisch, darauf stand eine Schüssel mit einem dampfenden Gurkensüppchen. Das war sein Erfolgsrezept. Ich stand lange vor dem Fenster. Dieses zauberhafte Bild werde ich nie vergessen. Es gab so vieles bei ihm, was direkt meine Seele berührte.

Mein Sohn war damals 15 Jahre alt, auch er mochte Nils sehr. Der geringe Altersunterschied war für ihn überhaupt kein Problem. Außerdem war ihm sowieso schon klar, dass er eine schräge Mutter hat. Meine Freunde waren auch immer seine Freunde. Was mich an Nils so faszinierte, war diese Mischung aus Intelligenz und Intuition, die er nicht nur im Kopf hat, sondern auch in seinen Händen hatte. Mit ihm erlebte ich einfach unglaubliche Sachen.

Und dann wurde ich schwanger. Ich arbeitete gerade in London und rief Nils an. Bereits vor Jahren hatte ich einmal abtreiben müssen, das war zwar nicht schön, aber ich hatte nicht weinend im Bett gelegen. Das war eine ganz klare Situation. Ich hatte Glück, ich war im Unglück dankbar, dass es mir nicht so schlecht ging wie anderen Frauen. Doch als ich von Nils schwanger war, war es anders. Mir war sofort klar, dass das nicht ginge. Er war noch Student, und ich 47. Gar keine Frage. Nein, das wäre verantwortungslos gewesen. Trotzdem hätte ich das Kind so gern bekommen. Als ich aus London zurückkam, war ich wild entschlossen, schnell abzutreiben. Und dann sagte Nils plötzlich, dass er nicht wisse, ob das richtig sei. Das war grauenvoll. Ja, nein, ja, nein, ja … Es war nicht so, dass er klar sagte: Das machen wir jetzt. Dass auch er zweifelte, war ein Albtraum. Nach der Abtreibung weinte ich drei Tage und Nächte. Ich brauchte lange, bis ich wieder lachen konnte.

Nils sagte immer ganz pragmatisch, man sei so lange mit jemandem zusammen, wie es eben dauere. Sternzeichen Fisch, eine alte Seele mit viel Blau in der Aura. Einmal, kurz vor Weihnachten, saßen wir in der Küche. Er musste am nächsten Tag nach New York fliegen. Er öffnete eine Flasche Wein und sagte den klassischen Satz: »Ich muss dir mal was sagen.« Er erzählte mir, er wolle mich nicht betrügen, er habe seit zwei Monaten eine Freundin. Er wolle ausziehen, und ich würde ab sofort alles allein regeln müssen. Es war das komplette Programm. Ich saß wie die Maus vor der Schlange und sagte: »Moment mal, bitte!« Zuerst ging ich Zigaretten holen. Seit sieben Jahren rauchte ich nicht mehr, er hatte vor einem Jahr aufgehört. Wir rauchten die ganze Packung auf. Das wurde zum Bestandteil unserer neuen Beziehung. Sobald wir uns künftig sahen, rauchten wir Stress-Freundschaftspfeifen. Ich stand unter Schock, weil das so völlig unerwartet kam. Ich konnte es nicht begreifen. Ich bat ihn, zu bleiben, bis ich realisiert hätte, was da gerade geschehe. Und er blieb. Erst Wochen später, beim Neujahrsspaziergang, konnte ich ihn gehen lassen. Ich war noch traurig, es war noch nicht ausgestanden. Aber ich merkte, dass ich wieder Boden unter den Füßen hatte. Wir hatten es gemeinsam geschafft, diese

Trennung, die auch richtig war. Und auch das hat unsere Beziehung so stark gemacht.

Nachdem sich Nils von mir getrennt hatte, war meine Bude voll von heulenden Freunden. Wirklich. Wir waren schließlich immer der Beweis gewesen, dass Unmögliches möglich ist. Sie glaubten: Wenn das bei denen klappt, dann sollten wir uns nicht so anstellen. Wir waren für alle immer dieser Hoffnungsschimmer, dass am Ende doch alles irgendwie geht. Aber dann ging es eben doch nicht mehr. Nils hatte mir lange vorher ein Zettelchen auf den Tisch gelegt, sein Selbstportrait: ein Köpfchen mit Stielhals und Löckchen. Darunter hatte er geschrieben: »Ich liebe dich.« Bevor er auszog, am letzten Tag, schrieb er dazu, »jetzt anders«. Da ahnte ich schon, was für ein großes Geschenk ich mal wieder bekommen hatte vom Leben.

Und ich verstand am Ende auch, dass die Altersschere subjektiv immer weiter auseinandergeht. Zehn Jahre lang hatte der Altersunterschied keine Rolle gespielt, aber jetzt kamen wir in die Grauzone. Als wir uns kennenlernten, war ich 44. Das war kein Alter – und ich fühle mich auch jetzt überhaupt nicht alt. Aber ich gehe stramm auf die siebzig zu. Da beißt die Maus keinen Faden ab, trotz der frischen Gene, die meine Familie offensichtlich hat. Und die Regeneration kommt sichtlich manchmal ins Stolpern, hier und da gibt's mal ein neues Fältchen, und seit Wochen habe ich einen fiesen Hexenschuss und kann kaum laufen. Wenn ich mir vorstelle, ich hätte jetzt einen zwanzig Jahre jüngeren Freund, dann würde aus dem »älter« vielleicht schnell mal »alt«, und so manches brauche ich einfach schon lange nicht mehr. Übrigens habe ich umgekehrt auch dieses Gefühl bei den meisten Männern meinen Alters. Sie können nicht mehr mit mir spielen …

Also, im Rückblick kann ich erst einmal meinen Lieblingssatz sagen: Es ist, was es ist. Nils und ich, wir haben gemeinsam etwas Wunderschönes daraus gemacht. Es brauchte seine Zeit, bis ich nicht mehr traurig war. Aber wir haben das zusammen bearbeitet, das war das Tolle. Da ging es auch wieder um diesen Satz: »Keiner verlässt den anderen, um ihm wehzutun.« Dafür war ich so dankbar. Ich sollte lernen, genau hinzusehen. Warum ist man eigentlich so verzweifelt? Man ist verzweifelt, weil man etwas nicht hat, was man sowieso nicht hat – was der andere nicht mehr geben kann. Es ist absurd, darüber zu verzweifeln. Wenn dich einer nicht mehr liebt, wenn die Gefühle weg sind, dann sind sie weg. Warum sollte man dann mit Hass und Groll in Magen und Seele herumlaufen? Während des Trennungsprozesses von Nils lernte ich nicht nur, dass ich nichts verlieren kann, was ich nicht mehr habe. Sondern auch, dass eine andere Art Liebe auf einer ganz anderen Beziehungsebene bleibt – eine unaufgeregte, tiefe Liebe, die verdeckt unter den wilden Emotionen liegt.

Mit seiner jetzigen Freundin verstehe ich mich sehr gut. Und sie versteht, dass ihr Freund mein bester Freund ist. Das hat ebenfalls sehr geholfen. Nils ist jetzt im Familiengründungsalter – und ich habe schon zauberhafte Enkelkinder. Das ist übrigens nochmals eine ganz andere Qualität von Liebe. Wunderschön! Vielleicht die schönste überhaupt. Da können sich alle Eltern drauf freuen. Nils öffnete mir den Horizont. Oder sagen wir mal lieber, er schubste mich aus der wohligen Zweierbeziehung mit ihren manchmal sehr mühsamen Seiten in eine ruhige, unbegrenzte, nicht festgelegte Liebe. Einer Liebe zu vielen Menschen, ohne Etikett, alterslos und ohne Ansprüche. Und ich bekomme so viel Liebe zurück! Das ist meine Liebe 65 plus. Da passt kein einzelner Mann mehr Tag und Nacht an meine Seite. Dafür ist die Liebe zu groß.

Dafür ist das Remake mit Robert, dem charmanten jungen Franzosen aus dem ICC, ein sehr gutes Beispiel. 35 Jahre nach seiner Funkstille googelte ich ihn und fand ihn bei der französischen Version von Stay Friends. Ich wusste ja, dass seine Frau ihm den Kontakt zu mir verboten hatte. Egal, dachte ich und schrieb ihm einfach – und staunte nicht, als nichts zurückkam. Doch dann passierte ein Wunder. Drei Monate später fand ich in meiner LinkedIn-Mailbox eine E-Mail von Robert: »Christine, bist du das?« Nach drei Jahrzehnten hatten wir uns beide zur selben Zeit gesucht! Dass man nach so vielen Jahren zur gleichen Zeit so intensiv aneinander denkt und dann auch noch schreibt, das hat mich beeindruckt. Ab da haben wir uns täglich abwechselnd eine Mail geschickt. Er war noch immer extrem charmant. Und ich war wieder hin und weg. Als ich zu einem Seminar fuhr, schrieb ich ihm, dass ich ein paar Tage offline wäre. In dieser Abgeschiedenheit merkte ich, wie verknallt ich war. Unerlaubterweise schaltete ich mein Handy an und hörte mit Herzklopfen seine zauberhafte Stimme auf meiner Mailbox, nach so vielen Jahren! Er organisierte sich eine Flatrate, und wir telefonierten stundenlang. Der Rekord lag bei sieben Stunden. Er erzählte mir sein ganzes Leben. Er hatte zwei große Töchter, einen langweiligen Job und lebte seit drei Jahren in einer scheußlichen Scheidung. Dennoch schob ich unser Wiedersehen klugerweise hinaus. Ich ahnte wohl, dass ich vor allem in unsere Wiedersehensgeschichte verliebt war und die Realität das ändern würde.

Trotzdem trafen wir uns ein halbes Jahr später. Ich flog nach Genf, dort holte er mich ab. Es war komisch, vor ihm zu stehen. Wir waren ja jetzt beide 35 Jahre älter. Wir kauften ein und fuhren in sein seltsames Haus. Er lebte auf dem Land in einem winzigen französischen Dorf, immer noch in dem Haus, in dem er früher mit seiner Frau gelebt hatte. Die Fensterläden waren geschlossen, im Wohnzimmer lagen überall weiße Tücher auf den Möbeln, und auch die Kinderzimmer seiner erwachsenen Töchter waren noch eingerichtet. Ein bisschen gruselig. Wir aßen, saßen fünf Minuten lang auf der Couch, dann gingen wir ins Schlafzimmer. Das war der einzige gemütliche und helle Raum, mit Blick auf die Felder. Dort verbrachten wir fünf Tage. Wir haben kaum gegessen, höchstens mal einen Tee getrunken. Ich vergaß alles, mein wahres Leben. Es war eine Situation außerhalb von Zeit und Raum. Verrückt, im wahrsten Sinne des Wortes. Ich hätte das nie gedacht. Es war so intensiv, wir waren uns so nah, dass wir überhaupt nicht mehr aus dem Bett kamen. Als ich wieder zu Hause war, sagte er mir, er brauche Struktur in seinem Leben. Ich brauchte das nie. Ich wollte einfach nur diese verrückte Geschichte leben, ohne Plan. Das ist jetzt ungefähr sechs Jahre her. Ich habe nie mehr von ihm gehört. Ein echtes Déjà-vu. So bleibt es eine bunte Geschichte in zwei Kapiteln meines Lebens.

Die Liebe, denke ich, funktioniert so: Man übt erst einmal, wenn man jung ist. Ich kann das gut bei meiner sechsjährigen Enkelin beobachten, die gerade in vier Jungs verliebt ist – sagt sie. Danach kommt die Phase, in der man sich niederlässt, um eine Familie zu gründen. Die Natur mit ihren Hormonen hat das ja wunderbar eingerichtet. Zweieinhalb Jahre sieht man das Gegenüber in Rosarot, damit man zusammenbleibt, ein Nest baut und Kinder bekommt. Aber dann, wenn die Kinder groß sind, kommt die nächste Stufe: Lieben und Loslassen – und das ist eine tolle Erfahrung. In all meinen Beziehungen gab es immer mal wieder dieses Fixiertsein, aber auch das Hin- und Hergerissensein: Ist es jetzt der, oder ist er es doch nicht – aber er ist doch so charmant, und der andere auch, und ach, ich weiß nicht. Anstrengend.

Jetzt kann ich einfach ruhig hier sitzen. Denn ich habe so viele Menschen um mich herum, die ich liebe – Männer und Frauen allen Alters, mit Locken oder ohne. Meine Familie, meine Zauberenkel, viele Freunde. Ich habe unglaublich viel Liebe um mich herum. Aber auf eine ganz andere Art. Es ist nicht mehr diese sogenannte Liebe, bei der ich jemanden brauche, der neben mir sitzt. Um Gottes Willen, wenn ich mir das vorstelle. Wenn hier jeden Abend jemand sitzen und fragen würde, wo ich herkomme und ob ich ihn noch liebe. Wenn sich dann so etwas einschleift, mit all den Erwartungen hinter dem »Ich liebe dich!« und so … das würde ich nicht aushalten. Und doch: Wenn das Leben anklopft, werde ich aufmachen und nachschauen – man weiß ja schließlich nie.

Christine Loiseau erzählt mir nur einige Stationen ihres Lebens und betont: »Viele harte Stunden in meinem Leben sind da jetzt nicht dabei – aber viele tolle auch nicht.« Ihr Leben klingt so filmreif, dass ich manche Geschichten erst glaube, als wir später vor der Fotowand im Arbeitszimmer nebenan stehen: Ihr ganzes bisheriges Leben ist hier in Form von aufgehängten Fotos und bedeutungsvollem Krimskrams ausgestellt. Jeder Stein, jeder Zettel und jedes Buch führt zu einer der vielen Kapitel in ihrem Leben. Eine Wand gehört dem Sohn. An einer anderen hängen viele bunte Schnipsel, Notizen, Gedichte und Fotos. Fotos von den Männern, von denen sie mir in den Stunden zuvor nebenan im Wohnzimmer erzählt hat. Dort oben Alain Delons Kameramann, dunkelgelockt, tatsächlich sehr innig mit ihrem blonden, damals vielleicht zweijährigen Sohn. Hier der französische Ehemann, mit einer Brille und auf einem im Schlamm versunkenen Jeep sitzend. Der charmante Robert, und, und, und.

Wie wir vor dieser Bilderwand stehen und ihre Männer betrachten, fällt ihr auf: »Die Männer in meiner Familie waren eigentlich tolle Typen, aber sie kamen alle nicht so gut mit ihren Leben zurecht. Die Frauen, das waren die Starken – besonders meine wundervolle Omi, die Mimi.« Dazwischen hängen auch Bilder von Christine selbst: wahnsinnig hübsch, zuerst wie eine Jean Seberg, später wie eine Romy Schneider, stets dezent lächelnd. In einem Regal liegen esoterischer Nippes und ein Bild von ihr und einem Mann, der, wie sie klarstellt, »aussieht wie Zeus, super Typ – aber mit dem hatte ich nichts«.

Wie gern ich noch ein wenig neben ihm gelegen hätte!

Miriam Beehler, 95 Jahre

Verliebt hatte ich mich in ihn nicht sofort. Überhaupt nicht! Das tat ich sowieso nie so schnell. Auch bei meinem Mann brauchte das zuerst ein paar Begegnungen. Erst als wir uns einmal bei einem Ausflug mit Freunden auf dem Albis trafen – nicht ganz so zufällig übrigens, wie das meine Freundin und ihr Mann behaupteten –, da veränderte sich bei mir etwas, da ist es passiert. Er leuchtete so sehr, er strahlte. Da verliebte ich mich in ihn. Schmetterlinge im Bauch, ja, das war genau so. Dort oben auf dem Albis gingen mir die Augen auf.

Kennengelernt hatte ich ihn über eine Freundin seiner Schwägerin, da war ich 27 Jahre alt. Sie sagte zu ihm: »Ich wüsste da eine für dich.« Und das war ich. So fand diese erste Begegnung statt, bei ihm zu Hause, dort war ich zum Essen eingeladen. Plötzlich kam er herein, und wir wurden einander vorgestellt... Seine Familie lebte in Zug, ich wohnte in Zürich. Er brachte mich anschließend nach Hause, und so haben wir uns danach ein paarmal getroffen – ganz anständig, gemäß Knigge. Innerlich musste ich bei diesen Treffen immer schmunzeln. Nicht, dass er mich abstieß, aber bei diesen Begegnungen versuchte er, meine Einstellung zum Leben herauszufinden. Er war elf Jahre älter als ich und wollte eine Familie gründen. Da passte ich offenbar in sein Schema. Und ich suchte ja auch etwas, das mehr war als Sex. Mehr als »nähelen«. Denn dieses »nähelen«, das ist für mich nicht Liebe, das ist nur Trieb.

223

Eigentlich war er Künstler, er hatte die Kunstgewerbeschule absolviert. Arbeit fand er wegen der Krise jedoch im Versicherungswesen. Das sagte ihm nicht zu, aber so verdiente er sein Geld. Gediegen sah er aus, sehr gediegen. Er hatte bereits graue Haare, er war ja auch schon 38 Jahre alt. Und er hatte eine Brille. Er war sympathisch. Liebenswürdig. Sehr liebenswürdig. Charmant auch. Geküsst haben wir uns erst nach einiger Zeit, das hat gedauert. Auch geheiratet haben wir nicht sofort, aber immerhin noch innerhalb des ersten Jahres, in dem wir uns kennengelernt hatten. Anders wäre das auch gar nicht möglich gewesen. Natürlich haben wir geheiratet! Kirchlich, und anschließend gab es ein riesiges Fest. Mein Mann war nämlich sehr beliebt, in der Verwandtschaft, bei Bekannten und auch als Angestellter.

Das Einzige, was von meiner Seite her gegen eine Hochzeit sprach, war, dass ich nach England wollte, um Englisch zu lernen. Denn ich wollte zur Swissair, deshalb bin ich auch von Luzern nach Zürich gezogen, damit ich näher beim Flughafen Kloten war, der da gerade eröffnet wurde. Sogar ein Vorstellungsgespräch hatte ich bereits gehabt. Das Einzige, was fehlte, war das Englisch. Mein Mann aber meinte: »Englisch kannst du auch später noch lernen.« Das tat ich dann auch, aber erst, nachdem er gestorben war. Denn nach der Heirat kamen die Kinder. Ich weiß noch immer ganz genau, wo jede der Töchter entstanden ist. Wir haben vier Töchter. Das heißt: Die zweite Tochter ist nach neun Monaten gestorben. Das war … sehr schwer. Ich habe das nicht verstehen können, ich verstehe es immer noch nicht. Mein Mann räumte nach dem Tod alles auf und tat die Sachen von ihr weg. Das konnte ich nicht. Das hat uns sehr verbunden. Wir hatten Pläne, aber danach war vieles anders.

27 Jahre lang waren wir verheiratet, mit 55 Jahren bin ich Witwe geworden. Der Tod war für ihn eine Erlösung. Er hatte Mastdarmkrebs. Er war lange krank. Schön war das nicht. Er starb zu Hause, und wir waren alle dabei, die Töchter, die Schwiegersöhne und ich. So konnte ich ihm Adieu sagen.

Dass ich in der Nacht nach seinem Tod nicht mehr neben ihm im Bett schlafen durfte, bedaure ich allerdings bis heute. Meine Familie wollte das nicht, weil Tote Ausdünstungen hätten. Damit habe ich mein ganzes Leben lang gehadert. Wie gern ich noch ein wenig neben ihm gelegen hätte! Denn man weiß ja: Sofort ist niemand tot. Dass ich ihn auf seinem Weg nicht noch mehr begleitet habe, das bereue ich bis heute.

Kurz hat unsere Liebe gedauert, aber sie war sehr schön, intensiv. Obwohl ich nach seinem Tod nie mehr die Absicht hatte, wieder zu heiraten, nie nach einem »sogenannten« Mann gesucht habe, wusste ich: Solch einen Mann würde ich nie wieder finden. Mein Mann war die große Liebe in meinem Leben. Davor hatte ich keinen Mann und nachher auch keinen mehr. Obwohl ich offenbar durchaus attraktiv war. Und tatsächlich gab es einige, die sich für mich interessierten. Die mich küssen wollten, die sich unanständig annäherten, die bei der Begrüßung oder beim Abschied ihr Glied an mich drückten. Und im Ernst meinten: »Du brauchst es doch auch.«

Ich aber glaube: Frauen brauchen Sexualität nicht so sehr wie Männer. Das habe ich schon früh gemerkt, als mein Bruder mich scheinbar vergewaltigte. Nun ... er hat mich vergewaltigt. Er ist seinem Trieb erlegen. Also führte er sein Glied bei mir ein. Das tat mir nur weh. Ich sagte ihm: »Du tust mir weh.« Aber das war eben so. Offenbar war ich noch nicht geschlechtsreif gewesen, zum Glück. Denn sonst wäre ich bei einer Schwangerschaft schuld gewesen, nicht er. Ich hätte ihn verführt und nicht umgekehrt. Trotzdem bin ich ihm deswegen ein Leben lang nie böse gewesen. Denn ich hatte begriffen: Er war in einer Not. Und er wusste genauso wenig, wie ihm geschah. Wir hatten im Gegenteil ein gutes Verhältnis. Einmal sprach ich ihn viele Jahre später darauf an, er meinte nur: »Ach, das war früher, als ich noch jung war.«

Meinem Mann habe ich nie von meinem Bruder erzählt, auch meinen Eltern konnte ich damals nichts sagen. Denn ich wurde sehr religiös und streng erzogen. Und der Beichtvater fragte nur, als er wieder einmal meine verweinten Augen sah: »Haben dich die Brüder wieder geplagt?« Erst später sprach ich mit meinen Schwestern darüber: Doris habe ich's erzählt, und 's Marieli wollte es nicht wissen. Nur meine Töchter haben danach verstanden, warum ich sie so streng erzogen hatte. Dennoch verspüre ich keine Wut. Weder auf meine Brüder oder auf meine Eltern noch auf Gott. Es war einfach eine andere Zeit. Wir haben meine Eltern nie im Nachthemd gesehen, und meine Mutter hat mich nie umarmt. Auch nicht, wenn ich Angst hatte. Mein Mann und unsere Töchter dagegen, wir haben oft als Familie im gleichen Bett geschlafen, wir waren uns nahe.

Und Aufklärung gab es in meiner Jugend sowieso nicht: Ich musste jeweils bei meinen vier älteren Brüdern die Betten machen. Weder wussten sie über die Flecken auf den Laken Bescheid, noch wusste ich etwas über das Regelblut, das ich plötzlich in der Hose hatte. Meine Mutter sagte nur: »Psst, psst, darüber spricht man nicht.« Dabei wäre das ein Moment gewesen, wo sie uns etwas hätte sagen, wo wir uns hätten zusammensetzen und darüber reden können. Ich hatte viele und gute Freundinnen, aber auch mit ihnen sprach ich nie über solche Themen. Das wäre unkeusch gewesen.

Überhaupt, was ist Liebe? Ich weiß es nicht. Liebe ist sicher etwas anderes als Sexualität. Auch wenn ich selbst eine sehr liebevolle Sexualität in der Partnerschaft, einen äußerst vorsichtigen und liebevollen Mann hatte, der um die Konsequenzen wusste. Sexualität, das sind die Triebe – in Naturfilmen sieht man das gut: Der Trieb zum Weiterleben spielt immer mit, Paarung muss sein. Und bei den meisten Männern ist das eben auch so. Sie lernen nur zu wenig, welche Folgen das hat, und können oft damit nicht umgehen. Deshalb müssen die jungen Frauen unbedingt aufgeklärt werden – überall auf der Welt!

Klar, im Nachhinein habe ich mir meine Gedanken gemacht, wenn mein Mann wochenweise nicht nach Hause kam, wenn er beruflich unterwegs war… Und am Schluss war da bei seiner Beerdigung ein üppiger Kranz aufgestellt, über den niemand Bescheid wusste. Vielleicht hatte er doch auch noch jemanden? Vielleicht war der Kranz von einer früheren Liebe? Oder er war einfach sehr beliebt? Gefragt habe ich nie. Wir wussten gegenseitig von uns wenig, darüber sprachen wir nicht. Er hatte bis zu unserer Hochzeit ein Leben, und da war er ja schließlich bereits 39 Jahre alt. Natürlich stritten wir auch. Ich war sehr eigensinnig, und er hatte auch seinen eigenen Kopf. Aber er stritt nicht gern, gar nicht, er war dafür viel zu harmonisch.

Auch wenn ich ihn vermisse: Zum Glück ist er nicht so alt wie ich geworden. Denn altern ist nicht schön. Jetzt im Nachhinein ist es für mich ein Trost, an ihn zu denken. Es ist gut, zu wissen, dass es ihn gab.

Wir treffen uns an einem trüben Sonntagnachmittag in einem fast leeren Restaurant während der Pause des Personals, damit wir Ruhe für unser Gespräch haben. Dass sie mich kaum sehen und kaum hören kann, wie ihre Tochter behauptet, glaube ich erst, als sie nach dem Teelöffel fragt, der sich bereits in ihrer Tasse Earl Grey mit Milch befindet. Die sehr aufmerksame alte Frau erzählt mit fragiler Stimme präzis aus ihrem langen Leben. Nur manchmal muss sie länger nachdenken, um zu einer Antwort zu finden. Sie wählt ihre Worte mit Bedacht, sie sind durchzogen von feinsinnigem Humor – womöglich jener Eigensinn, den sie sich selber attestiert. Eine ihrer Töchter hört ebenfalls zu und hilft, meine viel zu leise gestellten Fragen in die geeignete Lautstärke zu übersetzen.

Dass ein Radio im Hintergrund plärrt, ist besonders in dem Moment unpassend, als Miriam Beehler unvermittelt von ihrem Bruder erzählt. Sie sagt so überzeugend, »er hat mich scheinbar vergewaltigt«, dass ich dieses »scheinbar« in meine Nachfrage ungewollt mitnehme. Dass eine Vergewaltigung in keinster Weise zu rechtfertigen ist, scheint sie erst viel später verstanden zu haben – dennoch klingen ihre Sätze über diese Tat noch immer so, als ob sie sich nicht sicher wäre, ob ihr wirklich

Unrecht passiert ist. Auch wenn es glaubwürdig klingt: Ich kann mir kaum vorstellen, dass sie tatsächlich keinen Groll gegen ihren Bruder hegt. Und ein Seitenblick auf ihre Tochter bestätigt, dass auch sie schluckt. Dass sich Frauen, gerade aus religiösen Gründen, nicht gewehrt haben, schockiert mich.

Sie wirkt auf ihrem Stuhl vor einer schwach leuchtenden Stehlampe kleiner, als sie ist. Den Blazer will sie nicht anziehen, es sei ihr warm genug, behauptet sie ungehalten. Die Tochter weiß es besser und überzeugt sie, ihn anzuziehen. Er sitzt ihr nach all den Jahren nicht mehr perfekt. Es ist ein herrlich schönes Bild, wie sie da sitzt, mit ihren 95 Jahren, in ihrem zu großen Blazer, und strahlend sagt: »Ich hatte ihn, und es ist schön, daran zu denken.«

Zum Thema Liebe empfiehlt sie mir zum Schluss überraschenderweise die Lektüre von Johanna Spyris Heidi, *auch wenn sie die großen Philosophen und Weltliteratur kennt. Den Kinderbuchklassiker lasse sie sich seit Kurzem immer wieder vorlesen. Das Buch, sagt sie, mache sie glücklich, denn der Großvater verändere sich durch die Liebe zu seiner Enkelin. Wir werden uns nicht ganz einig, ob dies dieselbe Liebe ist, um die es in meinem Buch gehen soll. Doch wir verabschieden uns im Wissen darum, dass ihre Liebe zwar kurz war, dass sie aber eine erlebt hat. Und dass ihr nach diesem Mann nichts mehr passieren konnte, weil diese Liebe womöglich manches Erlebnis aus ihrer Kindheit zu korrigieren vermocht hat.*

Richtig getrennt voneinander waren wir nie

Maud, 79 Jahre

Ich bin im Sternzeichen Steinbock geboren, ich habe mich nie ganz auf den Boden drücken lassen, sondern bin immer wieder aufgestanden. Auch wenn mein Leben zum Teil ein Chaos war.

Die eine ganz große Liebe gab es nicht in meinem Leben. Zuerst hatte ich einige Liebeleien. Was auch mit meiner Arbeit zu tun hatte: Ich arbeitete saisonal in Hotels, vier Wintersaisons im Hotel Bristol in Wengen, im Sommer drei Jahre lang in Bern an verschiedenen Orten. Das ist ein anderes Leben. Denn man arbeitet, wenn die anderen frei haben. Man kann nicht in einem Verein sein, kann keine großen Freundschaften schließen, außer mit solchen aus dieser Branche. Somit ergab sich einfach auch nie etwas Großes.

Verlobt habe ich mich erst mit 25 Jahren. Das hing mit der schwierigen Zeit zusammen, die ich davor hatte: Mit 19 Jahren wurde ich schwanger, von einem Mann, mit dem ich eine Liebelei angefangen hatte, nichts Großes. Wir waren zusammen in einer Clique, gingen miteinander aus, tranken, es war lustig. Das war keine Verliebtheit, sondern ein bisschen Schmusen. Bis es dann doch einmal passierte und sofort einschlug. Es gab noch keine Antibabypille, nichts. Auch aufgeklärt waren wir nicht. Das Schlimme war, dass er verheiratet war, mir das aber nicht gesagt hatte. Als ich von ihm schwanger wurde, stand er nicht zu mir, sondern stritt es ab. Auch ich wollte dieses Kind nicht. Ich wusste nicht, was ich tun sollte. Ich wusste nur, dass ich unmöglich schwanger nach

Hause kommen konnte. Die einzige Kollegin aus der Clique, die davon wusste, bot mir an, nach der Saison bei ihr zu wohnen. Sie wohnte in einem anderen Tal im Berner Oberland als meine Eltern. Ich ging zu ihr und organisierte von dort alles Notwendige. Sie half mir, einen Arzt zu suchen, der das Kind wegmachen sollte. Ich ging zu Ärzten und Psychiatern und erklärte allen meine Situation. Doch die psychologischen Abklärungen zogen sich sehr in die Länge. Als ich schließlich die Erlaubnis bekam, dass ich das Kind nicht haben müsse, war ich bereits im dritten Monat schwanger. Also musste ich nach Hause und meinen Eltern die Situation erklären. Sie sagten mir keine Hilfe zu, im Gegenteil, sie verjagten mich. Mein Vater führte ein Malergeschäft in einem kleinen Dorf. Meine Eltern wollten meine Schande unbedingt verheimlichen, sie hatten Angst vor dem Gerede der Leute.

Als ich wusste, dass ich von niemandem Hilfe bekam, war ich sehr enttäuscht und niedergeschlagen. Damals gab es keine Beratungsstelle, an die man sich als ledige Mutter hätte wenden können. Es gab keine Hilfe, nirgends, vor sechzig Jahren! Der Psychiater sagte mir lediglich, dass es eine Klinik gebe, in der ich als Hausangestellte arbeiten und dort auch das Kind zur Welt bringen könne. Ich war nicht die Einzige mit einer solchen Geschichte zu jener Zeit: Die meisten Frauen in der gleichen Situation blieben zu Hause und vertuschten ihre Schwangerschaft. Bei mir ging das nicht, denn ich war schon zu lange von meinen Eltern weg. Also ging ich in jene Klinik. Ohne Plan, wie in einem Kokon lebend. Meine Familie kam mich ein einziges Mal in dieser ganzen Zeit besuchen. Sonst war ich immer allein. Im siebten Monat brachte mich eine Krankenschwester zur Kontrolle zu einem Arzt. Man sagte mir, ich würde Zwillinge bekommen. Ich war am Boden zerstört. Ein Kind, das hätte ich noch irgendwie geschafft, aber zwei?! Unmöglich. Obwohl ich sagte, dass ich nicht wisse, was ich machen solle, konnte mir niemand helfen – weder der Arzt noch die anderen Schwestern. Die Geburt kam. Niemand stand mir bei, niemand half mir. Natürlich wusste man, was los war, ich bekam ja keinen Besuch. Und sie sahen, dass es mir schlecht ging.

Bevor ich die Kinder gesehen hatte und stillen konnte, fragte mich eine Schwester, ob ich schon einmal über Adoption nachgedacht hätte. Nein, das hätte ich nicht, sagte ich. Sie ließ mir zwei Tage Bedenkzeit. Das Einzige, woran ich in jenen Tagen dachte, waren die Kinder. Ich wollte auf keinen Fall, dass sie in ein Heim kamen. Also willigte ich in eine Adoption ein unter der Bedingung, dass die beiden zusammenblieben. Bereits am nächsten Tag fand sich ein Paar, das beide zu sich nahm. So war es entschieden, ich unterschrieb und verzichtete mit schwerem Herzen.

Meine Eltern holten mich aus dem Krankenhaus ab und brachten mich ins Amtshaus in Bern, wo ich die Verzichtserklärung unterschrieb. Danach fuhren wir direkt nach Hause. Meine Mutter, die immerhin selbst drei Kinder geboren hatte, sagte lediglich: »Du solltest das wie eine Operation nehmen, das ist jetzt einfach vorbei.« Doch mich plagten wahnsinnige Schuldgefühle. Immer wenn ich eine Frau mit einem Kinderwagen, besonders mit einem Zwillingskinderwagen sah, wechselte ich die Straßenseite. Und ich wurde sehr empfindlich gegenüber Beziehungen, gegenüber Männern, weil mich jener Mann so sehr enttäuscht hatte. Nicht, weil ich in ihn verliebt gewesen war, sondern weil er mir nicht geholfen hatte. Wenn ich heute an diese Zeit zurückdenke, empfinde ich vor allem Trauer. Denn viele, viele Jahre war das in unserer Familie ein Tabu. Niemand sprach darüber. Niemand fragte mich, wie es mir ging. Ich konnte diese Geschichte mit niemandem verarbeiten. Die Leute im Dorf wussten mit der Zeit natürlich trotzdem Bescheid.

Lange wollte ich nichts von einer Beziehung wissen. Bis ich vielleicht drei Jahre nach der Geburt auf einer Saison in einem Hotel Peter kennenlernte. Er war ein Lustiger, er gefiel mir. Auch er kam aus dem Berner Oberland. Er war nicht meine große Liebe. Aber er war der Erste, den ich einmal mit nach Hause nahm nach jener vermaledeiten Geschichte. Wir verlobten uns und heirateten, als wir in Meiringen eine Wohnung fanden, für die man verheiratet sein musste. Verliebt waren wir auch, beide. Und meinen Eltern gefiel er. Wir hatten eine wirklich schöne Zeit miteinander. Als es mit Peter ernst wurde, erzählte ich ihm von den Zwillingen. Allerdings war das auch für ihn ein Tabu. Er sprach mit mir nie darüber. Er verachtete mich deswegen nicht, aber er wollte nicht darüber reden. Er wollte nichts wissen.

Wir hofften beide, dass ich schwanger würde. Doch es klappte nicht. Ich war blockiert. Der Arzt meinte, es sei alles in Ordnung, ich müsste Kinder bekommen können. Trotzdem wurde ich nicht schwanger. Dass wir uns nach 14 Jahren trennten, war nicht, weil wir keine Kinder bekamen, sondern weil er mich mit einer anderen Frau betrogen hatte. Allerdings war es schon vorher nicht mehr gut zwischen uns – und daran war auch nicht er alleine schuld. Die Trennung war für mich eine Erleichterung. Ich organisierte alles, nahm mir einen Anwalt, zum Glück, und machte eine Liste von allem, was ich in die Ehe hineingebracht hatte, finanziell und auch sonst. Wir teilten alles.

Nach Peter lernte ich Roger kennen. Ich wollte zusammen mit meiner Nichte und ihrem Schatz mit dem Zelt und dem Auto nach Spanien fahren. Einfach so. Am Tag vor der Abfahrt kam der Schatz von Mirjam und meinte: Jä, ob wir nicht noch Platz hätten für seinen Freund? Das war Roger. 18 Jahre jünger als ich. Er hatte bereits in der Disco ein Auge auf mich geworfen. Dort tanzte ich manchmal mit meiner Nichte, wenn mein Exmann keine Lust hatte mitzukommen. Anfangs fand ich diese Geschichte schlicht lustig. Sie war eine Bestätigung für mich, doch für ihn war es todernst. Er schimpfte, dass ich das nicht verstehen könne. Und auch sein Freund sagte: »Du, der meint es ernst.« Ich sagte: »Dummes Zeug.« Und er: »Doch.« Das konnte ich mir nicht vorstellen, trotzdem fuhren wir gemeinsam nach Spanien. Ja, und dort wurde es zuerst einmal eine Liebelei. Bis ich mich irgendwann auch verliebte. Es war unglaublich. Unsere sogenannte Liebelei dauerte schließlich drei Jahre lang! Er nahm mich einfach, wie ich war. Er sagte immer, ich sei seine große Liebe. Nach den Ferien meinte er: Er gehe nicht nach Hause, er wolle bei mir sein. Und so zogen wir gemeinsam nach Biel. Die ersten paar Male, als er mich in der Boutique, wo ich arbeitete, abholte, fragten mich die Kollegen, ob er mein Sohn sei! Doch er genierte sich überhaupt gar nie. Er nahm mich überallhin mit, küsste mich auch vor anderen Leuten. Das war eine sehr verrückte, sehr schöne Zeit. Er gab mir sehr, sehr viel Liebe, wie ich es eigentlich kaum bei einem anderen Mann erlebt habe. Ich lernte auch seine Geschwister kennen, die mir noch immer sehr viel bedeuten.

Dass diese Beziehung keine Zukunft hatte, wusste ich von Anfang an. Ich sagte mir immer: Diese Liebe nehme ich so, wie sie ist. Ich genoss, was mir geschenkt wurde. Ich dachte, es geht so lange, wie es geht. Und am Ende werde ich eine schöne Zeit gehabt haben. Und genauso war es auch. Als er die Arbeit wechselte, sahen wir uns nur noch am Wochenende. Irgendwann merkte ich, dass sich etwas zwischen uns verändert hatte. Nach dem vierten Wochenende sagte ich zu ihm: »Etwas ist anders.« Er gab es sofort zu. Ich sagte ihm: »Ich habe damit gerechnet. Das ist in Ordnung, wir hatten eine schöne Zeit zusammen.« Doch es war ihm nicht egal, die Trennung fiel ihm sehr schwer.

Vielleicht zwei Jahre später lernte ich Hans kennen. Ich arbeitete in Luzern im Restaurant Sonnenstrahl und aß gerade mein Mittagessen. Für mich war diese erste Begegnung sensationell. Ich sah ihn draußen vorbeigehen. Da war er noch schlank. Ich habe dieses Bild seither nie mehr vergessen: Er lief ganz aufrecht, mit stolzer Haltung, in einem dunkelgrünen Anzug und mit gewelltem Haar vorbei. Ich dachte nur: Wow, was für ein Mann! Ich hatte keine Ahnung, wer das war. Ich lief ihm natürlich nicht nach, sondern aß weiter. Kurz darauf kam dieser Mann in das Restaurant und setzte sich an die Bar. Dort hatte ich unterdessen Schicht. Ich bekam Herzklopfen, klar! Wir sprachen über Wein, obwohl er bei mir an der Theke einen Kaffee trank. Er blieb ziemlich lange, bestellte sich eine zweite, schließlich eine dritte Tasse. Am Ende fragte er mich, wie lange ich noch arbeitete. Ob er mich nach meiner Schicht nicht auf einen Kaffee einladen dürfe? Ich meinte: »Ja, warum nicht?« Er wartete unten am Fluss auf mich, und so fing es an.

Er wurde eine meiner sehr großen Lieben. Mit ihm habe ich sehr viel Schönes, und auch nicht so Schönes, erlebt. Wir hatten eine wirklich gute Zeit miteinander. Das Schöne war, dass er so großzügig und unglaublich lieb war. Dass er mich machen ließ und wir beide unsere Freiheiten hatten. Er wollte immer, dass ich selbstständig bleibe. Er war ein sehr spezieller Mensch, ich hätte nie mit ihm zusammenwohnen können. Das wäre unmöglich gewesen. Aber wir wohnten im selben Haus: Hans hatte ein altes Haus gekauft, und als er dort einzog, ging ich mit. Verschiedene Parteien wohnten dort, Hans selbst zuunterst, ich in einer Wohnung oberhalb von ihm. Das funktionierte sehr gut. Wir kauften jeweils getrennt ein. Manchmal kochte er für mich, wenn ich arbeitete, oder umgekehrt. Aber wir aßen nicht jeden Tag zusammen. Er war ein Chaot. Trotzdem musste in seiner Wohnung alles an seinem Platz sein. Das ging sogar so weit, dass er mich beschuldigte, ich hätte es verlegt, wenn er etwas nicht fand ... !

Er baute mir eine eigene Toilette ganz hinten ins Kämmerchen, damit ich nicht wie die anderen jene auf der Etage benutzen musste. Er machte den Garten, wir hatten viele Brombeeren, und er kochte gerne, das war schön. Wir feierten manches Fest, es waren immer viele Leute da. Hans war sehr beliebt und bekannt in der Stadt. Und er legte sich sogar extra ein Weinfässchen für mich zu. Selbst trank er keinen, sondern nur Mineral und Süßgetränke. Er stieß zwar mit uns an, aber vertrug selbst nicht viel Alkohol.

Vor mir hatte er viele Frauen. Als es zwischen uns ernst wurde, war er zwar getrennt, aber noch verheiratet mit seiner zweiten Frau. Ich sagte ihm, dass ich keine Beziehung mit einem verheirateten Mann begänne. Da ließ er sich scheiden.

Selbst heirateten wir nicht. Ich weiß nicht, warum. Vielleicht, weil wir Angst hatten, dass es kaputtginge? Oder weil wir uns beide nicht mehr unbedingt binden wollten? Meine Freunde lachten über mich und meinten: »Zuerst gehst du mit einem so jungen und jetzt mit einem, der neun Jahre älter ist als du!« Aber es ging gut. Am Ende kannten wir uns 24 Jahre lang. Ich verliebte mich in ihn wegen seiner Art. Und ich fand, das ist ein Mann, der etwas weiß. Er ist intelligent. Der steht im Leben. Er war für mich kein Felsen, aber eine Stütze. Jemand, bei dem ich dachte: Doch, bei ihm kann ich mich anlehnen. Da habe ich jemanden.

Gestritten haben wir uns nie groß. Klar, mit den Jahren wurde die große Verliebtheit eben ein bisschen weniger, was ja normal ist. Aber ich hatte ihm gegenüber immer noch sehr große Gefühle. Sonst wäre ich nicht eifersüchtig gewesen. Und das war ich. Denn dass er so beliebt war, hatte auch eine Kehrseite. Die Frauen flogen auf ihn. Von den früheren Zeiten hatte er mir erzählt, da war etliches passiert. Manche Frauen glaubten, es sei immer noch so – ja, es kam vor, dass Frauen ihm Avancen machten, und ich stand daneben … Doch den ersten richtig großen Streit hatten wir erst ungefähr nach 18 Jahren. Plötzlich sagte er mir nicht mehr alles. Nachdem ich ihn mehrmals mit einer gemeinsamen Bekannten gesehen hatte, ohne dass er mir von ihr je erzählte, sagte ich ihm: »Hör zu, Hans, wenn du mir keine klaren Antworten geben kannst, dann gehe ich weg von dir.« Ein paar Jahre später zog ich tatsächlich aus. Hans tat das leid, das spürte ich.

Kurz darauf lernte ich einen anderen Mann kennen und zog mit ihm zusammen – aus Trotz. Nur aus Trotz nahmen wir uns eine Wohnung! Ich wusste von Anfang an, dass das nicht funktionieren würde, aber ich wollte Hans einfach ärgern. Und es tat ihm weh. Wir sahen uns ja weiterhin, er sah mich mit dem neuen Freund Hand in Hand in der Stadt. Hans kannte mich sehr gut, er wusste, dass der neue Freund nur eine Trotzreaktion war. Deshalb kam er auch zu mir zurück, kaum war mit dem anderen Schluss. Wir verkehrten wieder miteinander, aber ich wollte mit ihm nicht mehr sexuell zusammen sein. Denn es war etwas kaputtgegangen zwischen uns. Ich war misstrauisch, weil ich nicht wusste, was mit der anderen war. Das akzeptierte er, und ab da sind wir innige Freunde geblieben. Richtig getrennt voneinander waren wir letztlich nie. Aber wir gingen halt nicht mehr miteinander.

Etwa im vierten Jahr unserer Beziehung hatte ich ihm von meinen Zwillingen erzählt. Zum ersten Mal reagierte jemand gut auf diese Geschichte. Er konnte kaum fassen, was er hörte. Er half mir. All die Jahre zuvor hatte ich mit niemandem darüber gesprochen. Ich hatte nur immer ein schlechtes Gewissen gehabt, all die Jahre! Erst mit ihm fing ich an, diese Geschichte zu verarbeiten. Die Versuchung, etwas herauszufinden, war immer da. Ich hatte stets gehofft, dass meine Kinder gut aufgehoben waren. Dass sie noch lebten, dass sie gesund waren. Wo und wie, wusste ich nicht. Und ich durfte ja nichts wissen.

Bis mich 1998 das Amtshaus Bern anrief. Einer meiner Söhne wolle mich kennenlernen, sagte die Frau am Telefon. Mir rutschte das Herz in die Hose. Kurz darauf rief er mich an. Martin heißt er. Wir sprachen miteinander. Er erzählte, dass sie beide in Graubünden aufgewachsen seien, er immer noch dort lebe, sein Bruder unterdessen in Australien wohne. Er hatte viele Fragen. Ich erzählte ihm alles. Er selbst ist verheiratet und hat eine Tochter. Ich war plötzlich Großmutter. Später lernte ich seinen Bruder kennen, David. Er lebt in Sydney, ist verheiratet und hat zwei Buben – nun war ich dreifache Großmutter! Auch ihre Adoptiveltern lernte ich kennen. Ich war schrecklich aufgeregt: Was sie wohl von mir dachten?! Die Jungs nannten sie Mamatschan und Paps. Zu mir sagten sie später Mom. Ich werde mein Leben lang nicht vergessen, wie diese kleine Frau mit offenen Armen auf mich zukam und mir dankte, weil meine Söhne ihr so viel Freude gegeben hätten. Sie bedankte sich bei mir! Bei mir, die ich mein Leben lang ein schlechtes Gewissen hatte. Sie hatten mich nie verurteilt, nie. So begann diese Freundschaft zu ihnen. Als ich ihnen später meine Geschichte erzählte, konnten sie es fast nicht glauben. Sie sagten mir, sie hätten drei Jahre lang Angst gehabt, dass ich die Kinder zurückverlangen würde. Von dieser Möglichkeit hörte ich da zum ersten Mal – gesagt hatte man mir das nie!

Hans erlebte das alles mit. Er lernte auch beide Söhne kennen. Das war schön, sehr schön. Nur nach Australien kam er nie mit, das war ihm zu weit weg. Und wahrscheinlich hätte er das gar nicht überlebt. Er wusste da schon, dass er etwas mit dem Herzen hatte. Nur ich wusste nichts. Er war nämlich herzkrank und hatte mir das nie gesagt! Viel später erzählte mir seine Nachbarin, dass er schon einmal im Holzschuppen umgekippt sei. Er schlug ja immer noch für alle im Haus das Holz, obwohl es schon längst eine Ölheizung gab … Das gab es oft, dass er solche Dinge machte, da war ich gar nicht mit ihm einverstanden!

Als ich in Australien war, rief mich wenige Tage vor meiner Rückreise eine Freundin aus der Schweiz an. Hans gehe es sehr schlecht, sagte sie. Sie wusste nichts Genaueres, nur, dass er auf dem Rückweg von der Sauna vom Töffli* gefallen sei. Jemand habe ihn reanimiert, so sei er ins Krankenhaus gekommen. Mein Sohn organisierte mir sofort einen früheren Rückflug. Spätabends kam ich zu Hause an und besuchte ihn gleich am nächsten Morgen im Krankenhaus. Er lag im Bett und war sehr überrascht über meinen Besuch. Er wusste ja nichts von meiner Rückkehr aus Australien. Er freute sich sehr und erzählte mir von seinem Herzen. Natürlich schimpfte ich nicht mit ihm, sondern fragte nur: »Warum hast du denn nie etwas gesagt?!« Er habe nicht zum Arzt gehen wollen. Wir redeten lange an jenem Tag. Am Ende schlug ich ihm vor, ihn zu pflegen, sobald er nach Hause käme. Er lachte nur und spottete: »Ja, du willst nach mir schauen? Was willst du denn mir die Füße waschen oder das Haar …?« –

* Kleines Motorrad

237

»Natürlich«, gab ich zurück, »ich kann dich pflegen, bis es nicht mehr geht!« Erst da realisierte ich, dass er regelrecht Angst hatte, nach Hause zu gehen. Warum hatte er solche Gedanken? Es ist doch selbstverständlich, dass ich nach ihm schaue, nicht? Er dachte tatsächlich, ich mache einen Scherz. Als ich ging, nickte er. Er hatte keine Schläuche nichts, lag nur im Bett. Am nächsten Morgen um fünf Uhr rief mich seine Tochter an. Es stehe ganz schlecht um ihn, wir sollten dringend ins Krankenhaus fahren. Als wir ankamen, war er bereits gestorben. Anstatt dass er in der Nacht für die Toilette geklingelt hätte, war er selbst aufgestanden und umgefallen. Das war ein Schock. Ich wusste ja nicht, wie schlecht es um ihn stand. Ich hatte ihn gesund verlassen, war zurückgekommen, weil er im Krankenhaus lag, und am nächsten Tag war er tot. 2001 war das, im Februar.

Männer interessieren mich seither nicht mehr. Klar habe ich manchmal das Bedürfnis, dass mich jemand in den Arm nimmt oder so, das schon. Aber keine sexuelle Beziehung, das möchte ich nicht mehr. Auch wenn ich mich vielleicht mal ein bisschen verliebt habe, ich wollte seither immer alleine wohnen. Und ich lebe gut damit, ich bin nie einsam!

Bevor ich mit den Zwillingen schwanger wurde, dachte ich, dass ich einmal die große Liebe erleben werde. Denn ich bin sehr romantisch. Und ich bin verschmust. Das hat Hans ja auch gemerkt... das war ihm manchmal auch ein bisschen peinlich! Doch, ich hätte mir schon gewünscht, dass mir einmal ein Mann die große Liebe zeigt. Das war auf eine Art Hans, ja. Aber er hatte seine Familie, ich hatte meine Familie. Wir haben nie zusammengewohnt. Vielleicht wären wir zusammengeblieben, wären wir verheiratet gewesen. So aber hatten wir keine Verpflichtungen. Man kann einfach gehen, wenn es einem zu viel wird. Und das habe ich dann ja auch getan.

Ein paarmal blicke ich aus dem Fenster in die Landschaft drau-
ßen und versuche, mir die Zeit der Fünfziger-, Sechzigerjahre
hier in diesem Tal vorzustellen. Versuche, mir vorzustellen, wie

sich junge Frauen damals fühlen mussten, während just in diesen Tagen eine EU-Kommission beschließt, künftig die Abtreibungspille rezeptfrei abzugeben.

Maud wohnt heute wieder im Berner Oberland. Aufgewachsen ist sie im Dorf nebenan, gelebt hat sie lange in verschiedenen Kleinstädten. Wir kennen uns von früher, auch wenn wir nicht verwandt sind, ist sie für mich eine Tante – auch unsere Familie ging in jenem lebendigen Haus von Hans ein und aus. Ich erinnere mich an die stets fröhliche Maud, die ich immer gerne besuchte, und an die beiden langhaarigen Katzen, die bei ihr wohnten. Und ich erinnere mich an das gutmütige, furchige Gesicht von Hans. Zugführer und Tambourmajor war er, dass er eigentlich Grafiker war und bei der Bahn lediglich sein Brot verdiente, erfahre ich erst jetzt. Maud und Hans gehörten zusammen wie Sonne und Mond. Als sie sich trennten, rief meine Mutter mich betroffen an. Warum sie mich extra deswegen anrief, das verstehe ich erst jetzt, da sich die ersten Paare im eigenen Freundeskreis trennen. Paare, die seit Jahren miteinander waren und einfach zusammengehörten. Paare wie Maud und Hans, die während meiner Kindheit eine Institution waren. Es sind Trennungen, die einen selbst schockieren, weil sie einem die Unberechenbarkeit der Liebe vor Augen führen.

Der Zug fährt mich durch schneeverhangene Wälder, den Berg hinauf und auf der anderen Seite wieder hinunter. Die steilen Stellen im Schritttempo mit Zahnrad, zum Spaß aller Kinder in Skiausrüstung, die mit im Zug sitzen. Maud steht pünktlich am Bahnhof, wir erkennen uns sofort wieder, auch wenn zwischen damals und heute mindestens ein ganzes Jahrzehnt liegt. Gemeinsam stapfen wir durch den glitschigen Schneematsch zu ihrer Seniorenwohnung – die sie eigentlich viel zu früh bekommen habe, wie sie schelmisch bemerkt. Auf der Kommode steht noch der Engel aus der Weihnachtszeit, jetzt stellt sie ihn zurück in die Schrankwand und ersetzt ihn durch ihre Lieblingsente, die im Schrank steht. Überall verteilt in der Wohnung, stehen Enten, aus Holz oder Keramik. Als es zu viele wurden, hat sie aufgehört zu sammeln. Warum ausgerechnet

Enten? »Ich weiß es nicht«, lacht Maud und denkt kurz nach: »Vielleicht, weil man sagt, dass die Männchen ihr Leben lang ihren Weibchen treu sind?« Ernst meint sie das nicht. Überhaupt scherzt und lacht sie oft während unseres Gesprächs. Ihre Geschichte klingt nie bitter, auch wenn sie die Geschichte ihrer Jugend teilweise selbst kaum glauben mag. Mit den Eltern habe sie sich schließlich versöhnt, sagt sie, nachdem sie viel später von ihrer Tante einmal erfahren habe, dass ihr Vater durchaus bereue, wie er bei seiner Tochter entschieden habe.

Auf dem Rückweg bleibt mir denn auch nicht der tragische Teil ihrer Geschichte im Ohr, sondern die unbeschwerten Erzählungen. Wie sie sich lachend daran erinnert, dass sie mit Roger eine schöne Zeit hatte – obwohl sie wusste, dass sie mit ihm nicht alt werden würde. Und wie sie vom stolzen und sturen Hans schwärmt, der sie verehrte.

Die Ärztin schob mir die Medikamente zu, nicht ihm

Nelly Jaeger, 67 Jahre

Das Vorgespräch mit Nelly Jaeger beginnt mit einem tiefen Seufzer: Gerade erst, erklärt sie mir am Telefon, habe sie entscheiden müssen, dass ihr Mann in ein Pflegeheim komme. Es ist offensichtlich, dass ihr diese Entscheidung nicht leicht gefallen ist. Sie sagt es nicht in Worten, aber ich kann mir denken, dass ihr diese Entscheidung wie ein Verrat an ihrem Mann vorgekommen sein muss.

Nelly Jaeger und ihr Mann sind junge Betroffene, die Alzheimer-Diagnose bekam er, kurz nachdem er sechzig Jahre alt geworden war. Kurz nachdem er sich pensionieren ließ, um mit seiner Frau die Rente zu genießen, um gemeinsam zu reisen, um zu gärtnern. Jetzt ist das Haus, wo ich Nelly Jaeger besuche, viel zu groß für sie alleine. Und doch wirkt die elegante Frau mit ihrem silbrig-grauen, kinnlangen Haar nicht verloren. Sie ist eine temperamentvolle Frau, die Dinge anzupacken weiß. Und die mir ihre Geschichte mit dem Mann, den sie vierzig Jahre lang innig geliebt hat, schonungslos zu erzählen weiß. Die mit dem Kopf abstrahieren kann, dass ihr Mann nicht mehr der ist, der er einmal war – und doch mit dem Herzen noch immer bei ihm ist.

Ich liebe meinen Mann heute anders, als ich ihn viele Jahre lang geliebt habe. Denn der Mann, in den ich mich 1971 im Studentenwohnheim verliebt habe, hat sich verändert. Wir leben seit über vierzig Jahren zusammen, vor einigen Jahren wurde bei ihm Alzheimer diagnostiziert. Erst jetzt, im achten Jahr seiner Krankheit, musste ich ihn ins Heim geben: Es ging einfach nicht mehr. Dass er Dinge vergisst, ist nicht so schlimm. Aber ich kann keine Gespräche mehr mit ihm führen. Ich vermisse ihn als mein Gegenüber, als meinen Halt. Auch wenn mein Mann nicht meine erste Liebe war: Er war die große Liebe in meinem Leben.

Kennengelernt haben wir uns in einem Zürcher Studentenwohnheim. Ich war 24 Jahre alt, er zwei Jahre älter. Ich war furchtbar wütend, weil das Münztelefon wieder einmal nicht richtig funktionierte. Ausgerechnet während ich mit meinem Professor wegen der Abschlussarbeit telefonierte. Dafür zuständig war mein zukünftiger Mann als einer der Etagen-Chefs, bei dem ich mich lauthals beschwerte. Er aber fragte nur freundlich und geduldig nach, während ich vor Wut fast platzte. Er gab mir achtzig Rappen als Entschädigung für mein verlorenes Geld, obwohl es mir doch um das kaputte Telefon ging! Jedenfalls zottelte ich davon, während er dachte, er müsse meine Spur weiter verfolgen. Das tat er dann auch. Er blieb sehr beharrlich, wollte mit mir ins Kino und andere Dinge unternehmen.

Wie wir uns kennengelernt haben, ist typisch für unser ganzes Leben, das danach folgte. Wir sind von der Art her recht verschieden: Er ist der geduldige, ruhende Pol. Und ich bin ein Vulkan. Das hat sich immer sehr gut ergänzt. Und er ist sehr klug, das imponierte mir. Er ist Elektroingenieur, was ich erst mit der Zeit zu schätzen lernte, ich habe Anglistik studiert und später als Gymnasiallehrerin unterrichtet. Von Anfang an war ich der Kulturminister, und er sehr offen gegenüber meinen Vorschlägen. Was ich andersherum eher nicht sagen kann: Einmal wollte er sich im Norden von London ein damals avantgardistisches E-Bike ansehen. Da wollte ich lieber im Kensington Park lesen und Eichhörnchen beobachten. Auch ein Teilchenbeschleuniger interessierte mich nicht so sehr. Ein guter Kompromiss war daher die *NZZ*, die wir jahrelang abonniert hatten. Er freute sich über die Technikbeilage, und ich war mit dem Kulturteil zufrieden.

Für unsere Generation war die Pille wichtig, klar. Das war eine enorme Befreiung! Bis heute ist mir ein Rätsel, was junge Frauen meinen, wenn sie behaupten: »Es ist halt passiert.« Das sagte mir einmal eine schwangere Schülerin. Eine Schwangerschaft passiert aber nicht einfach so – die Frauen wissen doch Bescheid!

Mein Mann und ich, wir heirateten zwei, drei Jahre, nachdem wir uns kennengelernt hatten – weil wir uns einander verpflichten wollten. Die Liebe zwischen uns war etwas anderes als die Geschichten, die wir davor hatten. Das wollten wir mit der Heirat betonen. Wir heirateten sogar kirchlich, mit dem sehr aufgeschlossenen katholischen Studentenpfarrer, in einer kleinen reformierten Kirche in Seegräben. Mit einer Predigt und viel Musik – die Hochzeit war genau so, wie ich mir das immer gewünscht hatte! Das Quartett, in dem ich Querflöte spielte, machte Musik, und mein Bruder blies Trompete.

Jetzt sind wir seit genau vierzig Jahren verheiratet. Nach der Heirat wanderten wir für drei Jahre nach Kanada aus, dort trat mein Mann eine Stelle an. Unterdessen hatte er seine Dissertation fertig, die ich ihm übrigens abgetippt hatte – mit einer Kugelkopfmaschine von IBM. Drei Jahre lebten wir zuerst in Ottawa, danach in Montreal. Für meinen Mann war das eine tolle, für mich eine schwierige Zeit. Ich hätte gerne gearbeitet, konnte aber nicht, während er glücklich an der Universität forschte. Trotzdem war Kanada kein Kompromiss, überhaupt nicht. Ich liebte ihn, und es war klar, dass wir für eine Zeit dort lebten. Nur wollte ich nach drei Jahren auch wieder arbeiten.

Er wäre gerne weiter nach Amerika, ich wollte zurück nach Europa. Kultur gab es zwar durchaus, aber ich vermisste den kulturellen und geschichtlichen Hintergrund. Die alten Häuser oder die echten Kirchenglocken, die in Kanada eben nur Lautsprecher sind. Also bewarb er sich für Stellen in Europa – in der Industrie, obwohl er gerne weiter geforscht hätte. In seinen Augen war das ein Kompromiss. Das fanden wir allerdings erst 18 Jahre später heraus, als wir für eine Umfrage des Instituts für Ehe und Partnerschaft der Uni Zürich zwei

Fragebogen ausfüllten. Erst da stellte sich heraus, wie unterschiedlich er und ich über jene Zeit dachten.

Wir zogen also zurück nach Zürich, aufs Land, in eine große Fünfzimmerwohnung, und ich begann zu unterrichten. Erst als wir ein paar Jahre später in das Haus hier zogen, kam die Kinderfrage. Natürlich wollten wir eine Familie gründen. Das Haus hätte genügend Zimmer für Kinder gehabt. Sogar ein Zimmer für eine Nanny wäre vorhanden gewesen. Als wir allerdings darüber sprachen, wie wir eine Familie konkret handhaben wollten, war schnell klar, dass mein Mann nicht bereit war, auch nur einen Tag weniger zu arbeiten. Ich merkte: Er hatte eigentlich nur seine Karriere im Kopf. Da war ich enttäuscht. Er behauptete, er könne mit seiner Stelle unmöglich reduzieren. Bei einigen befreundeten Ehepaaren mit Kindern war das möglich – bei ihm angeblich nicht. Da wusste ich: Dazu bin ich nicht bereit. Nicht, nachdem ich so sehr gegen meinen Vater gekämpft hatte, um zu studieren! Denn ich wusste: Wenn wir jetzt Kinder haben, dann kümmere ich mich allein um sie. Dann unterrichte ich bald nicht mehr. Das wollte ich auf keinen Fall.

Dass ich ihm da eröffnete, er müsse sich eine andere Frau suchen, wenn er trotzdem Kinder wolle, schockierte ihn. Denn natürlich ging er immer davon aus, dass wir Kinder haben würden. Doch er blieb bei mir. Zum zweiten Mal hatte er sich für mich entschieden. Bereut habe ich diese Entscheidung nie, ganz im Gegenteil. Schließlich wollten wir zusammen alt werden. Heute bin ich sogar überzeugt, dass wir, gerade weil wir keine Kinder haben, seit vierzig Jahren verheiratet sind. Zu oft habe ich erlebt, dass Paare auseinandergegangen sind, nachdem ihre »gemeinsame Aufgabe« erfüllt war. Kinderlos kann man seine Probleme nicht über die Rücken der Kinder abwickeln. Da muss man sich hinsetzen und wirklich reden. Ich kenne viele Paare, die sich keine Zeit nahmen, weil »die Kinder, die Kinder, die Kinder ...« – von außen fällt das noch viel mehr auf.

Solch enge Kurven gab es mehrere in unserer Ehe. Kanada

war eine, die Kinderfrage eine andere, die nächste kam, als mir mein Mann Mitte vierzig eröffnete, seine Traumstelle sei nun in Bern und er habe bereits zugesagt. Ich war sehr enttäuscht, dass er das einfach für sich entschieden hatte, ohne mit mir darüber zu diskutieren. Ich weigerte mich mitzugehen. Auch da hat er mit sich gerungen. Und wieder entschied er sich für mich und beschloss zu pendeln. Das war in einer Zeit, als Pendeln über solche Distanzen noch nicht üblich war. Wir probierten aus, wie es am besten ging. Montagmorgen bis Mittwochabend blieb er in Bern, Donnerstag bis Sonntag war er zu Hause. Das gab mir neue Freiheiten: Ich hatte plötzlich zwei freie Abende in der Woche! Das genossen wir beide sehr, er hatte sein Leben, ich meines. Und durch diese Distanz wurde es uns nie langweilig. Ich glaube, das hat uns beiden sehr gut getan.

Ich war treu, ja. One-Night-Stands haben mich noch nie interessiert, und eine Parallelgeschichte hätte mich schlicht überfordert. Natürlich, er hätte eine Bürobeziehung haben können, aber das glaube ich nicht. Auch wenn es Momente gab, wo er nahe dran war abzuschwirren. Das aber habe ich immer sofort gemerkt und angesprochen.

Mit 62 Jahren verlor er seine Stelle, ließ sich frühpensionieren, und wir reisten einen Monat durch Indien. Dort suchte er ständig nach den Papieren, nach unseren Tickets, nach den Pässen usw. Also nahm ich die Dokumente an mich. Irgendwann aber merkte ich, dass er sich in den Hotels nicht mehr orientieren konnte. Dass er im Lift ständig »zufällig« hinter mir stand. Weil er nicht mehr wusste, ob es im Korridor zu unserem Zimmer nach links oder rechts ging. Zu Hause ging ich mit ihm auf Anraten einer Freundin zum Arzt. Die Untersuchungen dauerten lange, aber die Diagnose der Ärztin war sehr eindeutig. Es gibt 68 verschiedene Demenzen. Er hat eine vom Typ Alzheimer. Lange bemerkt man diese Krankheit nicht, sie beginnt bereits zehn bis fünfzehn Jahre vor der Diagnose. Die Schwere dieser Botschaft habe ich in jenem Moment nicht realisiert. Auch wenn ich natürlich gemerkt hatte, dass mit meinem Mann etwas nicht mehr stimmt. Die Ärztin schob mir die Medikamente zu, nicht ihm. Das war elend. Seither bin ich für ihn verantwortlich.

Nach der Diagnose wurden wir zu Podiumsdiskussionen eingeladen, und mein Mann wollte unbedingt mitmachen. Er hatte kein Problem, darüber zu reden. Nur in konkreten Situationen, wenn er tatsächlich etwas vergaß, stritt er die Krankheit stets ab. Er vergesse halt einfach Dinge, ich sei arrogant – ob ich denn nie etwas vergäße?! Dass man sich die Krankheit nicht eingesteht, ist ein Symptom von Alzheimer. Ich glaube, es sind die Angehörigen, die mehr leiden als die Betroffenen selbst. Für sie muss das wie Tagträumen sein. Gleich nach der Diagnose besuchte ich eine Selbsthilfegruppe und eine Psychologin. Das war wichtig. Und ich habe viel gelernt. Ich korrigiere ihn seither nicht mehr, denn das gibt nur Stress. Sage nicht mehr: »Nein, das ist anders.« Stattdessen sage ich: »Ah, interessant, so siehst du das?« Das ist oft traurig, klar.

Noch erkennt er mich. Alzheimer-Patienten erkennen einen noch ziemlich lange. Sie spüren, dass jemand Vertrautes da ist. An der Art, wie man sie hält, an der Stimme, am Geruch. Das ist nicht das Problem. Aber ich kann nicht mehr mit ihm reden, ich kann keine Gespräche mehr mit ihm führen. Die Sätze, die er sagt, versiegen einfach. Ich sage etwas, und er sagt: »Ja.« Danach ist Schluss. Oder er beginnt Sätze und weiß nicht mehr, wie er sie beenden soll, weil er sich nicht mehr an den Anfang erinnert.

Mein Herz blutet jetzt seit acht Jahren. Gerade die letzte Zeit war elend stressig. Doch ich musste zuerst selbst krank werden, um zu merken, dass ich genauso auf mich aufpassen muss. Immer wieder brachte ich ihn auf einen betreuten Bauernhof, damit ich mich selbst erholen konnte. Die ersten Jahre für jeweils zwei Wochen, irgendwann wurden es drei Wochen. Das war wichtig, das gab mir Distanz und neue Energie. Er hat nie gemerkt, dass ich diesen Abstand brauche.

Zuerst stellte er vielleicht eine Frage zweimal statt einmal. Später aber wurde unser Alltag immer schwieriger: Wenn er alleine in die Stadt fahren wollte, musste ich ihm eine Begleitung organisieren. Jahrelang hatte er sich um den Garten gekümmert. Bis er immer wieder vergaß, was er dort eigentlich wollte. In den letzten Jahren habe ich unglaublich viele Gegenstände immer und immer wieder gesucht – er wusste ja nicht mehr, wohin er die Hundeleine oder die Briefe für die Post hingelegt hatte. Das war ein riesiges Problem! Man glaubt nicht, was ich alles vor ihm verstecken musste: Handy und Schlüssel zum Beispiel. Noch immer finde ich Sachen, die ich vor ihm versteckt habe. Es wurde für ihn auch schwierig, mit Geld umzugehen. Ob 20 oder 200 Franken im Portemonnaie waren, wenn er zurückkam, war das Geld weg. Ohne dass er mir hätte sagen können, was er damit gekauft hatte.

Der romantische Vergleich, dass Alzheimer-Patienten sich zu Kindern zurückentwickeln, stimmt nicht. Denn die Perspektive bei Demenzkranken ist genau umgekehrt: Es wird nicht immer besser, sondern immer schlimmer. Diese Perspektive macht viel aus. Und mein Mann hat ja nicht die Denkweise eines Kindes. Wenn er etwas will, dann will er es wirklich. Lange hat er behauptet, er könne dies oder das immer noch genauso gut wie eh und je. Auto fahren zum Beispiel. Das konnte er aber nicht mehr. Auf solche Diskussionen konnte ich mich gar nicht einlassen. Als er schließlich den Fahrausweis abgeben musste, wurde er wütend, wollte dagegen klagen. Ich wusste, dass er das ohne meine Hilfe nicht mehr konnte. Also sagte ich ihm: »Gut, mach das.« Er fing damit an – und vergaß es wieder.

Jetzt ist es übrigens ein Vorteil, verheiratet zu sein: Viele Dinge sind einfacher, weil ich die Ehefrau bin. Etwa, als ich seine E-Mail-Adresse ändern musste oder wenn ich mit der Bank spreche. Trotzdem lebe ich wie eine Witwe: Ich bin allein. Gleichzeitig kann ich nicht abschließen, denn er braucht mich noch. Das macht mich traurig. Denn mein gesunder Partner, mein Geliebter und Ratgeber, er fehlt mir wahnsinnig. Schließlich wäre doch gerade im Alter die Liebe wichtig! Ich freue mich auf den Moment, wenn ich wieder nach vorn blicken kann. Dass ich ihn jetzt pflege, dass ich mich um ihn kümmere, das ist nicht Liebe. Ich würde das eher als Loyalität bezeichnen. Denn der Mann, den ich jetzt besuche, ist nicht mehr derselbe. Ich kann mit ihm nicht mehr diskutieren, kann nichts mehr von ihm lernen – nur sein Humor, der ist noch da. Die Bemerkungen, mit denen er mich zum Lachen gebracht hat, sind seltener geworden, auch wenn sie noch erstaunlich lange da waren.

Gerade tauchen Geschichten aus seiner Kindheit auf. Etwa, dass er zum Bianchi gehen wolle, um dort Forelle blau zu essen. Ich brauchte lange, bis ich verstand, dass er sich an seinen Onkel Ruedi erinnerte, der im Tessin eine Forellenzucht betrieb. Nun koche ich ihm und seiner Wohngruppe nächstens Forelle blau, das habe ich ihm versprochen. Ein Versprechen vielleicht nicht nur aus Liebe, sondern eher aus Mitgefühl für seine Situation und aus Loyalität, weil er mein Mann ist. Als Dank für die mehr als vierzig guten Jahre, die wir zusammen hatten. Dafür, dass wir zusammen ein schönes, ausgefülltes Leben hatten. Dafür, dass er mir vor der Krankheit einmal sagte: Er hätte nie so viel gelernt, wenn er mich nicht gehabt hätte. Das geht mir genauso.

Wie über die Liebe reden, wenn sie schleichend vor einem zerfällt? Wenn man nicht wütend auf den anderen werden kann, weil er nicht etwa betrügt oder unsympathisch wird; wenn man nicht um ihn trauern kann, weil sein Herz nicht mehr schlägt – sondern wenn sich der Geliebte langsam bei jedem Besuch im Pflegeheim in Luft aufzulösen scheint? Beim Abschied frage ich Nelly Jaeger, ob nicht wenigstens seine Umarmungen an die einstige Liebe erinnern. Sie verneint geduldig, meine romantische Annahme fast entschuldigend. Selbst die Berührungen hätten sich verändert: »Früher spazierten wir oft Hand in Hand, nicht nur, als wir jung und verliebt waren, sondern auch später. Das geht jetzt nicht mehr, denn er läuft stets hinter mir her. Ich müsste ihn regelrecht ziehen, das mag ich aber nicht. Natürlich spürt er es, wenn ich ihm über den Rücken fahre. Aber seine Berührungen bei mir, das sind nicht mehr dieselben.«

Wo ist meine Frau hin?

Wolfgang Lampert, 89 Jahre

Niemand hat heute Zeit, über die Liebe zu erzählen. Eine Bewohnerin der Senioren-WG, die ich regelmäßig donnerstags besuche, sagt mit verweinten Augen: »Wolfgang will mit seiner Frau sprechen, aber die ist schon lange tot.« Die Betreuerin, die schnell herbeieilt, seufzt: »Herr Lampert glaubt seit gestern, dass seine Frau lebt und verschwunden ist. Das passiert manchmal, aber diesmal glaubt er es immer noch. Der Arzt hat bei ihm eine Depression mit leichter Demenz diagnostiziert. Vielleicht können Sie mit ihm ein bisschen sprechen? Ihn auf andere Gedanken bringen?« Über die Frau und über die Liebe zu reden sei gut, meint die Betreuerin und schiebt nach: »Einfach nicht sagen, dass sie nicht mehr lebt.« Die Bewohnerin nochmals zur Betreuerin: »Er will sie anrufen.« Die Betreuerin: »Ja, das geht nicht.« Sie überlegt und sagt dann zu mir: »Bringen Sie ihn einfach auf andere Gedanken. Und erzählen Sie mir nachher, wie es war, ja?« Nicht schön war's. Denn wie kann man diesem ruhigen Mann mit seiner überquellenden Briefschachtel, der kaum erzählen mag, sondern nur ab und zu willkürlich auf meine Fragen antwortet, verschweigen, dass seine Edda, »die echte Preußin«, nicht mehr lebt? Dass sie nicht oben bei den anderen plaudert und jeden Moment herunterkommt, um mit ihrem Mann nach Hause zu fahren.

Hier in dieser Schachtel habe ich meine gesamte Post drin. Viele Geburtstagsglückwünsche. Ich bekomme viel Post, wissen Sie. Seit 1940 bin ich im Wanderverein, wir sind jede

Woche zwei Stunden wandern gegangen. Ich muss immer unterwegs sein, viel laufen. Fotos von damals habe ich kaum, man hat ja nicht so viel fotografiert wie heute. Wo ist denn eigentlich meine Frau hin? Ist sie nach oben gegangen?

Bald werde ich neunzig Jahre alt, am 22. Mai ist mein Geburtstag. Das heißt, hier in Berlin feiere ich nicht so richtig, zu Hause schon. Ich bin ja in Bad Camberg zu Hause. Camberg war in mancher Hinsicht schöner, weil's kleiner ist. Berlin ist ja so groß. Aber wegen meiner Tochter bin ich jetzt hier in Berlin. Geboren wurde ich in Schlesien, in Grunau im Riesengebirge. Während dem Krieg war ich vier Jahre lang bei der Kriegsmarine. Dann gerieten wir in Schleswig-Holstein in Gefangenschaft der Engländer. Da oben bei Flensburg. Wissen Sie, wo das ist? In dieser Zeit habe ich verschiedene Leute kennengelernt. Auch Kaufleute. So habe ich ganz gut gelebt. Wo ist jetzt die Edda hin? Ich muss sie anrufen, wegen dem Heimfahren.

Wo ich meine Frau kennengelernt habe? Na, auf der Hochzeit ihrer Schwester. Das war in Frankfurt. Dort habe ich meine Frau kennengelernt und bin gleich da geblieben. Sie ist eine echte Preußin. Ja, und dann haben wir geheiratet. Warum ich mich ausgerechnet in sie verliebt habe? Warum, warum. Ist halt so. So wie das eben im Leben manchmal spielt... Sie war Flüchtlingskind, ich auch. So haben wir zusammengefunden. Wann wir geheiratet haben, weiß ich nicht mehr – da war ich so um die zwanzig. Ich lernte Schreiner, später habe ich mich umgeschult auf Ladenbau. Habe die Einrichtungen von Bäckereien, Metzgereien, Kaufhäuser, was es so alles gibt, gezimmert. Da hatte ich immer viel zu tun. War viel unterwegs. Aber das hat gut Geld gemacht. Das ist wichtig. Ja das war so meine Zeit. Vierzig Jahre war ich bei der Firma. Jetzt mache ich zweimal Sport die Woche und dann noch Yoga. So, jetzt geh ich mal schauen, wo Madame ist, wo sie sich so rumtreibt, diese Ausbrecherin. Auf Wiedersehen.

Danke

allen Gesprächspartnern und Gesprächspartnerinnen, die mir ihre Geschichten erzählt haben.

Sowie all jenen, die geholfen haben, Gesprächsbereite zu suchen und zu finden; allen Freunden und Freundinnen für diverse Parkbankdiskussionen und kritische Einwände; meiner Familie im allerweitesten Sinn; und dem Verlag für seine Expertise – besonders:

Raphaella Arnold, Mareike Barmeyer, Marion Bergermann, Graziella Bernasconi, Cora Bucher, Toni Bucher, Bettina Burkhardt, Dominik Busch, Jan Feddersen, Urs Fischer, Yasmine Gallus, Christine Käppeler, Brigitta Garcia Lopez, Florian Glässing, Michèle Graf, Benji Gross, Simon Hanna, Hanna Hartenstein, Haus Bethesda / Viola Kleßmann, Gerhard und Heidi Hofer, Susanne Hofer, Zack und Urs Hofer, Donata Kindesperk, Alice Kohli, Harryet Lang, Susanne Lang, Martina Läubli, Sarah Maret, Simone Meier, Stephan Moser, Inge Müller, Alexander Ritter, Sandra Schachenmann, Naima Schalcher, Schwulenberatung Berlin, Angela Seiz, Andrea Siering, Anne Stadler, Verena Staehli, Urs Stämpfli, Michael Sutter, Katharina Theml, Marion Tuor, Verein Queer Altern, Manuela Waeber, Ursula Waespe, Judith Welter, Maren Wetcke

Stichworte der Liebe

Gegebenheiten, die Anfangs-, Wende- oder Endpunkte einer Liebe entscheidend mitprägten.

254